本书得到中国青年政治学院出版基金资助

中青文库

企业生命周期与融资决策

来自中国制造类上市公司的证据

王艳茹◎著

中国社会科学出版社

图书在版编目（CIP）数据

企业生命周期与融资决策：来自中国制造类上市公司的证据/王艳茹著.
—北京：中国社会科学出版社，2011.11
ISBN 978-7-5161-0281-7

Ⅰ.①企…　Ⅱ.①王…　Ⅲ.①制造工业—上市公司—工业企业管理—
研究—中国　Ⅳ.①F426.4

中国版本图书馆 CIP 数据核字（2011）第 223931 号

责任编辑　李炳青
责任校对　郭　娟
封面设计　回归线视觉传达
技术编辑　张汉林

出版发行
社　　址　北京鼓楼西大街甲 158 号　　　　邮　编　100720
电　　话　010—84029450(邮购)
网　　址　http://www.csspw.cn
经　　销　新华书店
印　　刷　北京市大兴区新魏印刷厂　　　装　订　廊坊市广阳区广增装订厂
版　　次　2011 年 11 月第 1 版　　　　　　印　次　2011 年 11 月第 1 次印刷
开　　本　710×1000　1/16
印　　张　16.5　　　　　　　　　　　　　插　页　2
字　　数　271 千字
定　　价　48.00 元

《中青文库》编辑说明

　　中国青年政治学院是共青团中央直属的一所普通高等学校。它于 1985 年 12 月在中央团校的基础上成立，经过二十多年的发展，目前已形成了包括本科教育、研究生教育、留学生教育、继续教育和团干部培训等多形式、多层次的教育格局。与其他已有百年历史的高校相比，中国青年政治学院进入国民教育序列的历史还显得比较短。因此，在高等教育跨越式发展的浪潮中，尽快提高学校的教学与学术水平就成为学校建设与发展的关键。2002 年，学校制定了教师学术著作出版基金资助条例，旨在鼓励教师的个性化研究与著述，更期之以兼具人文精神与思想智慧的精品的涌现。出版基金创设之初，有学术丛书和学术译丛两个系列，意在开掘本校资源及域外精华。随着年轻教师的剧增和学校科研支持力度的加大，2007 年又增设了博士论文文库系列，用以鼓励新人，成就学术。三个系列共同构成了对教师学术研究成果的多层次支持体系。

　　8 年来，学校共资助教师出版学术著作近百部，内容涉及哲学、政治学、法学、社会学、经济学、文学艺术、历史学、管理学、新闻与传播等十多个学科。学校资助出版的初具规模，激励了教师，活跃了校内的学术气氛，并产生了很好的社会影响。2010 年，校学术委员会将遴选出的一批学术著作，辑为《中青文库》，予以资助出版，一则用以教师学术成果的集中展示；二则希冀能以此为发端，突出学校特色，渐成风格与品牌。同时，为了倡导并鼓励学生关注社会，重视实践，寓科学研究于专业学习之中，文库还将学校长期以来组织的"智慧星火——中青学子学术支持计划"中的学生获奖作品辑为两本，一并收录在内。

　　在《中青文库》的编审过程中，中国社会科学出版社的编辑人员认真负责，用力颇勤，在此一并表示感谢！

中国青年政治学院科研处

2011 年 11 月

序

　　本书是在王艳茹同志的博士论文基础上修改而成的一本关于企业生命周期融资决策的前沿性学术专著。作者在广泛、深入研究的基础上，将企业生命周期理论与资本结构理论、股利政策理论研究有机的结合在一起，从不同角度全面地研究和探讨了基于企业生命周期阶段企业融资战略的选择问题，构建了有利于企业可持续发展的融资结构战略框架，表明作者具有较宽的学术视野和深厚的专业功底。

　　目前，企业"有增长无持续"的现象引起了全社会的广泛关注，企业可持续发展的问题被提上了经济发展的议事日程。关于企业生命周期的研究得到了迅速发展和广泛响应。同时，基于资源的有限性及财力资源的基础性（企业发展的根本保障），企业发展所需资金的筹集便成为企业可持续发展的瓶颈，致使企业生命周期和融资决策的问题日益为广大理论及实务工作者所关注。如何合理划分企业所处的生命周期，并根据自身的生命周期阶段理性选择融资战略，使企业的资本结构、融资结构、股利政策更好地与企业不同生命周期的特点相匹配，从资金和资源上保证企业发展的需要，是管理者面临的重大课题和难题。本书作者正是基于这样的选题背景，力图对企业生命周期理论和资本结构理论进行有效整合，在对企业不同生命周期的财务特征及其常见问题进行分析的基础上，构建企业可持续发展的融资战略框架，并运用制造类上市公司的数据对研究的观点予以实证支持。

　　本书内容充实，富有新意，主要体现在以下几个方面：

　　第一，本书运用上市公司的大样本数据对企业生命周期进行了合理划分。国内很多学者研究了企业生命周期的划分方法并建立了大量模型，但运用大样本数据对所建模型进行验证的较少。本书作者将生命周期的定性分析和定量分析相结合，在对企业生命周期概念进行区分和界定的基础上，运用我国制造类上市公司的面板数据，以销售收入的环比增长率为标准对企业的生命周期进行划分，对企业生命周期性的现象进行了检验。

第二，本书基于企业自身的微观层面对不同生命周期的财务特征进行了分析。国内有不少研究生命周期和资本结构的文章，但基于宏观经济周期或行业周期展开研究的多，根据企业生命周期进行研究的较少。本书作者基于中国上市公司的面板数据，在合理规避宏观经济环境和行业周期影响的前提下，以企业自身的发展阶段为标准，在对企业生命周期进行划分的基础上，探讨了不同生命周期企业的现金流量状况、资本结构、融资结构和股利政策特点。

第三，本书拓展了融资结构的研究范畴。现有的融资结构研究一般仅侧重于讨论资本所有权属性的结构，即长期资本中债务资本与权益资本的比例关系，忽略了其他属性的结构。本书的研究将其他各种属性的比例关系引入筹资决策的范畴，从内外源融资结构、直间接融资结构、股债权融资结构和长短期融资结构四个不同层次对融资结构进行了拓展研究。

第四，本书创新了企业融资结构选择的研究思路。本书作者基于传统的资本结构理论，吸收西方学者关于资本结构的研究经验，结合中国上市公司的融资状况，将企业生命周期作为影响企业融资选择的重要因素，以上市的制造类公司为样本，采用方差分析、Kruskal - Wallis 非参数检验和多元回归分析的方法，运用面板数据考察了生命周期因素对资本结构的影响，并以不同生命周期的现金流量特征为基础，分析了企业在不同生命周期应选择的股利政策、融资结构和资本结构。

第五，本书构建了使企业可持续发展的融资战略。企业可持续发展作为社会经济可持续发展的基础尽管已引起广泛关注，但对于企业可持续发展的研究从宏观层面进行定性分析的多，从企业自身微观层面进行定量研究的少。本书作者将企业在不同生命周期的融资选择与其自身的可持续发展相结合，构建了使企业可持续发展的融资战略，并从上市公司和金融环境建设两个方面提出了实现企业可持续发展融资战略的对策措施。

第六，本书研究思路和研究设计科学、先进。作者运用制造类上市公司的数据，全面系统地对企业不同生命周期阶段的财务特征进行分析，包括其现金流量特征、融资结构特征、资本结构特征和股利政策特征等，并以此为基础构建了有利于企业可持续发展的融资战略框架。作者构建的融资战略框架对学术界进一步研究企业生命周期问题有一定借鉴意义，对上市公司合理划分生命周期并据以进行融资决策有一定的参考价值。

孙茂竹

2011 年 2 月 26 日

目　　录

图表目录

第一章　引言

第一节　研究背景与选题依据

按照现代企业理论的观点，企业的问题归根到底是一个市场的问题。在市场经济中，"企业不仅是市场的主体，而且它本身就是市场关系的总和"（吴敬琏，1988）。作为生长在市场中的企业[①]，其生产经营活动既受到内部经营管理的影响，又与经济环境的变化紧密相关。如何使企业根据其内部经营管理决定的生命周期阶段进行科学的融资决策，以便更好地适应外部经济环境的变化，尽可能延长有利的生命周期阶段、规避不利的生命周期阶段，或者在不利的生命周期阶段出现时成功转型获得新生，克服"有增长无持续"的现象，取得可持续发展，便是本书的研究目的。

一　企业自身发展的要求

尽管企业像人，也存在着生命周期，但由于受新陈代谢规律的作用，人的生命不能逾越某一界限，甚至可能没有完成其整个生命周期就去世了，企业的生命却能够实现长期延续。如默克公司距今已有 335 年历史，现在仍是世界 500 强企业之一，杜邦公司、通用汽车公司和西方电器公司也分别存活了 200 和 100 多年，仍在不断发展。可是并不是所有的企业都能如此，1997 年美国倒闭的企业有 10 多万家，有 62% 的企业平均生命周期不到 5 年，存活能超过 20

---

① 本文中的公司和企业，若无特别声明均指上市公司。

年的企业只占企业总数的10%，只有2%的企业能活50年[①]。陈放（1999）的研究发现中国企业的平均寿命与发达国家的寿命比起来更短，大集团公司平均寿命在7—8年，一般中小企业只有3—4年[②]。许多企业在其生命周期的某一个阶段便突然垮掉了，如辉煌一时的珠海巨人集团、爱多VCD、秦池集团在成长期垮掉了；拥有几十年历史的武汉长江音箱在成熟期垮掉了；拥有230年历史的英国巴林银行在刚接近衰退期时也突然告别了历史舞台[③]。那些健康长寿的"生命型企业"并不是简单地逃离企业生命周期的循环，而是能够根据企业生命周期的规律，采取相应对策，避开各个阶段危及企业生存和发展的误区和陷阱，突破企业的成长极限，不断给企业注入新的营养、激发新的活力，使企业从一次次的衰退中走向新生，实现企业生命的健康长寿和持续成长。

　　企业的可持续发展指企业通过不断调整经营决策以适应外部环境，既能够实现当前经营目标又能够获得持续盈利和经济效益稳步提升的过程，是一个动态的发展过程。当企业能够不断延长成长期或成熟期的存续时间，有效规避衰退期的出现或推迟衰退期的到来，或者在销售收入下降的衰退期间成功走出破产边缘，转向新的发展阶段，实现长远的经营目标时，企业就实现了可持续发展。企业的可持续发展不仅和宏观经济环境和所在的行业特征有关，而且和其自身的经营运作和财务政策支持紧密相关。资本结构问题的研究始终围绕着企业目标与企业价值这一核心，连接着企业的投资决策、筹资决策、收益分配政策和企业的经营运作与效率，可以帮助企业合理筹集经营发展过程中所需资金，起到延长有利生命周期阶段、规避不利生命周期阶段的作用。因此，在全球金融危机的背景下，如何对企业生命周期进行准确判断，以便于企业能够在综合分析外部环境和企业自身能力的基础上，通过资本结构的优化选择，正确选择发展的空间和途径，通过持续积累资源和能力，不断增强自己的竞争优势，在适当的时候对企业的演变过程进行干预，改变企业的生命周期结构，预防和解决在其生命周期各阶段所面临的典型问题，使企业做到可持续发展便成为管理领域的一个重要课题。

---

① 周德孚、殷建平、蔡桂其：《学习型组织》，上海财经大学出版社1998年版。
② 陈放：《企业病诊断》，中国经济出版社1999年版。
③ 马丽波：《家族企业的生命周期》，东北财经大学2007年度博士论文，第17页。

二　社会经济可持续发展的要求

社会经济可持续发展的基础是企业的可持续发展。企业作为国民经济的细胞，其可持续发展的整体状况不仅决定社会经济发展的规模和速度，而且决定其质量和能力（余琛，2001）。特别是在全球经济一体化的进程中，由于企业的国际竞争力和国家竞争力之间存在较强的正相关性，竞争实际并不是在国家之间，而是在公司之间进行的。因此，作为物质财富直接创造者的企业，是社会经济可持续发展的推动力和微观主体，只有企业实现了可持续发展，整个社会经济才能得到可持续发展。

随着我国市场经济发展进程的推进和各项改革的深入，中国资本市场日益完善，上市公司取得了蓬勃发展，企业组织形式和筹资手段、方式日益多样化，使中国连续十多年创造了经济的快速增长，这一增长已引起了全球各界的广泛关注。中国经济能否持续地快速增长，是国内外专家、学者共同研究的热点。众所周知，国家经济的发展关键要靠企业的繁荣和发展，而企业的繁荣和发展又在很大程度上取决于其良好的经营运作和财务政策的支持，取决于其自身的可持续发展。所以，对企业生命周期和融资决策的关系进行研究，不仅关系到企业的兴衰成败和可持续发展经营目标的实现，而且对国家经济的繁荣和发展意义重大。

三　企业利益相关者的共同要求

在市场竞争日趋激烈的压力下，现代公司治理越来越倾向于实行利益相关者共同治理，利益相关者的重复博弈决定企业将最终选择一种为利益相关者都能接受的企业范式。比较而言，只有企业的持续成长会成为利益相关者谈判的均衡解。只有企业实现了可持续发展，各个不同的利益相关者才可能在持续的增长中获得各自期望的索求。

四　融资理论发展和创新的要求

从理论渊源上说，企业融资理论作为微观经济学的一个应用学科和企业财务管理的主要内容，自20世纪50年代以后得到了长足的发展，特别是进入20世纪70年代到80年代，由于企业理论、产权理论、信息经济学等微观经济理论的拓展，尤其是信息不对称理论、代理理论等的引入，使企业融资理论的发展空间发生了很大变化，人们不再仅仅将融资理论与股利政策、投资理论相联系，而是将其与其他学科相互交融，揭示其隐含的本质特征，其中主要包括[①]：第一，把企业融资渠道、融资方式、融资结构与企业价值相联系；第二，把企业融资行为与出资者、经营者行为相联系；第三，把企业融资模式选择与企业治理结构相联系；第四，把企业资本结构与产品市场竞争或行业生命周期相联系。这一时期，有关企业融资，特别是资本结构理论不断推陈出新，"各派之间辩论甚多，争争吵吵数十年，还没有理清头绪"[②]，以至于麻省理工学院教授梅耶斯感慨地说："（经过这么多年）我们对资本结构理论问题所知甚少。"[③]至今为止，这种争论仍在继续，许多问题并没有达成共识，也没有建立起较为清晰的逻辑体系。在决定企业融资方式、融资结构的选择等方面，都有待于进一步研究和分析。

与西方企业融资理论研究的进程相比，中国在这一领域的研究则更显不足。在中国融资理论的研究方面较多关注如何筹措资金、扩大融资渠道、解决资金短缺的问题；对国外的融资理论介绍和评价的多，进行深入研究、创新和为我所用的较少。因此，如何将西方成熟的融资理论和中国实际相结合，运用我国上市公司的数据，对融资理论进行实证检验，并对融资理论有所发展和创新，是我国学者对融资理论发展应尽的义务。本人认为，企业的融资决策除了和产品市场竞争或行业生命周期相联系，而且与企业自身的生命周期也有密切的联系。将企业生命周期与融资理论结合研究，是对企业融资理论的丰富和研究范围的拓展。

第二节　国内外研究现状

一　国外研究现状

经过30多年的发展与争论，西方学者关于企业生命周期的研究形成了多个分支，其中最有影响的有以下四种理论。第一个分支是企业生命周期的仿

---

① 刘淑莲：《企业融资方式、结构与机制》，中国财政经济出版社2002年版，第4页。
② 沈艺峰：《资本结构理论史》，经济科学出版社1999年版，第6页。
③ ［美］梅耶斯：《资本结构之谜》，《财务学刊》1984年第34卷第3期，第575页。

生一进化论,该理论以温特(Winier,1984)为代表,从生物学的视角来研究企业的组织结构;第二个分支是企业生命周期的阶段论,这种理论把企业的成长和发展视为一个具有若干阶段的连续过程,将考察的重点放在这种过程中的各个阶段的特征与问题上,格雷纳(Greiner)的阶段论和爱迪思(Adizes,1989)的阶段论最为著名;第三个分支是企业生命周期归因论,这一理论试图通过揭示决定企业生命周期的具体因素,来找出改善和延长生命周期的"处方";第四个分支是企业生命周期对策论,对策论以竞争对手为参照物,从系统动力学的角度来剖析企业如何获得成长和发展的优势,提出了建设长寿企业的富有新意的见解。

国外学者关于企业生命周期和融资决策的研究主要集中在以下几方面:

企业生命周期与现金流量:Anthony,Ramesh(1992)认为盈余传递的企业未来的现金流量的信息的能力是随着企业的生命周期而变化的,特别是投资支出和销售的增长;Black(1998)发现营业现金流量、投资现金流量和融资现金流量相对于净利润增加的价值相关性,会随着企业生命周期而发生变化;Stickney,Brown(1999)认为生命周期理论为理解盈余收益的流量和现金流量之间的关系提供了很好的分析框架,在生命周期的不同阶段,企业的经营现金流量、投资现金流量和融资现金流量具有系统的变化规律;Dickinson(2006)将现金流量分解为营业活动现金流量、投资活动现金流量和融资活动的现金流量。不同的现金流量对应的公司股价收益不同,因此,现金流量反映了企业不同的获利能力、增长性和风险。

企业生命周期与融资决策:这方面最具代表性的是Berger(1998)等提出的融资生命周期理论,该理论认为在婴儿期和青壮年期企业的融资大都依靠内部融资(主要为企业家、企业创立小组的成员以及其他的内部人),而从中年期到老年期,企业得到的外部投资(主要是私募股权、债务融资,而不是公开发行证券的形式)会迅速增加;Sahlman(1990)提出的融资规律也认为,处于创始期的企业融资非常严重地依赖于初始的内部融资和贸易融资。

企业生命周期与股利政策:Grullon,Roni Michaely 和 Swaminathan(2002)解释了为什么企业在宣告股利分红后,尽管对投资者来说预期利润可能下降,但是在股市上却是利好信息的原因;Deangelo,Stulz(2005)认为当留存收益在整个权益中所占比例很高时，公开上市的公司中有很大一部分会支付较高的股利，相应的，当留存收益较少时，企业几乎不分股利。作者提出了股利的生命周期理论，认为内部和外部资本的来源和比重可以较好地说明公司所处的生命周期阶段。

二　国内研究现状

国内对于企业生命周期的研究主要集中在生命周期理论的回顾与评析，生命周期划分方法的探讨，生命周期与财务理论、组织理论、管理理论、企业文化等关系的探讨，以及对不同行业企业生命周期的探讨四个方面。其中对于企业生命周期与财务理论的研究主要侧重于生命周期与财务战略、财务目标、融资战略、投资战略（并购战略/专业化和多元化战略）、成本管理战略、现金流量管理战略、预算管理、资产/资本结构管理、财务控制体系建设、股利分配政策、平衡计分卡的应用、会计政策选择、应计制与盈余管理、业绩计量和业绩评价体系、税收策略选择、审计风险、生存风险与防范、财务诊断方法、危机管理、利益相关者管理、企业价值评估方法等方面[①]。

关于企业生命周期与融资决策的研究也主要集中在以下几个方面：

企业生命周期与现金流量的研究：袁晓峰（2006）在把企业生命周期分为五个阶段的基础上，分析了不同生命周期阶段企业现金流量的特征，并对每个阶段的企业现金流量特征分布情况进行了讨论；陈志斌（2006）把企业生命周期分了四个阶段，根据不同阶段现金流量特征探讨了企业现金流量管理的逻辑基础及其要点；蔡岩松（2007）博士以公司3年平均销售增长率来划分企业生命周期的基础上，运用上市的化工类公司的数据资料进行了实证研究，发现经营活动现金流量特点在各个生命周期阶段均存在较大差异，投资增长幅度和投资方向上各阶段也有着不同的特征，不同生命周期阶段企业在筹资方式及筹资额度上也存在着显著差异；钱源达（2008）、王红强（2009）在将企业生命周期划分为四个阶段的基础上，研究了企业生命周期不同阶段经营、投资、筹资

----

① 根据中国期刊全文数据库搜集的论文整理，中国知网（http://lib1.cyu.edu.cn/kns50/index.aspx）。

活动现金流量的正负情况，还分别描述了各阶段每种可能的现金流量特征。

企业生命周期与融资选择的研究：朱武祥等（2002）通过构造一个两阶段模型，证明企业对未来竞争程度的预期与企业的债务规模负相关；赵蒲，孙爱英（2005）对产业生命周期和资本结构的互动关系进行了实证研究，他们发现处于产业生命周期不同阶段的上市公司的资本结构存在着显著的差异，产业生命周期的不同阶段能够稳定、有效地影响上市公司的资本结构；冯昕（2003）在企业生命周期的框架内，从中小企业可贷性的角度分析其融资困境，认为就企业的生命周期阶段与预期利润而言，风险投资银行往往比普通商业银行具有比较优势，因此，中小企业（尤其是科技型中小企业）在创业及成长期应该引入风险投资体系；梁琦（2005）等，通过对大量数据的统计分析，发现我国民营企业在生命周期的创业和生存期，内部融资方式中主要依赖业主投资，外部融资方式中主要依赖民间信贷和商业信用；而在扩张和成熟期则以企业内部的留存收益为主要来源，而且随着不确定性的减小和规模的增大，对银行贷款的依赖程度也随之增大。

企业生命周期与股利政策的研究：魏刚（2001）和杨家新（2002）均认为，企业在成长阶段股利支付率相对较低，发展阶段公司开始以较大的股利支付比率把收益转移给股东，成熟阶段股利支付率将在公司未来的日子里几乎保持不变；朱武祥（1999）认为，企业的不同成长阶段和现金流量特征也会影响股利政策的制定；杨汉明（2008）认为，企业股利政策和生物一样，是具有生命周期的，"年轻"的公司拥有有限的资源，面对相对较多的投资机会，因而保留盈余超过了分配数；而"成熟"的公司有较高的盈利能力、较少有吸引力的投资机会，分配股利是其明智的选择。成熟的公司使用股利作为主要的信号手段，高速成长的公司并不强调股利传递信息的功能。

三　研究评述

国内外学者关于生命周期的研究给了我很大的启示，也增强了我对企业生命周期研究的信心。国外学者对于生命周期和现金流量特征、生命周期和融资选择、生命周期和股利政策的研究均是基于国外企业的数据资料，与我国企业的现状不一定吻合；国内学者对上述问题的研究，采用定性分析的方法则多，运用大样本数据进行实证研究的较少。所以，运用我国上市公司的数据对企业不同生命周期的现金流量特征、企业生命周期和融资结构的关系以及企业不同生命周期股利政策对内源融资的影响进行分析，以便企业可以根据其所处的生命周期阶段，根据该阶段的现金流量特征，选择合适的股利政策，通过对内源融资的控制和调整来优化企业的融资结构有着重要的理论价值和实践意义。

第三节　研究内容及逻辑框架

尽管企业生命周期理论已有 50 多年的历史，但目前为止对于企业生命周期的划分标准，企业生命周期阶段等问题并未形成基本的共识，研究企业生命周期和融资决策的关系，首先需要对企业生命周期进行界定和划分。所以，本研究首先根据中国制造类上市公司的数据对企业生命周期进行了划分，将我国上市公司的生命周期分为成长期、成熟期和衰退期三类；由于企业的资本结构决策取决于其现金流量状况和实际的融资需求，企业不同生命周期的现金流量状况对于企业的资本结构决策起着极为重要的作用，是企业据以选择融资方式和融资结构的决定因素，因此，本书紧接着对企业不同生命周期的现金流量特征进行了描述性分析，以对以后各章的研究提供数据支持。可以说，本书的第一章、第二章、第三章是整个研究的研究基础；第四章、第五章、第六章为企业生命周期与资本结构决策研究的主要内容。股利政策作为企业融资决策的一部分，直接影响到企业内源融资的数额，从而影响企业融资结构和资本结构的变化，对不同生命周期股利政策的研究，为解释不同生命周期的内源融资构成起到一定的实证作用；本书第五章从融资的途径结构、关系结构、权益结构、期限结构四个层次分析了企业融资结构在不同生命周期的特征，对不同生命周期资本结构的形成进行数据分析和解释，使读者更好地了解不同生命周期企业的资本结构特征的成因。而研究企业生命周期和资本结构决策的目的，是为了发现能够使企业实现可持续发展的融资结构或资本结构特征和不同生命周期资本结构的规律性，使企业通过主动选择适应不同生命周期的融资方式，形成与各生命周期阶段相配比的资本结构，从而在合理的财务策略和财务决策下保持充分的融资能力，为企业可持续发展提供足够的资金支持，并且通过对资金使用方向的把握，使企业尽可能延长有利的生命周期阶段，规避衰退期的到来，或者在衰退期出现时能够通过资金的合理调度和安排避免破产清算的情况出现，实现企业的可持续发展。因此，本书的第七章是研究的出发点和归宿，也是本书研究的主要目的。第七章根据前几章的实证研究结果，在对上市公司不同生命周期股利政策、融资结构和资本结构进行分析总结的基础上，针对上市公司在融资决策中存在的问题和不足，提出了能够使企业有利生命周期阶段得以延续，实现可持续发展的融资战略，并从上市公司和金融环境两个方面，就促使企业可持续发展融资战略的实施提供了相关的建议措施，为企业在各生命周期阶段的融资决策提供了数据上的支持和指导。本书的第八章是结论和展望，在对研究结论进行总结的基础上，分析了研究可以深入和改进的地方，作为日后研究的课题和方向。

本书各部分的逻辑关系见图 1.1。

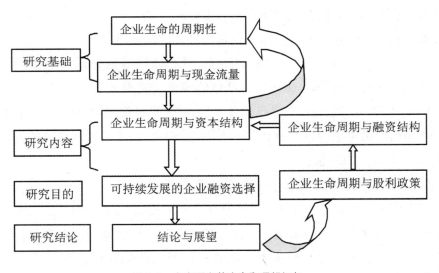

图 1.1 文章研究的内容和逻辑框架

第四节 研究方法及数据来源

一 主要的研究方法

作者在研究的开展过程中主要采用了规范研究和实证研究相结合的方法，

定性分析与定量分析相结合的方法，移植的方法，以及历史分析与综合归纳的方法等。

（一）规范研究与实证研究相结合的方法

以规范研究为主，合理地运用实证研究的结果进行分析。规范研究和实证研究是经济科学研究的基本方法，这一分类方法是依据"是—应该是"的二分法原则。实证研究是运用逻辑分析方法对社会经济现象进行描述和解释的一种研究方法，它回答经济现象"是什么（What it is）"的问题，规范研究是建立在一定价值目标和原则基础上的逻辑判断，它回答的是"应该是什么（What it should be）"的问题。实证分析是相关事实的搜集、描述和整理，它关注经济本身的内在规律，并根据这些规律，分析和预测人们经济行为可能产生的效果；规范分析是在实证研究基础上的加工、改制和提炼，需建立在实证研究的基础上，通过人们对经济现象最基本的价值判断，揭示出各种经济现象背后隐藏的规律性的东西，以指导经济更快、更好地发展。

本文在研究企业生命周期和融资选择时，试图从两种方法的联系入手，对于企业生命周期、资本结构、融资结构、股利政策等概念采用规范研究的方法，力图将规范研究建立在真实、具体的实证研究基础之上，在回答"是什么"的问题时，同时提出"应该是什么"的对策和建议。对于企业生命周期与资本结构、融资结构以及股利政策之间的关系，则采用实证研究的方法，以解决"是什么"的问题。

（二）定性分析与定量分析相结合的方法

定性分析主要运用文字的方式描述事物的特征，定量分析主要使用量化指标刻画事物的属性。一般来说，定性分析是定量分析的基础，定量分析是定性分析的深化。从方法论的角度看，我们在研究具体问题时，应将二者结合起来。本文在研究企业生命周期和融资决策的关系时，试图从两种方法的联系入手，对企业生命周期、资本结构、融资结构、股利政策等概念首先进行定性分析，根据相关理论回答"应该是什么"的问题；对于企业生命周期与资本结构、融资结构以及股利政策之间的关系，则采用定量研究的方法，对企业在不同生命周期的现金流量、股利政策、融资结构及其资本结构的特点进行统计分析，以解决"是什么"的问题；最后将定性分析和定量研究相结合，提出优化企业融资决策的对策和措施。

（三）移植的方法

所谓移植法就是在一定条件下，借用认识某一事物的方法来认识其他事物。本文的研究借鉴经济学、管理学、决策科学和数学的方法来论证企业在不同生命周期阶段融资方式的合理选择问题。

（四）历史分析与综合归纳的方法

本文首先从历史发展和逻辑推理的角度对所搜集的大量资料、各种论点进行仔细考察和研究，然后通过静态与动态分析、横向与纵向分析等方法，探索中外不同学者对企业生命周期和融资选择的论述，将前人的成果进行归纳、总结和引申，并试图揭示其蕴涵的内在要义，以便为中国上市公司在不同生命周期的融资选择提供一个理论框架和分析思路，为实用性和对策性问题的研究提供必要的理论基础。

二 数据来源

本文的研究数据均来源于国泰安信息技术公司的 CSMAR 系列研究数据库提供的年度财务报表数据资料和财务指标分析数据库资料，选取 2004 年以前（包括 2004 年）在沪、深两地上市的所有 A 股制造行业公司（其他制造业公司除外），以 1993—2006 年为研究期间展开研究。数据分析采用 EXCEL2007和 SPSS13.0 进行处理，主要运用了比较分析、描述统计、方差分析和多元线性回归等分析方法。

由于 2006 年新会计准则的实施对企业的会计核算产生了重大影响，也导致企业的财务决策发生了很大变化，加上 2006 年年底中国资本市场股权分置改革的基本完成，使上市公司的资本结构发生了显著变化，从而 2006 年前后的资本结构、融资结构和股利政策也必然会有较大变化，使得 2006 年前后的融资决策不具有直接可比性；而截至作者完成本书之前，距股权分置改革基本结束的时间刚刚 4 年，股权分置结束后具有显著生命周期的样本或处于不同生命周期阶段的样本数过少，使得作者无法直接将股权分置改革前后具有相同生命周期阶段的企业的融资决策特征——资本结构、融资结构和股利政策等进行对比研究，从而样本期间只能取 1993—2006 年。

第五节 相关概念界定

一 企业生命周期

(一) 企业

在中国，企业可以按照不同的标准分类。按所有制的不同分为国有企业、集体企业、个体企业和其他企业；按资产规模可以分为特大型企业、大型企业、中型企业和小型企业等；按照行业性质可以分为农业企业、商业企业、制造业企业等。本文重点论述中国制造业上市公司在不同生命周期阶段的融资问题。之所以如此安排是因为：(1) 上市公司是我国可选融资方式较多的企业，由于其特殊的地位，在满足条件时，上市公司可以采取发行股票、债券等直接融资方式；(2) 上市公司信息披露较为完整，可以运用与企业生命周期相关的信息对其融资决策进行分析；(3) 上市公司的公司治理结构较为完善，在我国的所有企业中具有代表性，能够运用西方的资本结构理论对其进行解释。

(二) 企业生命周期

许多学者认为可以把企业作为能动的生物有机体看待，其演化和发展具有一定的规律，或者说，企业是有一定的寿命或生长周期的，对此问题的理解形成了许多不同的学说，典型的可以归于以下两类。一种是企业寿命周期说，一种是企业生命周期说。企业寿命周期说认为，企业同生物一样，都有一个出生、成长、成熟到衰退的生命历程。所以，尽管学者们分别按照销售收入、公司年龄、成长机会以及组织结构的特点、企业所应用的管理模式等标准，将企业生命周期划分为四到十个阶段不等，但基本均包括这四个阶段；企业生命周期说采用企业经营周期的概念，认为企业虽然具有生物属性和自然属性，但同时具备社会属性，会受到企业内外多种因素的影响，其生命周期特征也会出现不同的征象，有的企业可能存续不到一个完整的寿命周期就陨落了，而有的企业则会通过内部的改革，不断适应环境的需要，从而会出现多个成长期和成熟期，甚至有的企业百年不衰，或衰而不亡。

按照《现代汉语词典》的解释，寿命指生存的年限，比喻使用的期限或存在的期限。生命指生物体所具有的活动能力①。寿命是一种时间长度的概念，因此，寿命只能从小到老，而不能逆转或重复；生命则是一种能力的表现，可以表现为强或弱的重复或循环，可以呈现周期性特征。因此，本书倾向于第二种观点，将企业不同经营周期的表现作为生命周期的划分标准，从财务管理的角度对其进行研究和论证。认为企业生命周期是指企业经营活动能力的某些特征多次重复出现的现象，是企业在不同时期所呈现的不同的增长态势，及与此相适应的不同财务管理特征。

二 现金流量

现金流量是指企业现金和现金等价物流入和流出的数量。其中，现金是指企业库存现金以及可以随时用于支取的存款，包括库存现金、银行存款和其他货币资金；现金等价物是企业持有的期限短、流动性强、易于转换为已知金额的现金、价值变动风险很小的投资，如可在证券市场上流通的 3 个月内到期的短期债券等。本书中关于现金流量的研究，采用我国现金流量表准则关于现金流量的分类，将企业的现金流量分为经营活动现金流量、投资活动现金流量和筹资活动现金流量三个部分，分别研究其在企业不同生命周期中的表现和特点。

三 融资结构

融资结构是指企业资金来源不同项目之间的构成及其比例关系。在企业实践中，企业资金来源的划分方式不同，企业融资结构也表现出不同的特征②。按照资金在企业的存续时间，有短期融资和长期融资之分，并且，长短期融资都可根据企业理财的实际需要进一步细分，这种分类方法形成企业融资的期限结构；按照融资市场中投资者与企业之间是否有产权关系，可将企业融资划分为股权融资和债权融资，债权融资又包括债券融资和商业信用等，这种分类方法构成企业融资的权益结构；按照企业融资活动中投融资双方的关系，可将企

---

① 《现代汉语词典》，中国社会科学院语言研究所词典编辑室编，商务印书馆 2002 年 5 月修订第 3 版（增补版），第 1165、1129 页。

② 李义超：《中国上市公司资本结构研究》，中国社会科学出版社 2003 年版，第 7—8 页。

业融资划分为直接融资和间接融资，直接融资与间接融资又分别包括多种融资工具，这种分类方法形成企业融资的关系结构；按照资金的来源途径，企业融资可分为内源融资和外源融资，其中，内源融资又可划分为折旧和摊销融资与保留盈余，外源融资则可划分为股权融资和负债融资，这种分类方法形成企业融资的途径结构。

融资结构是企业融资行为的必然反映，企业融资是一个动态过程，不同融资行为必然导致不同的融资结构。合理的融资结构是企业资产高效运作的起点和结果，对企业的生存发展起着至关重要的作用。

四　融资结构与资本结构

资本结构是企业融资结构中一个最重要的部分。国内外学者常将优化资本结构作为企业融资决策的重点加以研究。

理论上说，短期资金在企业融资总额中只占很小的比重，因此，关于资本结构的定义，绝大多数文献将其定义为"企业长期融资工具的组合"，也就是企业资产负债表右下方的长期负债与股东权益（优先股、普通股、留存收益）之间的比例关系[1]。但舒尔茨指出，这个概念太"狭窄"，他认为资本结构应当包括所有负债和股东权益，即列在资产负债表右方所有项目之间的比例关系[2]。本书认为，由于我国融资体制的特殊性，上市公司长期借款及应付债券的比例较低，以长期负债和股东权益的比例表示公司的资本结构不能真实反映企业的负债和权益比例，所以，本书关于资本结构的论述和实证研究均采用全部负债和股东权益的比例代表公司的资本结构。

融资结构不同于资本结构。融资结构是企业在一定时期内融资活动的累积，是一种流量结构；而资本结构则是企业资本构成的静态反映，是一种存量结构，是企业融资活动的结果。两者的关系是流量与存量的关系，流量结构决定着存量结构，存量结构反过来也会作用于流量结构，可以影响企业未来对融

---

① ［美］布雷·梅耶斯、马库斯：《企业理财基础》，麦格劳——希尔有限公司出版，1995 年版，第 9 页。转引自沈艺峰《资本结构理论史》，经济科学出版社 1999 年版，第 1 页。
② ［美］舒尔茨：《资本结构理论》，《财务学刊》1963 年第 18 卷第 2 期，第 19 页。转引自沈艺峰《资本结构理论史》，经济科学出版社 1999 年版，第 1 页。

资渠道和融资方式的选择。

本文认为二者之间的关系可以如图 1.2 所示：

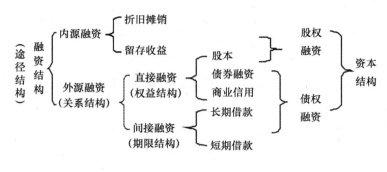

图 1.2　资本结构和融资结构

五　股利政策

股利政策是指企业根据自身的融资需求，对于净利润如何在股利和留存收益之间进行分配的决策。股利包括现金股利、股票股利、财产股利等多种形式。目前，中国上市公司的股利政策类型主要包括送红股、转增股和现金股利等形式。企业在不同生命周期的融资需求不同，从而会采用不同的股利政策。成长期，企业资金需求旺盛的时候，应尽量少发现金股利，多采用送红股和转增股的股利支付方式，用企业高速增长的预期在资本利得上给予投资者回报；在增长速度放慢的成熟期，如果没有非常好的投资项目，则多发现金股利给股东，让投资者分享企业经营的收益；在衰退期，如果预期不能实现良性蜕变，则应该将现金流量的大部分返还给投资者。

六　企业可持续发展

企业可持续发展是指企业通过不断调整经营决策以适应外部环境，既能够实现当前的经营目标又能够获得持续盈利和经济效益稳步提升的过程，是一个动态的发展过程。

尽管企业的生命特性决定其会存在一定的发展周期，但作为生命有机体的企业却并不必然一定会走向消亡。即使处于衰退期的企业也不必然走向解体，因为企业从衰退到死亡一般要经历盲目、呆滞、错误行动、危机和消亡五个阶段，如果企业能在衰退期的前四个阶段中及时采取有效措施，仍可获得生机而重新繁荣①。许多百年老店、长寿公司的存在就是企业可以实现可持续发展的有力支持，上市公司从衰退期走向成长期或成熟期的案例又是企业能够做到可持续发展的充分例证。所以，只要企业管理者对生命周期理论有一定了解，能够根据科学方法，及时判断其所处的生命周期阶段，并根据不同生命周期企业的现金流量状况，通过选择适当的股利政策和融资结构，形成合理的资本结构，并在产品研发、企业组织等方面采取有力的措施规避不利的情况出现，延长有利条件的存续期间，在企业消失之前及时采取相应的对策措施，就可以使企业避免走向衰亡的命运，尽可能延长对企业可持续发展有利的生命周期阶段，使企业更好地为股东创造价值。

本书对于企业生命周期和可持续发展关系的界定如图 1.3 所示。

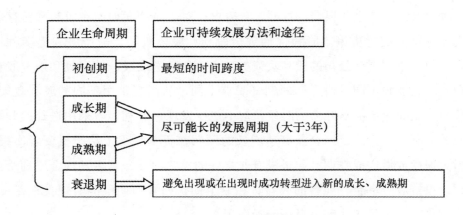

图 1.3　企业生命周期与可持续发展的关系

七　研究范围界定

为使本书研究主题清晰和研究方便，此处对所研究的范围做一些限定：（1）本文所指的企业，如无特别指明均指上市公司，而且按证监会的行业分类标准，专门指上市的制造业公司；（2）本文所称的生命周期，是指企业的经营

---

① 韩福荣、徐艳梅：《企业仿生学》，企业管理出版社 2002 年版，第 173—174 页。

周期，是企业在不同时期所呈现出的不同的增长态势及与此相适应的不同财务管理特征；（3）本文研究的上市公司现金流量特征，以我国现金流量表准则中关于现金流量的分类为依据；（4）本文的资本结构作为企业融资结构的结果，是一种存量结构和静态反映，是企业全部负债和资产的比值；（5）本文研究的融资结构是企业资金来源不同项目之间的构成及其比例关系，包括其期限结构、权益结构、关系结构和途径结构；（6）本文将股利政策作为影响企业内源融资方式的一种主要途径进行研究，分析不同生命周期企业采用的股利政策的差别，以对企业内源融资的构成进行解释。

参考文献

1. 刘淑莲：《企业融资方式、结构与机制》，中国财政经济出版社 2002 年版。

2. 沈艺峰：《资本结构理论史》，经济科学出版社 1999 年版。

3. ［美］梅耶斯：《资本结构之谜》，《财务学刊》1984 年第 34 卷第 3 期。

4. 李义超：《中国上市公司资本结构研究》，中国社会科学出版社 2003 年版，第 7—8 页。

5. ［美］布雷·梅耶斯、马库斯：《企业理财基础》，麦格劳—希尔有限公司出版，1995 年版，第 9 页。

6. ［美］舒尔茨：《资本结构理论》，《财务学刊》1963 年第 18 卷第 2 期。

7. 杨汉明：《股利政策与企业价值》，经济科学出版社 2008 年版。

8. 钱源达：《基于现金流框架的企业生命周期透析》，载《财会通讯·理财版》2008 年第 4 期，第 49 页。

9. 袁晓峰：《现金流量在企业生命周期各阶段的特征分析》，载《长江大学学报·社会科学版》，2006 年 12 月。

10. 陈志斌：《基于企业生命周期的现金流管理研究》，载《生产力研究》2006 年第 4 期。

11. 朱武祥、陈寒梅、吴迅：《产品市场竞争与财务保守行为》，《经济研究》2002 年第 8 期。

12. 赵蒲、孙爱英：《资本结构与产业生命周期：基于中国上市公司的实证研究》，《管理工程学报》2005 年第 3 期。

13. 魏刚：《中国上市公司股利分配问题研究》，东北财经大学出版社 2001 年版。

14. Berger Allen N. and Gregory F. Udell, The Economics of Small Business Finance: The Role of Private Equity and Debt Market in the Financial Growth Cycle. Journal of Banking and Finance. 1998; 22: 613 – 673.

15. Sahlman, W. A., The Structure and Governance of Venture-capital Organizations. Journal of Financial Economics, 1990, (27): 473 – 521.

16. Myers S. C., Determinants of Corporate Borrowing. Journal of Financial Economics, 1977, 5 (2): 147 – 175.

17. Anthony J. H. and K. Ramesh, Association between Accounting Performance-Measures and Sotck-Prices-a Test of the Life Cycle Hypothesis. Journal of Accounting and Economics, 1992, 15 (2 – 3): 203 – 227.

18. Black E. L., Life-Cycle Impacts on the Incremental Value-Relevance of Earnings and Cash Flow Measure. Journal of Financial Statement Analysis, 1998, 4 (1): 40 – 56.

19. Stickney C. P. and P. Brown, Financial Reporting and Statement Analysis: A Strategic Perspective. Dryden Press, 1999.

20. Liu, M. M., Accruals and Managerial Operating Decisions Over the Firm Life Cycle [EB/OL]. Smeal College of Business, Pennsylvania State University, http://ssrn.com/abstract = 931523, 2006.

21. Dickinson V., Future Profitability and the Role of Firm Life Cycle [EB/OL]. Fisher School of Accounting, University of Florida, http://ssrn.com/abstract = 755804, 2006.

22. Gustavo Grullon, Roni Michaely, Bhaskaran Swanminathan, Are Dividend Changes a Sign of Firm Maturity? Journal of Business, 2002, 75 (3): 387 – 424.

23. Harry Deangelo, Linda Deangelo, René M. Stulz, Dividend Policy and the Earned/Contributed Capital Mix: a Test of the Life-Cycle Theory. Journal of Financial Economics, Volume 81, Issue 2, August 2006, pp. 227 – 254.

第二章　企业生命的周期性

企业生命周期问题也就是企业可持续发展能力问题，长期以来为我们所忽略。我们强调国家经济的可持续发展，地区经济的可持续发展，却忽略了企业自身的可持续发展，犯了本末倒置的错误。经济学家认为，企业作为组织形态，与生物组织有某些类似性的东西，同样服从进化的规律。在进化的每一阶段，组织行为模式都要通过某种努力克服环境变化异常的不适应性而逐渐成长，那些适应环境变化的企业会越过一个个生命阶段，经历相当长的生命历程，那些不能适应环境变化的企业则会迅速陨落，最终失败。

正是基于对企业生死现象的观察，基于马克思对"个别劳动时间"与"社会必要劳动时间"的区分，以及马歇尔的"企业森林原理"和科斯的交易费用观，经济学家和管理学者们开始从不同角度对企业发展和企业寿命的问题展开探讨和研究，产生了企业生命周期理论。企业生命周期理论从属于企业成长理论，是企业管理领域的核心管理理论之一。企业成长理论起源于对大规模生产的研究，1959 年英国管理学教授佩罗兹女士的《企业成长的理论》一书为该理论的发展奠定了基础。20 世纪 60 年代，美国国防部开始进行产品生命周期成本的计算研究，使生命周期理论得到了广泛的应用。20 世纪 80 年代，美国的伊查克·爱迪思教授将企业比拟为生命体，认为企业如同生物体一样会经历出生、成长、成熟到死亡的过程，其所著的《企业生命周期》一书，第一次提出生命周期理论，并将这一理论运用于实践，发明了"爱迪思疗法"。

第一节　企业生命周期的理论分析

企业生命周期指企业在不同时期所呈现的不同的增长态势，及与此相适应的不同财务管理特征。由于企业的技术研发、产品生产、市场营销、组织机构等在不同时期的能力可能有强有弱，呈现一定的波动，因此，企业的增长速度会在不同时期呈现快慢不同的特征，从而形成特定的生命周期。

一　企业生命的周期性

市场需求和技术发展都客观地存在着某种反映经济性（市场价值）的周期变动，即所谓的市场需求——技术生命周期。而每个市场需求——技术生命周期都可能会包括出现期、迅速增长期、缓慢增长期、成熟期和衰退期等几个阶段。同样，以技术为基础，满足市场需求的每一种产品也存在着某种生命周期。总结归类典型产品的市场生命周期，可以将其分为四个阶段：导入期、成长期、成熟期和衰退期。企业的存在和发展应该是以产品为基础、技术为依托、市场为导向、组织为支撑的。由于技术进步的存在以及市场的瞬息万变，反映技术和市场变化的产品族必然存在生命周期，加上企业组织的生命周期性，产品的生产单元——企业也必然有其自身的生命周期。企业生命周期存在的原因可用图 2.1① 予以说明。

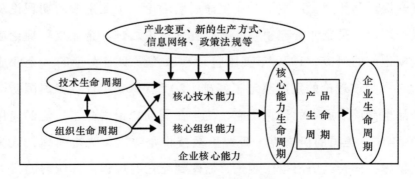

图 2.1　企业生命周期图解

① 陈志斌：《基于企业生命周期的现金流管理研究》，《生产力研究》2006 年第 4 期，第 259—260 页。

由图 2.1 可以看出，对于制造业企业来说，影响其生命周期的关键因素是由技术生命周期和组织生命周期决定的产品生命周期。理论上说，企业可以通过科学安排产品研发的周期和时间，形成合理的产品族或产品组合，使整个企业的产品销售一直保持高速增长，使企业长时间内处于生命周期的成长期或成熟期。但实际上，第一，由于技术生命周期的存在使开发产品所需的技术并非随时可以得到，加上由于合同不完备所导致的高昂的委托代理成本可能会使经理人员常常出于对自身利益而非企业长远发展的考虑进行产品的研发投资，从而难以形成合理的产品族或产品组合；第二，职业经理人市场及资本市场的不完善，又往往使对经理人的激励约束机制难以充分发挥作用，组织生命周期的存在不可避免；第三，由于资金筹集的相对困难，又常会使企业在产品研发或组织改造的最佳时间无法及时取得所需资金而被迫推迟，从而使企业无法长期保持高速成长或成熟期，使企业在发展的过程中存在不同的生命周期。

严格地说，企业生命周期是企业家生命周期、产品生命周期、产业生命周期和经济周期等因素同步共振的结果①。但由于本研究关注的是上市公司生命周期和融资决策的关系，上市公司所有权和经营权相分离的典型特征，意味着企业家生命周期对企业生命周期的影响当然已降至最低；另外，本研究的样本资料均是制造类上市公司的数据，这些公司均属于同一产业，且在不同经济周期中所受的影响相同，从而较好地规避了宏观经济周期和产业周期的影响。由此使得本研究能更多地关注由于产品、技术以及企业组织周期的变化对企业生命周期的影响，并更好地将研究焦点集中于企业生命周期与融资战略的选择上。

很多学者从企业生命周期存在的必然性出发，根据企业不同生命周期的现象将企业生命周期划分成了不同阶段。最著名的是美国著名管理学教授伊查克·爱迪斯（Ichak Adizes，1979，1989）在 20 世纪 80 年代提出的生命周期阶段论。该理论主要从企业内部的管理、结构、关系等描述了企业的成长过程，将企业生命周期划分为孕育阶段、成长阶段和老化阶段三个阶段，并将各阶段依次划分为孕育期、婴儿期、学步期、青春期、盛年期、稳定期、贵族期、官

僚初期、官僚期以及死亡期。

(一)经济学对企业生命过程的研究

经济学对企业生命周期的研究主要侧重于从理论方面分析企业生命周期的成因，分别从劳动价值论的角度、交易费用、契约理论和委托代理理论等方面对企业生命周期存在的必然性展开论述。

1. 马克思对企业生命周期特性的论述

企业生命周期理论起源于经济学对企业"黑匣子"生命现象的探索。有学者认为其理论依据源于革命导师马克思。在《资本论》中，马克思以古典政治经济学的劳动价值论为基础，创造性地提出了"个别劳动时间"与"社会必要劳动时间"，并由此提出了一个重要命题，即商品价值是由生产该种商品所耗费的"社会必要劳动时间"决定的。这个结论自然引出了企业寿命的因果推论：如果一个企业生产特定产品的个别劳动时间长期高于社会必要劳动时间，其产品的"使用价值"就难以得到社会承认，价值就无法实现，价值补偿链条也就随之中断，无法进行再生产，因而最终企业寿命结束被淘汰出局。这一重要论述可以视为对企业生命周期理论研究的理论依据和基础性分析[①]。

2. 马歇尔对企业生命周期特性的论述

微观经济学创始人马歇尔（Alfred Marshall，1890）对企业进行了系统的观察，并根据达尔文的进化论提出了"企业森林原理"。他把一国的企业群体比作一片森林系统，大大小小的企业则如森林中参差不齐的树木，新生的树木面临原有树木浓阴的遮挡，要想获取阳光，就得不断向上攀升获得生存空间。随着其生长壮大，也可能逐渐丧失竞争力，面临被淘汰的危险。与森林中树木的生态竞争一样，各个企业都存在凋零与枯萎乃至死亡的风险。但整个企业系统正是在其内部的竞争中得以不断更新，并保持勃勃生机。1891 年马歇尔在《经济学原理》一书中提出[②]，企业生命周期可以分为三大阶段：生成阶段、成长阶段和衰亡阶段。

---

① "中国企业寿命测算方法及实证研究"课题组：《企业寿命测度的理论与实践》，《统计研究》2008 年第 4 期，第 20—32 页。

② ［英］马歇尔：《经济学原理》，商务印书馆 1981 年版。

3. 主流企业理论的观点

科斯（Ronald Harry Coase，1937）运用交易费用这一概念解释了企业存在的基础，他提出企业是作为市场的替代者而产生的，企业代替市场的实质在于前者可以降低交易费用；企业契约理论认为：企业是一系列契约的有机组合，是人们之间交易产权的一种方式而不是物质资产的简单聚合，并将研究的重点瞄准了企业和市场的关系，即企业边界；委托代理理论则从代理人行为选择研究、代理成本研究和所有权结构设计研究三个方面对企业的存在和发展进行了研究。

（1）交易费用理论

科斯（Ronald Harry Coase，1937）运用交易费用这一概念解释了企业存在的基础，他提出企业是作为市场的替代者而产生的，企业代替市场的实质则在于前者可以降低交易费用。其内容主要包括以下几个方面：市场是协调经济活动的一种组织形式，企业也是协调经济活动的一种组织形式；使用价格机制的市场交易中存在着相当高的交易费用；市场经济中存在企业的基本理由在于企业内部组织的交易比通过市场进行同样的交易费用要低；企业的规模不可能无限地扩大，企业边界是企业在企业内部组织一笔额外交易的成本等于通过在市场上完成同一笔交易所花费的成本时的企业规模；企业存在的根本原因在于企业的组织成本与市场交易费用间的差异。科斯的论述主要包括以下几个方面的贡献：①提出了交易费用的概念，将经济学对经济的研究引向现实；②解释了企业的契约性质和企业存在的原因是为了节省交易费用；③认为企业是市场的替代物，二者的替代取决于交易费用的高低；④关于非零交易费用的分析使人们意识到制度对效率的重要性。由科斯的交易费用理论可以推知，若一家企业无法保证其内部成本长期低于外部成本，即当企业内部成本长期高于外部成本时，其衰亡将不可避免。由交易费用理论，不仅可以推论出企业产生与扩展的边界，而且可以推论出企业消亡的边界。

但科斯的企业理论也存在一些明显的缺陷。主要表现在：交易费用概念的模糊性和不可操作性；科斯在强调交易费用的重要性时忽视了企业组织变动对直接生产成本的影响（关于企业在组织协作生产方面的作用）；科斯虽然提出交易是有费用的，但没有明确指出引起和决定交易费用的具体因素；将交易费用作为衡量制度绩效的核心尺度太过笼统。尽管如此，但理论界普遍认为，由于受到上述经济学大师一系列洞察的启示，尤其是科斯等人交易费用理论的启示，经济学家们开始观察企业生命力，并对此进行研究。

（2）企业契约理论

企业契约理论主要是在契约理论和交易费用理论的融合下发展起来的。契约的经济意义在于：承诺是神圣的，个人独立进入交易活动的权利是不可侵犯的。对契约的系统研究是由美国法学家以恩·麦克内尔完成的。他按照契约的条件把契约分为：古典契约、新古典契约和关系性契约，并根据契约的完备性区别了完全契约和不完全契约。

企业契约理论认为：企业是一系列契约的有机组合，是人们之间交易产权的一种方式而不是物质资产的简单聚合。完全契约只在理想中存在，在此基础上，企业契约理论将研究的重点瞄准了企业和市场的关系，即企业的边界。

企业契约理论主要有两个分支：间接定价理论和资产专用性理论①。

第一，间接定价理论。间接定价理论的代表人物有科斯（Coase，1937）、威廉姆森（Williamson，1969）、张五常（1983）、杨小凯和黄有光（Yang，Ng，l994）。他们都认为市场和企业是资源配置的两种可以相互替代的手段，企业的功能在于节约市场的直接定价成本，即交易费用。

科斯认为市场和企业的不同在于：市场是通过非人格化的价格机制来调节资源配置，而企业内部则是通过权威定价来完成资源配置的。二者选择的依赖在于市场定价成本和企业内部权威定价成本的大小关系。企业的存在是由于企业的定价成本小于市场的定价成本，企业的边界就是当企业定价成本等于市场的定价成本。

威廉姆森是科斯理论发展的主要贡献者之一。他提出，出于节约交易费用的理性，有效率的企业组织结构设计必须考虑以下三个原则：资产专用性原则、外部性原则和等级分解原则。他分析了交易的三个维度：不确定性、交易频度和资产专用性。认为交易的维度决定了缔约方式的选择，并要求相应的交易协调规制结构与之匹配。如古典企业要求单边规制，新古典契约要求三方规

---

① 张维迎：《企业理论与中国企业改革》，北京大学出版社 1999 年版，第 33 页。

制，关系性契约要求双边规制，高度专用性交易被内部一体化时要求统一规制等。因此，他提出最优层级理论。认为企业应该通过一个层级结构来组织生产和分工，层级种类的选择则取决于层级管理的效率或成本的大小。

张五常在《企业的契约性质》一文中以计件工资的契约为例，对比了科斯的企业观与阿尔钦和德姆塞茨（Alchina 和 Demsetz，1972）的企业观，认为企业存在的唯一原因就是节省交易费用，企业关系实际上也是一种市场关系，甚至是一种高级的市场关系——要素市场关系。企业并不是为取代市场而设立，而仅仅是用要素市场取代产品市场，或者说是用"一种契约取代另一种契约"。产品市场和要素市场在企业外部和内部的分离主要是为了节省交易费用，这一分离可以避免对要素投入进行直接的高成本计量。张五常将企业与市场的区别和替代变成了产品市场与要素市场的区别和替代。

黄有光和杨小凯将科斯和张五常的企业理论通过一个关于企业的一般均衡模型做了精细化的分析。他们认为应该充分考虑经济主体的交易效率因素，即市场发达程度，市场发达程度的提高，一方面可能由于市场范围的扩大增加了交易费用，另一方面也会相应地提高交易的效率，只要交易效率提高的幅度大于交易费用，则可以实现市场和企业的共同增长。

第二，资产专用性理论。资产专用性理论的主要代表人物是20世纪70年代做出开创性研究的威廉姆森（Williamson）和克莱因等（Klein et al.），以及80年代以后的格罗斯曼（Grossman）、哈特（Hart）、莫尔（Moore）和瑞奥登（Riordan）。资产专用性是指在不牺牲生产价值的条件下，资产可用于不同用途和由不同使用者利用的程度。资产专用性有四种类型：资产本身的专用性、资产选址的特定性、人力资产的专用性和专项资产。资产专用性的实质是一种"套住效应"（lock in）。这一理论将企业看成是连续生产过程之间不完全合约所导致的纵向一体化实体，认为企业之所以会出现，是因为在合约不可能完全时，纵向一体化能够消除或者减少资产专用性所产生的机会主义行为。威廉姆森的分析主要是建立在交易人的有限理性和人天然具有机会主义动机两个假设上。他认为，在最大化规则的指引下，有限理性的行为主体组织经济活动以便达到生产最优的同时，应尽量防止机会主义。威廉姆森指出：如果交易中包含一种关系的专用性投资，则事先的竞争性交易将被事后的垄断和买方独家垄断所取代，从而导致将专用性资产的准租金据为己有的"机会主义"行为。这种机会主义行为会导致专用性资产投资无法达到最优并使合约的谈判和执行面临更大困难，造成现货市场的高成本。而且，资产的专用性越高，这一趋势越明显。因此，纵向一体化管理的企业可以替换现货市场，因为在企业组织内部，机会主义必然受到权威的监督。这一思想与克莱因、克劳福德和阿尔钦在《纵向一体化、可剥削性准租金和竞争性缔约过程》一文中的思想比较接近。即当交易费用在较大程度上受资产的专用性影响时，资产的所有者会选择一体化，通过内部化来减弱机会主义行为对准租的剥削。

但是，当当事人的个人财富有限时，纵向一体化所需资金需向企业外部筹集，引起所有权和经营权的分离，产生代理成本。于是继威廉姆森和克莱因之后，格罗斯曼和哈特进一步发展了所有权结构的模型。在不完全合约的条件下，他们区分了所有权结构中的剩余索取权和剩余控制权。认为合约中没有明确界定的剩余控制权对所有权结构的效率有决定性作用，有效的剩余权利配置应该是让投资行动中最重要的一方取得剩余权利的所有权。

间接定价理论实际上是科斯交易费用观的发展和继承，认为当企业内部的交易费用低于市场定价的成本时，企业得以生存并发展壮大，而当其内部交易费用不能长期低于市场定价的成本时，企业会逐渐走向消亡；资产专用性理论则说明，由于经营者经营能力的专用性、企业投资的专用性等资产专用性的存在，企业选择纵向或横向一体化可以减少由于资产专用性带来的高交易成本，引起企业规模的发展变化，使企业进入不同的生命周期阶段，但是一体化不但会带来监督成本的增加，而且会面临资金筹集和企业剩余权利的分配问题，当增加的监督成本高于由于一体化带来的交易费用的节约或企业无法筹集所需资金时，企业将会走向解体，所以，企业契约理论从资产专用性的角度说明了企业存在不同生命周期阶段的必然性。

（3）委托代理理论

对所有权与经营权的研究后来发展形成了委托代理理论。詹森和麦克林（Jensen 和 Mickling，1976）发表的《企业理论：经理行为、代理成本和所有权结构》一文是关于委托代理问题实证研究的最初代表。

所有权与经营权分离是委托代理关系形成的前提。委托代理理论的核心是关于代理成本的问题。代理问题的产生有两个假设前提：一是信息不对称，二是委托人和代理人的目标函数不一致。一般认为，代理成本问题的存在主要是由这两个原因造成的。委托代理关系中代理问题的核心是动力问题。即委托人如何设计一套有效的监督、激励机制促使代理人采取利于增进委托人收益的行为选择，或者使代理人的目标函数与委托人的目标函数趋于一致。

委托代理理论主要包括三个方面的内容：代理人行为选择研究、代理成本研究和所有权结构设计研究。

第一，代理人行为选择研究。对代理人行为选择的研究主要是从信息角度来分析的。信息的不对称有三种情况：委托人具有信息优势，并企图从代理人那里获取更多的价值；合约前代理人的信息优势使委托人陷入逆向选择；合约后代理人的信息优势使委托人面临道德风险。一般而言，委托代理的双方为使自己的利益最大化，倾向于隐藏信息。隐藏信息的动机在于保持谈判和交易中的信息优势，而隐藏行为的目的则在于满足自己利益的最大化。

委托代理合约的选择被认为是解决代理问题的有效机制。其效率主要取决于两个方面：一是对代理人行为的监督和约束；二是对代理人行为的激励与动员。对于委托人而言，一个最优化的合约是在代理人的个人合理性制约下使所有报酬表现为最大化。但是如果委托人在合约中给代理人支付的是一个预先给定的报酬，那么代理人的报酬就会与他的努力程度无关。因此在合约中设计一个与代理人努力相关的有效激励机制是至关重要的。其目的在于使代理人的行为选择不损害委托人的利益。

对代理人行为选择的研究，较有代表性的成果主要有：詹森和麦克林的股权激励模型（股权的可流动性和股票市场的竞争性、报酬和努力挂钩）；克雷佩斯（Kreps）建立在对策论基础上的代理人声誉模型（长期合约和经理市场的竞争性，引起的"声誉"影响是约束代理人行为选择的重要因素）；威廉姆森在《企业的约束：激励与行政特征》一文中提到的外部激励与内部激励机制（会计设计和资产支出的预算约束，经理市场的压力）；本特·霍姆斯特罗姆和保罗·米尔格罗姆（2000）在《多任务委托代理分析：激励合同、资产所有权和工作设计》一文中提出的激励模型（关于多维度激励与单维度激励）（集中是否使用固定工资合约）等。

第二，代理成本研究。由于在委托代理关系中，委托人和代理人在目标函数上存在不一致性，代理人总会利用信息优势来损害委托人的利益。这种由于代理关系而造成的损失被视为代理成本。在詹森和麦克林的分析中着重强调了公司的所有者和居统治地位的管理者之间的契约安排所引起的代理成本。它包括：委托人的监督支出，代理人的保证支出和剩余损失。

由于造成代理成本的主要因素是信息不对称和目标函数不一致，所以如何降低代理成本的合约和机制设计就成为代理成本研究的主要内容。主要包括信息显露机制的设计和约束机制的设计两个方面。第一，信息显露的目的在于使信息最大可能的流通和趋于对称分布，这主要通过合约中的激励相容和内部代理人之间的权利制衡，以及决策的民主化和透明度来实现。信息显露机制的设计利于降低约束成本；激励机制的设计，主要目标在于使代理人和委托人的目标函数相一致，从而降低由道德风险导致的代理成本；第二，约束机制设计。约束成本与代理成本一般而言是此消彼长的。一般来说，合约越完备，就越能有效约束代理人的行为，代理成本就越低，但也会带来较高的约束成本。目标利益越是一致，监督越容易，代理成本也就越低。在这一点上，激励机制与约束机制的设计是并存的。

第三，所有权结构设计。所有权和经营权的分离引起的委托代理问题与所有权结构的设计直接相关。企业内部权利结构是否合理是影响代理效率的重要因素。可供选择的企业所有权结构主要有：个体私营企业、合伙制企业和股份制公司。不同的企业规模要求不同的所有权结构。一般而言，企业规模越大，所有权结构越复杂，合理的所有权结构设计就越必要。在所有权与经营权分离的条件下，企业所有权的关键在于剩余权利。企业所有权有不同的形式：包括法律上的财产所有权、法人企业所有权、合同化固定的企业所有权以及剩余所有权。前三种的界定和配置在市场条件下可以完成，剩余所有权的配置则不是依据财产，而是依据个人的决策和努力，这种权利的交易和安排主要是在企业内部通过谈判和博弈来完成的。总之，所有权结构设计的意义在于：降低代理成本，约束经营权；提高企业的竞争力，防止外部资本对企业控制权的争夺。

除此之外，委托代理中还研究了企业内部治理结构的问题。内部治理结构就是通常所说的法人治理结构，主要出发点是治理结构对企业效率的影响。通过在企业内部设立股东代表大会、董事会、监事会、经理等权利制衡体系，来提高企业的效率。委托代理理论的发展逐渐从早期单纯强调企业内部的分析转向了同时强调企业外部因素的分析。

正是由于委托代理成本的存在，经营者和所有者之间才会存在利益冲突，其各自的关注点和目标以及采取的手段才会各不相同。因此，从理论上看，即使企业可以通过开发不同的产品族、可以在不同生命周期采用不同的组织机构以保证企业能够实现可持续发展，但是，实际上由于代理人不同的行为选择，加上代理成本的存在，最优的所有权结构设计难以达成，企业内部治理难以非常有效，产品研发、组织机构优化、核心技术能力的形成等难以完全按照可持续经营的方向发展，从而使得企业发展具有周期性。

（4）信息不对称理论

信息不对称理论是指在市场经济活动中，各类人员对有关信息的了解是有差异的；掌握信息比较充分的人员，往往处于比较有利的地位，而信息贫乏的人员，则处于比较不利的地位。该理论认为：市场中卖方比买方更了解有关商品的各种信息；掌握更多信息的一方可以通过向信息贫乏的一方传递可靠的信息而在市场中获益；买卖双方中拥有信息较少的一方会努力从另一方获取信息；市场信号显示在一定程度上可以弥补信息不对称的问题。信息不对称的存在，会导致逆向选择和道德风险，由此使得企业在资金筹集或经理人选择时会出现与实际预期相悖的现象，使其难以按既定路线发展，从而导致企业生命周期的存在。

4. 主流企业理论和企业生命周期

科斯的交易成本理论从企业内部交易费用和市场交易成本之间的关系入手，分析了企业存在和消亡原因及企业边界问题，当企业内部交易费用长期不能低于市场上的交易成本时，企业必然走向消亡；资产专用性理论认为企业选择纵向或横向一体化可以减少由于资产专用性带来的高交易成本，引起企业规模的发展变化，使企业进入不同的生命周期阶段，但是一体化不但会带来监督成本的增加，而且会面临资金筹集和企业剩余权利的分配问题，当增加的监督成本高于由于一体化带来的交易费用的节约或企业无法筹集所需资金时，企业将会走向解体；委托代理理论下由于契约的不完备性、代理成本的存在或所有权结构设计的不完善等原因，使得代理人和委托人之间的意愿发生背离，代理人不愿或不会尽全力谋求企业的长久发展，而是更多地寻求自身非经营利益的提高，使企业无法保持持久发展，并可能会由于内外部的竞争而走向衰退甚至死亡。

（二）管理学对企业生命周期的研究

尽管管理学界对企业的研究起步较早，但是侧重生命周期角度的研究直到20世纪60年代才得以提出。企业生命周期的管理学理论基础主要是战略管理理论。

1. 战略管理理论

企业战略理论是随着企业战略环境的日益复杂化而萌生并逐渐发展和完善起来的。早在1938年，巴纳德（C. I. Barnard）在其著名的《经理人员的职能》中便首次将战略的概念引入管理理论，但他并没有形成完整的战略理论的框架体系[①]。1965年，安索夫（H. igor Ansoff）在出版的《从战略规划到战略管理》一书中，最先提出"企业战略管理"一词，成为现代企业战略管理理论的研究起点。从此以后，很多学者积极地参与了战略理论的研究，形成了多种不同的流派，其中设计学派、计划学派、结构学派、学习学派、能力学派、资源学派是影响最大、在战略管理理论发展过程中也最具代表性的学派。战略管理理论认为，企业战略是企业面对激烈变化、严峻挑战的经营环境时，为求得长期生存和不断发展，对企业发展目标，达到目标的途径和手段的总体规划，是在符合和保证实现企业使命的条件下，充分利用环境中存在的各种机会和创造新机会的基础上确定企业同环境的关系，规定企业从事的经营范围、成长方向和竞争对策，合理地调整企业结构和配置企业资源。企业战略管理的核心问题是使企业自身条件与环境相适应，求得企业的长期生存与发展。按照战略管理理论，企业应根据其所处的不同生命周期阶段的特征选择适合的财务战略，以使其实现可持续发展。

---

① Gerloff E. A. Three Components of Perceived Enviromental Uncertainty: An Exploratory Analysis of the Effects of Aggregation. *Journal of Management*, 1991, 17 (4), pp. 749—768, 转引自周辉《企业持续竞争优势源泉》，知识产权出版社2008年版，第9页。

2. 管理学对企业生命周期的研究①

管理学对企业生命周期的研究主要侧重于其在企业管理实践中的应用，管理学者较多地从企业生命周期模型的构建、企业生命周期阶段的划分等方面进行了探讨。

1965 年美国学者哥德纳（J. W. Gardner）以"如何防止组织的停滞与衰老"为题，系统地讨论了组织的生命力与生命周期问题。他指出，人类与植物不同的是，一个组织在经历了停滞之后仍有可能恢复生机。因此，"一个组织可以持续不断地实现自我更新，这对我们的未来无疑有着深远的意义"。

以温特（Winter S. G.）为代表的企业生物进化论既强调企业资源的差异性，也注重企业资源与环境变化的统一，认为企业的成长是通过生物进化的三种核心机制（多样性、遗传性、自然选择性）来完成的。通过借用达尔文进化论思想来解释企业成长，企业进化论从生命学观点论述了企业应不断地适应外部环境的变化，该理论重视组织、创新、路径依赖等的进化论对企业成长的影响。纳尔逊和温特（1982）② 提出"基因"理论，认为惯例是企业的"基因"，但与人的基因相比，企业"基因"的稳定性弱得多，突变的几率较高，只要企业对环境的不适应达到一定阈值，企业的"基因"就有可能突变。企业不存在与人的基因同等功效的事前决定力量，使得企业的生命周期存在较强的权变性，并使得通过战略经营来延长甚至根本性改变企业生命周期成为可能。对企业而言，生命基本上是一个相对概念，很大程度上决定于其他企业，是与其他企业比较而言的。

随后，20 世纪 80 年代以美国管理学教授伊查克·爱迪斯（Ichak Adizes，1979，1989）为代表的企业生命周期理论主要从企业内部的管理、结构、关系等描述了企业的成长过程，将企业生命周期划分为孕育阶段、成长阶段和老化阶段三个阶段，并将各阶段依次划分为孕育期、婴儿期、学步期、青春期、盛年期、稳定期、贵族期、官僚初期、官僚期以及死亡期。

国内学者陈佳贵、黄速建（1998）提出的成长模型考虑了企业规模在生命周期中所起的作用，按企业规模将企业生命周期依次划分为孕育期、求生存

① 任佩瑜、余伟萍、杨安华：《基于管理熵的中国上市公司生命周期与能力策略研究》，《中国工业经济》2004 年第 10 期，第 76—82 页。

② ［美］纳尔逊、温特：《经济变迁的演化理论》，上海商务印书馆 1997 年版。

期、高速发展期、成熟期、衰退期、蜕变期等六个阶段；李业（2000）对企业成长模型进行了修正：将衡量企业成长的定量指标换成了销售额，将企业成长阶段重新划分为孕育期、出生期、成长期、成熟期和衰退期；单文、韩福荣（2002）提出的三维空间企业生命周期模型，根据企业的应变性、可控性和企业规模三个维度，把企业生命分为婴儿期、学步期、青春期、盛年期、稳定期、贵族期、官僚化早期、官僚化晚期和死亡期。

二 企业生命周期理论的发展

早期理论认为，企业经营周期具有从扩张到收缩或从萧条走向增长繁荣的自我维持、自我平衡的功能，即繁荣—收缩—繁荣，类似于钟摆的运动一样。到20世纪20—30年代，受世界范围的经济危机的影响，一些学者认为，企业经营周期只有受到外在可见的或不可观察的因素如利率、汇率、生产力等共同影响的情况下才会发生波动，所以，这种理论认为企业经营周期的变化只是一种随机或概率现象，类似于波浪的运动，不是必然规律。到了60年代，西方理论界重新修正了外在因素引起波动的理论，提出了"索洛剩余"（Solow Residual）概念。这一理论是从诺贝尔经济学奖获得者罗伯特·索罗（Robert Solow）的增长理论发展而来。劳动生产率模型认为全社会平均劳动生产率（单位工人的产出）与单位工人资本正相关。实际劳动生产率与模型预测值之间的差额就叫做"索洛剩余"。剩余理论通过进一步的研究，揭示出这一剩余大约是偏离劳动生产率模型预测值的1/4，正是它导致了企业经营周期的波动。这一理论的先进性在60—70年代得到了大量的实证支持。不少美国经济学家证实"索洛剩余"极大地影响了产出的波动。其波动的幅度与战后美国的经营周期非常相似，而且，这些研究也加强了经营周期理论与微观经济原理之间的联系，将影响因素由几个减少到一个，其意义自然不言而喻。由此可以看出，尽管一些理论和模型难以确定究竟是哪种因素影响企业经营周期，但可以通过索洛剩余和劳动生产率模型，找出影响周期波动的主要原因是消费支出和投资的增加以及技术进步的联合作用。从企业自身来讲，企业是否具有持续的投资能力和技术创新能力，是决定企业经营周期乃至企业生命周期的关键因素。企业的融资能力、投资与管理决定能力、企业的规模、管理者和员工的素质、企业创新激励机制等都是这两大因素的具体体现。

经过多年的发展，企业生命周期理论已趋于成熟，目前所形成的四个最具影响力的分支：仿生—进化论、阶段论、归因论和对策论，都可以视为整个生命周期理论系统的构成部分。仿生—进化论从生物学的视角来研究企业的组织结构，虽然进化论将企业看做一个生命体，但企业与自然界的生物体是有许多差异的，如在生命决定机制、进化机制上都存在本质上的不同。归因论从系统的角度入手，认为影响企业兴衰的因素是多方面的，是多种因素综合作用的结果。而对策论是从系统动力学的角度来剖析企业是如何成长和发展壮大的，虽然以上三种观点都是从系统的、整体的角度来分析企业的演变过程，但与阶段论相比，后者更加突出了各阶段企业所具有的特点和可能存在的问题。企业生命周期模型形象地反映了企业从诞生到衰亡的整个过程，每一个阶段的特征在模型里都能直观地展现出来。企业生命周期的阶段论动态地揭示了企业成长过程中各阶段的特点，揭示了企业成长与老化的一般规律，有利于企业管理者对具体问题对症下药，推迟企业老化阶段的到来。

（一）企业生命周期理论的发展历程

企业生命周期理论的发展经过了萌芽期、系统研究期、模型描述期和改进修正期四个时期。

1. 萌芽期（20 世纪 50—60 年代）

代表人物马森·海尔瑞（Mason Haire，1959）。马森·海尔瑞最早提出了可以用生物学中的"生命周期"观点来看待企业，认为企业的发展也符合生物学中的成长曲线。在此基础上，他进一步提出企业发展过程中会出现停滞、消亡等现象，并指出导致这些现象出现的原因是企业在管理上的不足，即一个企业在管理上的局限性可能成为其发展的障碍。

2. 系统研究期（20 世纪 60—70 年代）

代表人物哥德纳（J. W. Gardner，1965）、斯坦梅茨（Steinmetz C. L.，1969）。哥德纳指出，企业和人及其他生物一样，也有一个生命周期，与生物学中的生命周期相比，企业的生命周期有其特殊性，主要表现在：①企业的发展具有不可预期性。一个企业由年轻迈向年老可能会经历 20—30 年时间，也可能会经历好几个世纪；②企业在发展过程中可能会出现一个既不明显上升、也不明显下降的停滞阶段，这是生物生命周期所没有的；③企业的消亡并非是不可避免的，企业完全可以通过变革实现再生，从而开始一个新的生命周期。斯坦梅茨（Steinmetz L. L. 1969）系统地研究了企业成长过程，发现企业成长过程呈 S 形曲线，一般可划分为直接控制、指挥管理、间接控制及部门化组织等四个阶段。

3. 模型描述期（20 世纪 70—80 年代）

代表人物邱吉尔和刘易斯（Churchill N. C. 和 Lewis V. L. ，1983）、葛雷纳（Larry E. Greiner，1985）和伊查克·爱迪斯（Ichak Adizes，1989）。葛雷纳提出了"组织发展模型"，他认为企业的兴衰不是由单一因素造成的，而是由系统内外各种因素共同作用的结果，企业发展的不同阶段具有不同的特征和管理重点，当然也会存在不同的危机。他把企业的发展分为两种不同的类型：演变（Evolution）和变革（Revolution），指出企业就是通过演变和变革的交替而向前发展的。葛雷纳的"组织发展模型"明确了企业在不同的发展阶段将会遇到的各种矛盾，但该模型对企业及其环境的研究都过于静态化，没有认识到企业与环境之间的互动。

伊查克·爱迪斯（1979）依据总销售额、单位产量和雇员人数把企业的生命周期划分为五个阶段：产生、成长、成熟、衰退和死亡。1989 年，爱迪斯在其名著《企业生命周期》中进一步阐明，企业与自然界生物一样都遵从"生命周期"规律，都会经历一个从出生、成长到老化直至死亡的生命历程。他把企业成长过程分为孕育期、婴儿期、学步期、青春期、盛年期、稳定期、贵族期、官僚初期、官僚期以及死亡期十个阶段。他认为企业成长的每个阶段都可以通过灵活性和可控性两个指标来体现：当企业初建或年轻时，充满灵活性，做出变革相对容易，但可控性较差，行为难以预测；当企业进入老化期，企业对行为的控制力较强，但缺乏灵活性，直到最终走向死亡。阶段的划分标准是灵活性和可控性，并指出"规模和时间都不是引起成长和老化的原因"。在他的著作《企业生命周期》中，除了划分企业成长的各阶段外，还重点描述了生命周期各阶段的企业行为特征。

4. 改进修正期（20 世纪 90 年代至 20 世纪末）

这一时期国内外学者将生命周期理论进行了不断的丰富和完善，构建了大量衡量企业生命周期的模型，并进行了丰富的实证研究，使企业生命周期理论得到了不断完善和应用。

（二）企业生命周期模型

爱迪斯（1989）的生命周期模型是最经典的企业生命周期模型，最具有代表性，也最广为引用。他把企业的成长过程分为孕育期、婴儿期、学步期、青春期、盛年期、稳定期、贵族期、官僚初期、官僚期以及死亡期十个阶段。他认为企业成长的每个阶段都可以通过灵活性和可控性两个指标来体现。如图 2.2 所示。

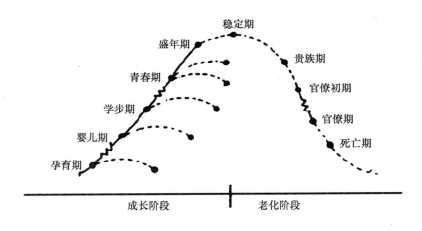

图 2.2 爱迪斯的企业生命周期模型

陈佳贵、黄速建（1998）① 在《企业经济学》中提出了企业成长模型。该模型引入了企业规模要素，通过企业规模将企业划分为大中型和小型两类企业，并依次描述两类企业的成长模式。该模型将企业生命周期划分为孕育期、求生存期、高速发展期、成熟期、衰退期和蜕变期等六个阶段，如图 2.3 所示。

李业（2000）对企业成长模型进行了修正：将衡量企业成长的定量指标换成了销售额，将企业成长阶段重新划分为孕育期、出生期、成长期、成熟期和衰退

① 陈佳贵、黄速建：《企业经济学》，经济科学出版社 1998 年版。

期。此外，还根据企业的生命过程，提出了四种企业生命周期的具体形态，如图 2.4 所示。

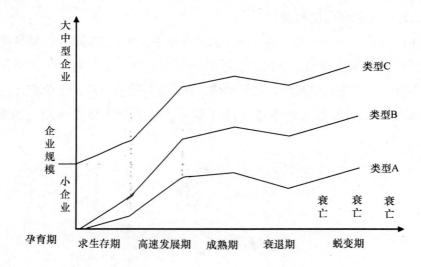

图 2.3 陈佳贵的企业生命周期模型

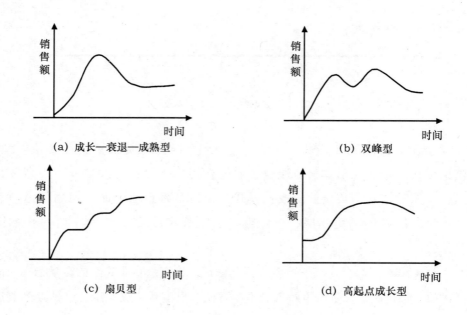

图 2.4 李业的企业生命周期模型

韩福荣等（2002）[①] 通过企业仿生的角度对企业生命周期进行了研究，认为企业在发展的过程中，受到了两个力的制约，规模张力和年龄张力，设 Q 表示规模张力，A 表示年龄张力；如图 2.5 所示，企业在 P 点得斜率 s，s 为成长速度。

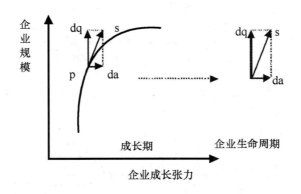

图 2.5　韩福荣等的企业生命周期模型

当企业的规模张力等于年龄张力时，即 dq = da 时，企业成长速度 s 最佳，称为企业最佳成长模型。

dq = da 是一种理想状态，实际上，最佳的 dq 与 da 是处于一种动态的平衡，如图 2.6 所示。当企业达到最佳成长状态时，企业具有两个反馈环：生命状态反馈环和规模反馈环，如图 2.7 所示。在两个反馈环的调解下，当企业量的成长超越了质的成长，即企业的生命状态滞后于企业规模时，就会引起质的更快的增长，从而保持了 dq = da 的平衡。任何企业都应追求企业的最佳成长模式，达到并保持企业的最佳成长状态。

企业的动态平衡的波动范围形成了一个平衡区，如图 2.8 所示。在平衡区内的企业规模和企业生命状态保持了动态的平衡，企业能够正常成长，这个平衡区也可称为安全区；在内部危机区，企业的生命状态不能支持企业规模，企业将爆发内部的危机，其中管理危机最为常见；在外部危机区，企业生命成熟水平远远高于企业规模，市场可能对企业的盈利失去信心，导致企业失败。

① 韩福荣、徐艳梅：《企业仿生学》，企业管理出版社 2002 年版，第 141—143 页。

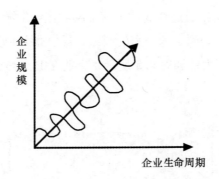

图 2.6   企业最佳成长动态平衡

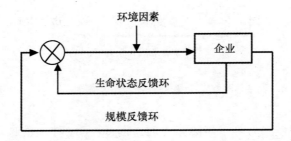

图 2.7   企业动力学系统图

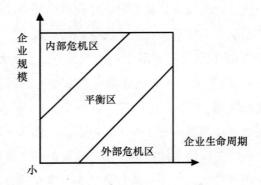

图 2.8   企业规模与年龄关系图

韩福荣还将企业年龄用应变性和可控性来代表，并建立了基于企业应变性、可控性和规模的三维生命周期模型，如图 2.9 和图 2.10 所示。

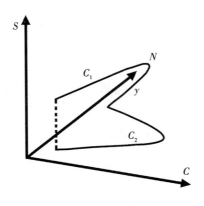

图 2.9 三维企业生命周期模型

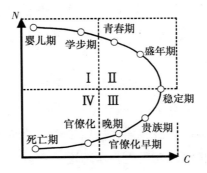

图 2.10 三维企业生命周期模型的平面投影

其中，N 表示企业的应变性，C 表示企业的可控性。企业"年轻"说明企业应变能力强，作出变革调整相对容易，但控制水平较低，其行为一般难以预测。"老"则意味着企业对行为的控制能力较强，但缺乏应变性，缺乏变革的意向。

从生命周期理论的发展过程可知，企业生命周期理论是模仿生物生命过程特别是人类生命过程，也是模仿产品市场生命周期理论而提出来的。应该说这是有一定道理的。因为企业组织形成后，作为人和自然以及社会高级系统便具有社会属性、自然属性和生物属性，从生物属性和自然属性的角度讲，企业是有生命周期的。但从企业的社会属性来看，企业由于受到内部技术周期和产品周期，以及外部行业周期和宏观经济周期的多重影响，其生命周期必然与生物的生命周期有很多不同之处。

由此，作者认为企业的生命周期具有可逆性和非线性，可以体现人的意志从而发生人为的改变，企业进入成熟期后不一定必然走向衰退，而可能会重新进入成长期；处于衰退期的企业也不一定必然走向解体。同样企业如果出现管理不善等内部危机，也可能直接从成长期走入衰退期，所以本书比较倾向于李业的生命周期模型。

三　相关概念界定

（一）企业寿命周期

企业寿命周期是指企业像生物有机体一样，也有一个从生到死、由盛转衰的过程，其间大致要经过创业、成长、成熟与衰退的过程。

（二）企业生命周期

李业教授（2000）提出[①]，典型的企业生命周期描述了企业经过孕育诞生后，从出生期到衰退期，最终消亡的整个连续过程。但企业是由进行生产经营活动的各种要素组合而成的经济实体，虽然它有活动能力和生命形态，但它本身并不是生物体，如果机械地套用生物学理论，就会限制企业能动性和创造力的发挥。并由此提出了企业生命周期的四种不同形态（见图 2.1、图 2.2 企业生命周期模型部分）。

肖海林（2003）认为[②]，企业生命周期的准确含义是指企业经营活动能力的某些特征多次重复出现，其实质是经营周期的形象表述，经营活动能力的某些特征是可以多次重复出现的。有的企业寿命很短，并不存在典型的寿命周期，而一些可持续发展的企业可能存在多个经营周期，企业整体的老化阶段并不明显，也并不必然走向死亡。

（三）本文观点

目前的研究中，学者们对企业生命周期和寿命周期的概念并不进行严格的

---

① 李业：《企业生命周期的修正模型及思考》，《南方经济》2000 年第 2 期，第 47—50 页。
② 肖海林：《企业生命周期理论的硬伤》，《企业管理》2003 年第 2 期，第 34—36 页。

界定和区分，本文研究中采用企业生命周期的概念。将企业生命周期定义为企业经营活动能力的某些特征多次重复出现的现象，是企业在不同时期所呈现的不同的增长态势，及与此相适应的不同财务管理特征。本文将企业在发展过程中，环比销售增长下降期定义为衰退期，将环比销售增长大于其平均正增长率期定义为成长期，其他期间定义为成熟期。

企业在衰退期可以通过新产品研发、组织改造等措施实现成功蜕变，进入新一轮成长或成熟期，加上我国目前企业的退市机制尚不完善，（李业，2000；史玉光，2009；吕长江等，2004、2006），上市公司"壳资源"的价值巨大，大部分上市公司在进入衰退期之后，往往会出现重组题材，被其他企业买壳或借壳上市，注入优势资源，从而衰而不亡，并进入下一轮的成长期，出现多波峰型的企业生命周期；同时，在我国的资本市场上上市的企业大部分由国企改制而来，需满足《证券法》规定的上市条件，所以不存在初创期的企业。因此，本文将上市公司的生命周期划分为成长期、成熟期和衰退期三个期间，是企业实际的经营周期，不同于生物的生命周期，不必然是从成长到成熟到衰退的一个完整期间，而是成长、成熟和衰退的重复出现或多次交替的发展过程。

本书构建的企业生命周期模型如图 2.11 所示。

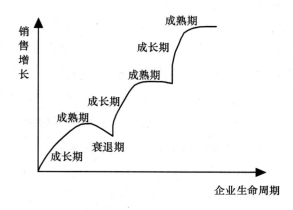

图 2.11　企业生命周期模型

第二节　企业生命周期文献回顾和研究假设

一　文献综述

企业生命周期理论认为企业遵循自身的发展规律，在开放的环境中通过投入产出不断地与外部进行物质能量的交换，从而实现自身生存和发展的目标。20世纪以来，各国学者们对于生命周期的划分标准和生命周期阶段的界定进行了广泛而深入的探讨。

Chandle（1962）①将阶段论引入生命周期模型，其选用的划分标准包括销售收入、产品、地区和组织结构等，并指出随着阶段的推移，为了应对自身成长和市场的挑战，公司的战略和组织结构也会跟着改变。一个有效的生命周期模型可以为经理人提供一张地图，帮助他们识别组织的关键性转折点和管理问题。

Ichak Adizes（1979）②依据总销售额、单位产量和雇员数把企业的生命周期划分为五个阶段：产生、成长、成熟、衰退和死亡。1989年，Adizes③在其名著《企业生命周期》中，用灵活性和可控性两个指标进一步把企业的成长过程分为孕育期（courtship）、婴儿期（infancy）、学步期（go-go）、青春期（adolescence）、盛年期（prime）、稳定期（stability）、贵族期（aristocracy）、官僚初期（recrimination）、官僚期（bureaucracy）以及死亡期（death）十个阶段。

Miller and Frisesen（1984）④选取了至少存活20年以上的36家公司作为样本，通过检测公司所有的相关信息将这些公司的历史划分为代表性的区段，然后运用公司司龄（以十年为界限）和销售增长率（以15%为划分界限）以及一些描述性的指标（如组织特点、产品创新、产品需求程度）对周期阶段进行划分。通过搜集大量有关公司的翔实资料，作者在研究中识别了五个阶段的生

---

①　Chandle A. D. , Strategy and Structure. MIT Press：Cambridge, MA, 1962.

②　Ichak Adizes, Organizational Passages：Diagnosing and Treating Life Cycle Problems of Organizations. Organizational Dynamics, Summer, 1979, pp. 2 - 25.

③　[美] 伊查克·爱迪思著：《企业生命周期》，赵睿译，华夏出版社2004年版。

④　Danny Miller and Peter H. Frisesen, A Longitudinal Analysis of Organizations：A Methodological Perspective. Management Science, Vol. 28, (9)：1013 - 1034, Sep. , 1982.

命周期：产生期、成长期、成熟期、复兴期和衰退期，并且对公司成长过程中的决策、环境适应和组织的重组做了相应描述。

Hanks，Watson，Jensen 和 Chandler（1993）将企业生命周期的划分标准分为两类：环境性的，包括司龄、规模、成长率和公司所面临的挑战和任务；结构性的，包括组织结构形式、标准化、集权化、纵向层级差别以及组织的层级数。

Anthony 和 Ramesh（1992）[①] 认为企业的盈利能力事实上是由企业未来的现金流量向导致的，不是直接与企业盈利多少有关。他们实证检验了是否根据盈利能力能够预测企业的生命周期的阶段，结果他们发现公布的财务指标不能反映企业的寿命阶段。Anthony 和 Ramesh 假设了一个详细的模型，这个模型包括企业的销售、净收入、生产的现金流量，投资以及财务情况。用这些变量与公司的生命周期进行比较研究后，他们把公司的生命划分为三个阶段：成长期、成熟期和老龄期。计算的依据是以派息、资本支出，销售增长和公司年龄作为基础，作者利用面板回归的方式进行了检验，目的是看市场的反映与财务账目是否不同。他们在 10% 的置信度下，拒绝了原假设，也就是财务情况的反映与公司寿命没有关系。

Victoria Dickinson（2007）[②]以企业的现金流量特征作为标准将生命周期划分为导入期、成长期、成熟期、淘汰期（shakeout）和衰退期。他们将现金流量分解为营业活动现金流量、投资活动现金流量和融资活动的现金流量。不同的现金流量对应的公司股价收益不同，因此，现金流量反映了企业不同的获利能力、增长性和风险。运用现金流量模式的组合代表了企业运用资源、获取资金、营运能力和外部宏观环境与企业战略的交互作用，应用整个现金流量的组合信息构建企业生命周期的代理变量克服了单一和组合指标的弊端，无须对生命周期的分布进行假设，根据三种现金流量的正负组合形成生命周期的不同阶段。

---

①　Anthony J. H. and K. Ramesh, Association between accounting performance-measures and sotck-prices-a test of the life cycle hypothesis. Journal of Accounting and Economics, 1992, 15（2-3）: 203-227.

②　Victoria Dickinson, Cash Flow Patterns as a Proxy for Firm Life Cycle, University of Florida-Fisher School of Accounting, September 2007.

　　Yan（2006）① 认为以前的对于生命周期阶段的划分方法都局限于小样本和横截面的数据研究，而 Yan 在文章中提出一种新的方法使得大样本和时间序列分析成为可能。作者首先按照公司销售增长率与行业中位数的差，调整计算得出行业季度销售增长率，然后计算一年中四个季度的移动平均销售增长率（IMVASLE）。各个公司按照自己的历史数据进行排序后，将 33%—67% 以内的选为切割点，得出生命周期的各个阶段（例如从第九个季度开始，如果存在连续六个季度 IMVASLE 小于 67%，则认为该企业进入了成熟期），最后将季度数据合并为年数据，从而得到新方法下生命周期的各个阶段的划分。

　　熊义杰（2002）② 运用修正的指数函数和三次曲线函数来模拟企业生命周期的划分。指数函数的生命周期曲线在国外的产品生命周期研究中也被采用，但是这类模型需要估计的参数较多，具体采用何种形式的函数并没有一致的意见，企业产品各异，企业周期形态也各异，因此，这类模型只适宜作描述分析，而且时间因素并不是影响生命周期的唯一因素，虽然生命周期是随着时间而演进变化的。任佩瑜、余伟萍、杨安华（2004）③ 提出基于管理熵的企业生命周期评价方法，并结合熊义杰（2002）的指数函数进行了具体计算。

　　陈旭东等（2008）④ 采用中国上市公司 1998—2005 年的数据，实证发现：在中国的上市公司中，处于不同生命周期的企业，其财务和会计特征都呈现系统的有规律的变化，产业分类和生命周期是不同的，产业分类不能完全反映不同生命周期的经济特征，企业生命周期各阶段之间的相互关系并不决定其演进顺序，其发展并不一定遵循严格的路径和完整的周期，处在淘汰期和衰退期的公司中，发生退市预警的频率显著高于其他周期。

---

① Zhipeng Yan, A New Methodology of Measuring Corporate Life-cycle Stages, Brandeis University, Working paper.

② 熊义杰：《企业生命周期分析方法研究》，《数理统计与管理》2002 年第 2 期，第 36—39 页。

③ 任佩瑜、余伟萍、杨安华：《基于管理熵的中国上市公司生命周期与能力策略研究》，《中国工业经济》2004 年第 10 期，第 76—82 页。

④ 陈旭东、杨文冬、黄登仕：《企业生命周期改进了应计模型吗？——基于中国上市公司的实证检验》，《会计研究》2008 年第 7 期。

范从来、袁静（2002）①采用总产值增长率比较的方法，将上市公司所处的行业大致划分为成长阶段、成熟阶段和衰退阶段，以前、后两个时间段的增长率来判断行业是否处于增长。

赵蒲、孙爱英（2005）② 对于产业生命周期和资本结构的互动关系进行了比较全面的实证研究。发现处于产业生命周期不同阶段上市公司的资本结构存在着显著的差异；产业生命周期的不同阶段能够稳定、有效地影响上市公司的资本结构。

上海财经大学的康铁祥（2007）③ 通过构建一系列指标将爱迪斯法中的五大职能④予以量化，然后运用搜集到的公司年度数据，描述了公司在不同生命周期的各个职能的变化情况，其研究结构如表 2.1 所示。

表 2.1　　　　　　企业不同生命周期职能的变化

阶段 \ 职能	P	A	E	I	F 业绩	F 资金	F 成本
孕育期	↓	↓	↑	↓	产品导向	—	—
婴儿期	↑	↓	↓	↓	销售导向	资金短缺	成本过高
学步期	↑	↓	↑	↓	业绩波动较大、销售导向	—	成本控制不够
青春期	↓	↑	↓	↓	利润上升，销售不变或下降	—	—
盛年期	↑	↑	↑↓	↑	销售与利润双增长	—	—
贵族期	↑	↑	↓	↑	利润导向，销售额下降	现金充裕	管理成本增加
官僚期	↓×	↑	×	↓×	利润与销售额下降	资金开始流失	成本核算缺失
死亡期	×	×	×	×	财务状况完全恶化		

注：↑强或变强；↓弱或变弱；×不发生作用；—没有明显特征。

① 范从来、袁静：《成长性、成熟性、衰退性产业上市公司并购绩效的实证分析》，《中国工业经济》2002 年第 8 期，第 65—72 页。

② 赵蒲、孙爱英：《资本结构与产业生命周期：基于中国上市公司的实证研究》，《管理工程学报》2005 年第 3 期，第 42—46 页。

③ 康铁祥：《对企业生命周期阶段的测度》，《统计与决策》2007 年 9 月理论版，第 162—165 页。

④ P：performance，执行；A：administer，行政管理；E：entrepreneurship，创业精神；I：integration，整合；F：finance，理财。其中，前四种为企业家面临的四种不同决策角色，后者为适应不同生命周期的企业财务战略的选择。该表形象地说明了企业在不同生命周期阶段应采用不同的财务战略，进行相应的融资选择，作者注。

　　我们发现，国内外有关生命周期的文献从划分方式到应用领域已有相对成熟的研究。常用的划分依据包括销售收入、公司年龄、成长机会以及组织结构的特点、企业所应用的管理模式等，划分的阶段数也从三阶段到十阶段不等。目前为止，关于企业生命周期的划分，具有代表性的①、并被较多引用的观点如表2.2②所示：

表2.2　　　　　　　　　　　生命周期划分的常见方法和阶段

阶段名称	主要提出者	年份	阶段数	划分阶段标准
成长阶段	McGuire	1963	5	经济增长阶段模型
生命周期阶段	Downs，Lippitt	1967	3	企业规模
成长阶段	Sternnetz	1969	4	所有者对企业的控制方式
成长阶段	Scott	1971	3	组织结构复杂程度
成长阶段	Greiner	1972	5	管理风格
生命周期阶段	Gallbmith	1982	5	针对高技术企业
生命周期阶段	Quinn，Cameron	1983	4	管理风格 + 组织结构
发展阶段	Chutchill，Lewis	1983	5	管理风格 + 组织结构 + 运营系统战略
生命周期阶段	smith，Mitchell，Summer	1985	3	企业规模
成长阶段	Flamholt	1986	7	企业规模（以销售额计）
成长阶段	Kazanjian	1988	4	产品或技术的生命周期
生命周期阶段	Adizes	1989	10	实现企业目标（P），行政（A），创业精神（E）+ 整合（I）
成长阶段	Tinmons	1990	4	销售收入 + 年龄
生命周期阶段	Rowe et. al	1994	5	组织规模 + 管理风格
生命周期阶段	陈佳贵	1995	6	企业规模

　　由表2.2可以看出，企业理论从交易成本和代理理论等不同角度对企业的产生和发展进行了探讨，产业组织理论从产业内企业间竞争的角度出发，

---

① 具有代表性是指出现在核心期刊并被经常引用的，代表多学科性的观点。

② 薛求知、徐忠伟：《企业生命周期理论：一个系统的解析》，《浙江社会科学》2005年第5期，第192—197页。

结合生物学的研究特点，通过对企业发展过程不同阶段特征的总结和归纳提出企业的生命周期理论。认为可以通过企业规模、组织结构、经营战略、控制方式、管理风格、销售额、产品或技术生命周期、经济增长阶段以及组织的可控性与灵活性等角度对企业的发展过程进行分类，分为初创期、发展期、成熟期、衰退期、复兴期等阶段。但以上学者对生命周期的划分标准有些属于定性指标，企业管理者难以根据其快速准确地判断企业所处的生命周期阶段；采用销售增长进行分类的学者或者样本量较少不具广泛的代表性（Miller 和 Friesen，1984 只有 30 家），或者使用的研究期间过长（Yan，2006），并不适合我国的上市公司采用；而且关于企业生命周期的实证研究较少，或者样本较少（Miller 和 Friesen，1984），或者根据公司在总样本的排序而非其自身的发展变化确定生命周期（Anthony 和 Ramesh，1992），或者选取的指标波动性过大，划分的生命周期不具有代表性（Dickinson，2005），只有 Yan（2006）进行了大样本的研究，但其运用了 COMPUSTAT 数据库中 1971—2004 年间的公司样本，研究时间较长，其对生命周期的划分方法并不适用于我国的资本市场（截至 2006 年底只有 15 年）。因此，采取适当方法对上市公司所处的生命周期阶段进行划分，使企业快速判断所处的生命周期阶段，并根据其更好地预测和解决即将面对的问题，规避该发展阶段中的经常出现的常规问题，采用最优而非典型路径取得可持续发展，是理论界和实务界亟待解决的问题。

二　研究假设

经过 30 多年的发展，企业生命周期理论已趋于成熟，目前所形成的四个最具影响力的分支——仿生进化论、阶段论、归因论和对策论，都可以视为整个生命周期理论系统的构成部分。但由于企业本身就是个复杂的组织，单靠一个分支理论，难以解释其从产生到消亡或再生产过程中的所有问题。而且企业生命周期是否真正存在明显的阶段性，根据哪些特性来划分企业生命周期的阶段，企业生命周期是否具有可逆性等问题，研究者还远没有达成广泛的共识，仍需要进一步的研究和探讨。

按照我国《证券法》的相关规定，上市公司申请首次公开发行股票的，需具备四个条件：健全且运行良好的组织机构；持续盈利能力且财务状况良好；最近三年财务会计文件无虚假记载且无其他重大违法行为；经国务院批准的国务院证券监督管理机构规定的其他条件。由此可以判定，对于初创期的企业来说，很难符合以上四条的规定，所以，在我国证券市场上市的公司不存在初创期的企业，而只有成长期、成熟期和衰退期三个阶段。而且由于我国是新兴市场经济国家，经济增长一直保持较高的增长率，与此相适应，企业也会有很高的经济增长区间，处于成长期企业的数量会占相当大的比重。并据此提出本章的第一个假设：

假设1：样本的企业生命周期阶段只包括成长期、成熟期和衰退期，且成长期企业占比最高。

刘锦辉、罗福凯（2007）[①] 根据对中外企业历史的研究，特别是对近30年世界500强企业发展的考察，得出的认识是：企业具有生物的某些特征，企业存在着消亡现象，但企业的消亡没有必然性。因为，企业是社会发展到一定阶段的产物而不是自然界产物，企业是一个人工系统和人造物而不是生物体。人造物与生物体有着截然不同的本质。生物体的行为服从自然法则，没有人为的意志和目的性。人工系统和人造物具有很强的被人操作和控制的机械性、权变性，具有对环境的选择性、适应性。企业是人有目的地创立的一个社会经济组织，其规模、组织、结构、功能和作用等都是人的一种设计。以生物规律为基础的企业生命周期很容易将一个正常良好的企业引入误区。因此，只要人类和社会存在，企业就存在；企业不存在必然消亡的问题。

按照本文对于企业生命周期的定义（企业生命周期指企业经营活动能力的某些特征多次重复出现的现象，其实质是经营周期的形象表述），作者本人很同意刘锦辉和罗福凯的观点。企业不但并不必然走向消亡，不一定顺序地经历初创期、成长期、成熟期、衰退期乃至死亡的生命历程，相反，如果企业能够在每一个关键的时刻成功转型（技术、产品、市场、组织等不同方面），则企业完全可以从衰退期进入下一轮的高速成长；而如果企业在战略制定或执行上不能很好地把握机会，则很可能从成长期直接走向衰亡。由此提出本章的第二

---

① 刘锦辉、罗福凯：《企业发展中的财务学问题》，《经济问题》2007年第7期，第115—117页。

个假设：

假设2：企业的生命周期具有多波峰形，可能会多次经历不同的生命周期。

按照李业（2000）、史玉光（2009）[①]、吕长江等（2004、2006）[②] 的研究，上市公司在业绩下降时，一些公司会采取"二一二"的盈亏战术，即：连续两年亏损后扭亏为盈，接着连续两年亏损，再扭亏为盈。这样，不仅能避免退市，还能避免暂停上市。进入 ST 行列的上市公司又普遍存在资产重组、关联交易和操控应计利润行为，当地政府也往往会给予一定的补贴收入，来保护其重要的经济资源（上市公司的"壳"资源），并重新获得一家优质公司，将下岗等社会问题降到最低，以保证政府业绩。加上我国证券市场的"转板机制"失灵以及破产法规存在着"负面效应"[③]，致使应该破产的上市公司不破产，真正退出资本市场的上市公司寥寥无几，从而使得很多处于衰退期的公司衰而不亡，并会在机会适当或经营战略调整后进入下一轮的成长期。据此提出本章的第三个假设：

假设3：衰退之后，一些企业会再次转向成长期或成熟期。

上市公司在不同的发展周期，由生产经营产生的现金流量不同，对融资的需求不同。Stickney，Brown（1999）认为产品生命周期理论为理解盈余收益的流量和现金流量之间的关系提供了很好的分析框架，在生命周期的不同阶段，企业的经营现金流量、投资现金流量和融资现金流量具有系统的变化规律，其资产增长和资产结构也会有所不同；而且，企业在不同生命周期阶段的 MB 值、Q 值、有形资产比率、R&D、资本支出、广告支出等均会有所不同（Yan，2006），并进而导致其盈利能力的不同。Mille 和 Friesen（1984），Talebi 和 Kambeiz（2007），陈晓红和曹裕（2009）通过实证研究得到企业不同的生命周期

① 史玉光：《ST 公司非经常性损益与退市制度分析》，《国际商务财会》2009 年第 5 期，第 12—16 页。

② 吕长江、赵宇恒：《公司生命轨迹的实证分析》，《经济管理》2006 年 2 月第 4 期，第 44—51 页；吕长江、赵岩：《上市公司财务状况分类研究》，《会计研究》2004 年第 11 期，第 53—62 页。

③ 我国破产法规不是以资不抵债作为破产的充分条件，而是还要加上是否继续经营这个条件，这样使得本来应该破产的企业，由于各利害相关人的利益原因，继续维持不破产的状态，导致很多企业陷入更差的财务状况。

阶段的企业规模、盈利能力、管理风格、企业竞争力等特征均有所差异。据此提出本章的第四个假设：

假设4：企业在不同生命周期会呈现不同的财务特征。

第三节　中国上市公司生命周期的
数据检验和结果分析

数据检验的关键在于样本以及研究方法的选择，这里的关键是上市公司的选择范围以及企业生命周期的分类方法。

一　样本选择

本文根据国泰安信息技术公司的 CSMAR 系列研究数据库提供的年度财务报表数据资料和财务指标分析数据库资料，选取 2004 年以前（包括 2004 年）在沪、深两地上市的所有 A 股制造行业公司（其他制造业公司除外），以1993—2006 年为研究期①，运用上市公司的混合数据，对研究样本进行了以下筛选和整理：（1）剔除数据遗漏、不全或者并非在整个考察期内存续的公司；（2）剔除在研究期间内发生并购重组等行为或进行较大的资产置换的公司；（3）剔除信息披露状况异常（资产负债率小于 0 或超过 100%）的公司，最终得到 436 个公司年度样本。

仅选择制造类上市公司进行研究基于以下几点理由：第一，宏观经济周期的变动可能对不同行业产生不同的影响，但对于同属制造类的上市公司来说其影响基本相同，仅选择制造类上市公司开展研究可以很好地规避宏观经济周期对企业产生的不同影响；第二，所有制造类上市公司无论其自身的生命周期阶段如何，它们均处于行业的同一个生命周期阶段，受行业波动的影响相同；第三，相对于其他行业的企业来说，制造类上市公司的主要业务是

---

① 样本公司选择为 1991—2004 年在沪深股市上市的公司，数据期间选择 1993—2006 年度的原因，是由于本文对于上市公司生命周期的划分以连续 3 年的环比增长率为标准，要观察上市公司所处的生命周期阶段需要至少有两年的销售收入观察期，即：1991 年上市的公司至少到 1993 年才有连续 3 年的销售情况可供观察，而 2004 年上市的公司也至少到 2006 年其销售增长趋势才能有所显现。

产品生产和销售，其产品的生命周期特征比农林牧渔业、采掘业、建筑业等行业的产品更加明显，产品或产品族的生命周期对企业生命周期有直接的影响，企业自身的生命周期在很大程度上表现为产品生命周期的延伸；第四，制造业公司上市时间较长，比其他行业发展得更成熟；第五，该类企业样本数量充分，能够代表上市公司的总体行为；第六，制造类上市公司的信息披露质量较高，数据可信性强；第七，基于广大学者对中国上市公司资本结构行业特性的研究结果：尽管中国上市公司不同行业门类间以及制造业中各次类之间资本结构存在差异，且这种差异是行业间普遍存在的，但是制造业中各次类之间的差异不如行业门类间的差异那么明显；大约有 8.78% 的资本结构差异可由公司所处的行业门类来解释，只有 2.37% 的资本结构差异可由公司所处的行业次类来解释①，制造业内各次类企业之间资本结构的趋同性很强，且这一比例大大低于美国公司。

　　本章及以后各章关于行业的分类标准均采用 2001 年 4 月中国证监会发布的《上市公司行业分类指引》的规定。

二　生命周期分类标准的选择

　　因为本章数据分析部分以中国的上市公司为例，样本量较多，所以采用 Yan（2006）的方法，并根据中国上市公司的实际情况稍作调整，以销售收入的环比增长率为依据，以制造类上市公司的数据为样本，运用该类上市公司年度的销售增长指标，将上市公司依其自身的发展态势进行生命周期的划分。选择销售额的原因有：第一，销售额反映了企业的产品和服务在市场上实现的价值，销售额的增加必须以企业经营规模的扩大和竞争力的增强为支持，它基本上能反映企业的成长状况；第二，销售额不会受到企业所采用的会计政策的影响（与利润、资产总额等指标相比），从而有利于企业在不同时期之间的比较；第三，国际上通常采用销售额指标作为对企业排名的评价依据，如美国《财富》杂志每年评选全球最大的 500 家企业，其最主要的指标就是销售额；第四，大部分学者在对企业生命周期阶段进行定量划分时，其所采用的指标之一

---

① 谭克：《中国上市公司资本结构影响因素研究》，北京经济科学出版社 2005 年版。

也是 销 售 额 指 标 （ Miller、 Friesen， 1984； Anthony、 Ramesh， 1992； 李 业，
2000； Yan， 2006； 蔡岩松， 2007）。

三　描述性结果及统计分析

本章首先按照销售收入的环比销售增长率（ASG）进行依次排序，将删除
小于0的环比增长率之后的其他样本取其中位数（ASGM），若样本公司数据显
示连续三年或三年以上的 ASG 都大于 ASGM，则属于成长期；连续三年或三年
以上 ASG 介于0和 ASGM 之间的公司，属于成熟期；连续三年或三年以上 ASG
小于0的，属于衰退期。由此得到的我国制造类上市公司生命周期阶段的分类
结果如表 2.3 所示：

表 2.3　　　　　　　　　　　　生命周期划分的描述性统计

周期阶段	成长期	成熟期	衰退期	合计
样本个数	239	82	115	436
占比（%）	54.82	18.8	26.38	100

资料来源：根据国泰安信息技术公司的 CSMAR 系列研究数据库资料整理。

由表 2.3 可以看出，我国上市公司的生命周期阶段中，属于成长期的样本
占了 54.82%，成熟期占了 18.8%，衰退期占了 26.38%。与任佩瑜等
（2004）基于管理熵的企业生命周期的分类类似，成长期企业所占比重较大，
成熟期和衰退期较小。这可能与我国上市公司成立及上市时间较短，以及我国
经济近些年的高速增长相关，也与假设1吻合。

但是，在按不同生命周期持续时间长度进行的分类中，可以发现衰退期的
公司中连续5年及以上持续处于衰退期的企业有18家，占 15.65%；成长期只
有8家，成熟期只有1家。这进一步说明了我国资本市场退市机制的无效或
低效。

对不同企业生命周期阶段变化情况的具体研究，可以发现我国制造类上市
公司的生命轨迹确实存在着不同的情况。如表 2.4 所示。

表 2.4　　　　　　　　　　　**上市公司生命周期阶段变化情况**

成长成熟	成熟成长	衰退成长
30	31	13
成长衰退	成熟衰退	衰退成熟
3	3	1
成长期	成熟期	衰退期
106	24	104

资料来源：根据国泰安信息技术公司的 CSMAR 系列研究数据库资料整理。

在具有明显生命周期的样本中，从成长期进入成熟期的公司数目和从成熟期进入成长期的公司数目几乎相当，分别为 30 家和 31 家，从衰退期之后经过一番努力重新进入成熟期的公司有 13 家。这一现象说明上市公司确实可以通过自身的经营努力或战略转型等方式从衰退期成功进入成长期或成熟期，说明企业与生物不同，确实存在着衰而不亡并再生的可能性，与本章的假设 3 相符。尽管这三种变化轨迹的公司只占全部样本量的 14.5%，对假设 2 的说服力不是很强，但毕竟说明上市公司确实存在不同生命周期阶段的转化，尤其是可以从成熟期或衰退期重新进入成长期，从一个侧面说明上市公司生命周期的多波峰性质。

但毋庸讳言，上市公司只存在单纯生命周期的公司数目最多，其中成长期106 家，衰退期 104 家。这是因为我国作为新兴市场经济国家，企业的销售收入增长较快是正常现象，另外，2003 年以后上市的公司有 68 家，2002 年上市的公司有 40 家，按照常规的生命周期划分标准，上市较晚的公司（公司司龄较短），其生命周期阶段基本属于成长期，所以，只具有成长期这一生命周期的企业数量较多；只具有衰退期这一生命周期的企业较多的原因，可能与我国的上市机制有关。一方面我国证券市场成立的最初目的是为国有企业解困，所以上市的公司很多是经营效益较差，严重缺乏资金的企业；加上企业上市后将融资"圈钱"作为主要目的，并未在公司战略、公司治理等方面有明显改进，所以，上市公司效益普遍较差就很容易理解；再加上我国的退市机制不健全，转板机制无效等因素，又使得很多效益很差的公司难以顺利退市，而在衰退期长期徘徊；最后，我国上市公司占全部企业的比例很少，上市公司之间的竞争以及上市公司与非上市公司之间的竞争非常激烈，加之经理人市场和资本市场的不完善，使得企业的发展政策经常处于变动之中，企业销售收入的增长波动较大，经常处于震荡状态的企业也有相当的数目。由于处于震荡期间的企业不具有明显的生命周期特征，无法用上市公司的数据进行实证，所以本文在对企业不同生命周期的资本结构决策进行研究时未考虑震荡期企业的情况。

在以上分析之后，本章还结合其他学者关于企业生命周期的划分标准，将企业在不同期间的规模增长的变化情况进行计算，得到各个阶段样本量以及相关的描述性指标，如表 2.5 所示。

表 2.5   **不同生命周期阶段企业的财务特征**

周期阶段	均值			中位数			标准差		
	成长期	成熟期	衰退期	成长期	成熟期	衰退期	成长期	成熟期	衰退期
销售增长率（%）	43.45	10.96	-29.82	37.8	9.83	-18.86	0.260	0.271	0.069
总资产增长率（%）	21.6	12.18	-6.84	18.23	6.37	-5.81	0.221	0.200	0.198
固定资产增长率（%）	28.31	14.54	-4.5	14.03	4.89	-5.94	0.581	0.384	0.434
固定资产占总资产比重（%）	32.49	30.93	29.68	29.52	27.53	27.13	0.158	0.130	0.174
总资产净利率（%）	1.55	0.89	-1.24	1.29	0.93	0.09	0.013	0.012	0.037
市盈率	42	13	96	24	36	19	91	38	19

资料来源：根据国泰安信息技术公司的 CSMAR 系列研究数据库资料整理。

通过表 2.5 可以看出，企业在成长期、成熟期和衰退期三个不同的生命周期阶段，其总资产增长率、固定资产增长率、固定资产占总资产的比重以及市盈率均呈现不同的特征。成长期的总资产增长率和固定资产增长率最高，均在 20% 以上，衰退期总资产和固定资产均呈负增长。说明企业在销售收入快速增长的同时，也在不断扩大资产规模，尤其是固定资产规模（因为固定资产增长率高于总资产增长率）；而且，成长期固定资产占总资产的比重较高，总资产的净利率也较高，说明成长期的资产结构比较合理，加上销售收入的大幅增长，使得资产周转率较高，资产收益率明显高于其他期间。但从市盈率的表现来看，成熟期最低，衰退期最高。这与投资者对市场的判断基本吻合，因为衰退期企业面临的风险最大，其实现利润情况和未来发展的前景不明朗，再加上衰退期企业的每股盈余较低，因此呈现较高的市盈率。不同生命周期企业不同的财务特征与本章的假设4相吻合。

第四节 本章结论

本章在对企业生命周期理论进行论述，并对企业生命周期的发展阶段和生命周期模型进行综述的基础上，对研究涉及的相关概念进行了界定，认为企业生命周期指企业经营活动能力的某些特征多次重复出现的现象；然后按照企业环比的年度销售收入增长率将企业生命周期划分为成长期、成熟期和衰退期三个不同的期间，运用制造类上市公司1993—2006年间的混合数据，对假设进行了论证，初步得到以下结论：

第一，我国上市公司的生命周期只包括成长期、成熟期和衰退期三个阶段，且处于成长期的企业比重较高。按照《证券法》的相关规定，申请上市的公司必须有完善的组织机构、有连续三年的盈利记录等，这就将初创期的公司排除在上市公司之外，所以，我国的上市公司生命周期只包括成长期、成熟期和衰退期。实证结果显示，企业的生命周期阶段中，处于成长期的样本占了54.82%，成熟期占了18.8%，衰退期占了26.38%。与任佩瑜等（2004）基于管理熵的企业生命周期的分类类似，成长期企业所占比重较大，成熟期和衰退期较小，这可能与我国上市公司成立及上市时间较短，以及我国经济近些年的高速增长相关，也与假设1吻合。

第二，企业的生命周期具有多波峰形，可能会多次经历不同的生命周期。样本公司中，从成长期进入成熟期的公司数目和从成熟期进入成长期的公司数目几乎相当，分别为30家和31家，从衰退期之后经过一番努力重新进入成熟期的公司有13家，这三种变化轨迹的公司占全部样本量的14.5%，尽管对假设2的说服力不是很强，但毕竟说明上市公司确实存在生命周期阶段的转化，尤其是可以从成熟期或衰退期重新进入成长期，从一个侧面说明上市公司生命周期的多波峰性质。但毋庸讳言，上市公司只存在明显的单纯生命周期的公司数目最多，其中成长期106家，衰退期104家。这是因为我国作为新兴市场经济国家，企业的销售收入增长较快是正常现象，另外，2003 年以后上市的公司有 68 家，2002 年上市的公司有 40 家，按照常规的生命周期划分标准，上市较晚的公司，其生命周期阶段基本属于成长期，所以，只具有成长期这一生命周期的企业数量较多；只具有衰退期这一生命周期的企业较多的原因，可能与我国的上市机制有关。上市公司上市的目的是为了融通资金，上市之后又未尽快完善经营机制，经营效率低下，加上上市的退出机制未能充分发挥作用，使得众多公司衰而不亡。实证结果与假设 2 和假设 3 基本吻合。

第三，企业在不同生命周期呈现不同的财务特征。企业在成长期、成熟期和衰退期三个不同的生命周期阶段，其总资产增长率、固定资产增长率、固定资产占总资产的比重以及市盈率均呈现不同的特征。成长期的总资产增长率和固定资产增长率最高，均在 20% 以上，衰退期总资产和固定资产均呈负增长。说明企业在销售收入快速增长的同时，也在不断扩大资产规模，尤其是固定资产规模（因为固定资产增长率高于总资产增长率）；而且，成长期固定资产占总资产的比重较高，总资产的净利率也较高，说明成长期的资产结构比较合理，加上销售收入的大幅增长，使得资产周转率较高，资产收益率明显高于其他期间。但从市盈率的表现来看，成熟期最低，衰退期最高。这与投资者对市场的判断基本吻合，因为衰退期企业面临的风险最大，其实现利润情况和未来发展的前景不明朗，再加上衰退期企业的每股盈余较低，因此呈现较高的市盈率。不同生命周期企业不同的财务特征与本章的假设 4 相吻合。

参考文献

1. 陈志斌：《基于企业生命周期的现金流管理研究》，《生产力研究》2006 年第 4 期。

2. "中国企业寿命测算方法及实证研究"课题组：《企业寿命测度的理论与实践》，《统计研究》2008 年第 4 期。

3. ［英］马歇尔：《经济学原理》，商务印书馆 1981 年版。

4. 张维迎：《企业理论与中国企业改革》，北京大学出版社 1999 年版。

5. 任佩瑜、余伟萍、杨安华：《基于管理熵的中国上市公司生命周期与能力策略研究》，《中国工业经济》2004 年第 10 期。

6. ［美］纳尔逊、温特：《经济变迁的演化理论》，商务印书馆 1997 年版。

7. 陈佳贵、黄速建：《企业经济学》，经济科学出版社 1998 年版。

8. 韩福荣、徐艳梅：《企业仿生学》，企业管理出版社 2002 年版。

9. 李业：《企业生命周期的修正模型及思考》，《南方经济》2000 年第 2 期。

10. 肖海林：《企业生命周期理论的硬伤》，《企业管理》2003 年第 2 期。

11. ［美］本特·霍姆斯特罗姆、保罗·米尔格罗姆：《多任务委托代理分析：激励合同、资产所有权和工作设计》，载路易斯·普特曼、兰德尔·克罗茨纳编《企业的经济性质》（中译本），上海财经大学出版社 2000 年版。

12. Chandle A. D. , Strategy and Structure. MIT Press：Cambridge，MA，1962.

13. Ichak Adizes, Organizational Passages：Diagnosing and Treating Life Cycle Problems of Organizations. Organizational Dynamics, Summer, 1979, pp. 2 – 25.

14. ［美］伊查克·爱迪思著，赵睿译：《企业生命周期》，华夏出版社 2004 年版。

15. Danny Miller and Peter H. Friesen, A Longitudinal Analysis of Organizations：A Methodological Perspective. Management Science, Vol. 28, (9)：1013 – 1034, Sep. , 1982.

16. Anthony J. H. and K. Ramesh, Association between Accounting Performance-Measures and Sotck-Prices-a Test of the Life Cycle Hypothesis. Journal of Accounting and Economics, 1992, 15 (2 – 3)：203 – 227.

17. Victoria Dickinson, Cash Flow Patterns as a Proxy for Firm Life Cycle, University of Florida-Fisher School of Accounting, September 2007.

18. Zhipeng Yan, A New Methodology of Measuring Corporate Life-cycle Stages, Brandeis University, Working Paper.

19. 熊义杰：《企业生命周期分析方法研究》，《数理统计与管理》2002 年第 2 期。

20. 任佩瑜、余伟萍、杨安华：《基于管理熵的中国上市公司生命周期与能力策略研究》，《中国工业经济》2004 年第 10 期。

21. 范从来、袁静：《成长性、成熟性、衰退性产业上市公司并购绩效的实证分析》，《中国工业经济》2002 年第 8 期。

22. 赵蒲、孙爱英：《资本结构与产业生命周期：基于中国上市公司的实证研究》，《管理工程学报》2005 年第 3 期。

23. 康铁祥：《对企业生命周期阶段的测度》，《统计与决策》，2007 年 9 月理论版。

24. 薛求知、徐忠伟：《企业生命周期理论：一个系统的解析》，《浙江社会科学》2005 年第 5 期。

25. 刘锦辉、罗福凯：《企业发展中的财务学问题》，《经济问题》2007 年第 7 期。

26. 史玉光：《ST 公司非经常性损益与退市制度分析》，《国际商务财会》2009 年第 5 期。

27. 吕长江、赵宇恒：《公司生命轨迹的实证分析》，《经济管理》2006 年 2 月第 4 期。

28. 吕长江、赵岩：《上市公司财务状况分类研究》，《会计研究》2004 年第 11 期。

29. 苗莉：《创业视角的企业持续成长问题研究》，东北财经大学出版社 2007 年版。

30. 周辉：《企业持续竞争优势源泉》，知识产权出版社 2008 年版。

第三章　企业生命周期的现金流量特征

　　现金流量是企业的血液和生存基础，在当今竞争日益激烈、变化越发频繁的经济环境下，现金流量指标越发凸显出其重要作用。现金流量指标对于企业外部来说，是估计企业价值和判断企业财务状况的重要依据；对企业内部来说，是保证企业生存和发展的重要手段。越来越多的实践证明，现金问题是企业面临的一项重要问题，市场营销、战略决策及产品更新固然重要，但是公司的兴衰成败更大程度上决定于公司运用现金的能力，现金周转不畅轻则限制企业的发展，重则影响企业的生存。资料表明，在发达国家大约80%的破产公司从会计上看属于获利公司，导致它们倒闭的不是由于账面亏损，而是因为现金不足。在中国，盈利质量和现金流量问题越来越受到证券分析师和企业界的关注，现金流量管理的研究引起学术界的重视，现金流量管理成为许多报刊和著作讨论的热点[①]。从企业生命周期的角度看待现金流量问题，通过研究企业生命周期不同阶段的现金流量特征，不仅有助于分析企业经营状况，还有助于企业管理者准确做出财务预测，进行有效的现金流量管理，从而制定出恰当的财务决策。

　　企业所处的生命周期阶段不同，其各种财务活动（经营活动、投资活动、筹资活动）产生的现金流量也各不相同。不同阶段现金流量的变化对企业的财务状况、经营成果以及企业未来发展均有重要影响。关注经营活动、投资活动、筹资活动中各自现金流量每年的正、负情况，判断现金流量结构分布的合

---

　　① 孟焰、李连清：《企业战略性现金流管理的探讨》，《财会通讯（综合版）》2006年第10期，第10—12页。

理性，根据企业所处的生命周期阶段制定相应的财务策略，是企业得以保持可持续发展的关键。

第一节　相关概念界定

对于现金，人们从不同的角度有不同的理解。从经济学意义上讲，现金是一个经济社会用于价值储存和交换的媒介，因而在经济学中现金本质上是一种经济社会所认可的、用于价值交换的手段。在会计学领域中现金一般称为货币资金，是可以立即投入流通，用于购买商品、劳务或者偿付债务的交换媒介。按照国际会计惯例，现金是指企业所拥有的一切可以购买商品和劳务的现款和短期流通证券，具体而言，包括保证企业生产经营需要的银行存款，满足企业实际需要的库存现金，用于预防意外事件的备用金与额定备用金以及短期流通证券、汇票、支票，其中银行存款与库存现金往往占较大比重[①]。我国《现金流量表》准则中规定的现金指现金及其现金等价物。其中，现金是指企业库存现金以及可以随时用于支取的存款，包括库存现金、银行存款和其他货币资金；现金等价物是企业持有的期限短、流动性强、易于转换为已知金额的现金、价值变动风险很小的投资，如可在证券市场上流通的 3 个月内到期的短期债券等。本章对现金概念的界定同《企业会计准则第 31 号——现金流量表》的规定，包括现金及其等价物。

关于现金流量的概念，目前也没有实现统一。陈志斌等（2002）认为现金流量又称现金流转或现金流动，是指企业在一定会计期间通过一定的经济活动而产生的现金流量入、现金流量出及其差量情况的总称[②]。杨雄胜等（2009）[③]认为现金流量一般指企业与资金拥有者之间的现金往来关系，分为债权人与企业之间的现金流量和股东与企业之间的现金流量。王艳茹（2008）[④] 认为现金

[①] 宁凌：《企业现金流转系统动态仿真研究》，《当代经济科学》2002 年第 3 期，第 85—86 页。

[②] 陈志斌、韩飞畴：《基于价值创造的现金流管理》，《会计研究》2002 年第 12 期，第 45—50 页。

[③] 杨雄胜：《高级财务管理》，东北财经大学出版社 2009 年第 2 版，第 179 页。

[④] 王艳茹：《会计学原理》，中国人民大学出版社 2008 年版，第 225 页。

流量是指企业现金和现金等价物的流入和流出的数量。更多的学者提到现金流量时直接运用了自由现金流量的概念。我国现金流量表准则未明确给出现金流量的概念，而是将企业的现金流量分为经营活动现金流量、投资活动现金流量和筹资活动现金流量三个部分，并要求企业单独披露各种活动产生的现金流量信息。本章关于企业生命周期和现金流量的研究，基于王艳茹的定义以及现金流量表准则中关于现金流量分类的标准，将企业不同生命周期的现金流量按照经营活动、投资活动和筹资活动三个方面予以分析。

由于现金在企业各经营环节上存在着不同程度的迟滞现象，因而现金的收入与支出经常处于失衡状态。现金流入大于现金流出表现为正的净现金流量，反之为负的净现金流量。

第二节　文献综述和研究假设

一　文献综述

国际上开展现金流量的研究热潮起源于美国 1975 年发生的 W. T. Grant 公司的破产事件。该公司是当时美国最大的商品零售企业，其破产原因是过于重视会计利润与营运业绩而忽视了现金流量的均衡性。该公司的破产以及诸多类似现象的出现，使许多企业认识到现金流量的重要性，也吸引了许多金融、财务等方面学者的研究兴趣。从 20 世纪 70 年代以来，现金流量管理方面的研究主要有：（1）影响现金流量的因素分析研究。主要研究企业内外和企业营运对现金流量产生的影响，代表性的是丹尼森关于销售增长和通货膨胀压力对现金短缺诱导效应的研究。（2）现金流量指标在企业财务分析评价中的作用研究。代表性的是瓦尔特的现金流量指标与危机预警的财务分析。（3）现金流量与投融资活动关系。投资决策和融资决策及股利支付行为与现金流量关系的研究，主要以詹森的自由现金流量理论和梅耶斯、迈基里夫的优序融资理论为代表。（4）尤金·法玛、詹森等人的现金流量信息对外部市场有效性影响的研究。（5）基于现金流量的价值评估的研究。主要以詹森的自由现金流量理论为代表，由于代理成本的存在，大量的自由现金流量倾向于以资本形式外溢越出企业边界，寻求外部收益提升企业价值。国内在现金流量管理理论上的成果极少，关于现金流量的研究大多停留在对国外成果的介绍、现金流量表的编制、分析等信息反馈层面①。

在不同生命周期现金流量特征的描述方面，现有文献也进行了大量的研究。在现有的文献资料中，诸多学者从不同的角度对企业生命周期的现金流量特征进行了研究。Myers（1977）②认为公司价值由现有资产与成长机会所构成，两者对于公司价值的相对权重，随着企业所处不同生命周期的阶段而异，在成熟期，现有资产的权重较高，而在成长期成长机会的权重较高。Black（1998）③运用该框架，采用 Anthony 和 Ramesh（1992）的分类标准，研究了不同生命周期的盈余和现金流量的增量价值相关性，发现营业现金流量、投资现金流量和融资现金流量相对于净利润增加的价值相关性，会随企业生命周期而发生变化。

Anthony，Ramesh（1992）④认为股票市场对于销售增长率和资本支出的反映是生命周期阶段的函数，并运用股利支付率、销售增长率、资本支出率和公司的年限将企业的生命周期归为三个阶段（时间序列模型分析）：成长期，成熟期，以及停滞期；五个阶段模型（解释模型）：成长期，成长/成熟期，成熟期，成熟/停滞期，停滞期。他们认为盈余传递的企业未来的现金流量信息的能力是随着企业的生命周期而变化的，特别是投资支出和销售的增长。对于会计信息变量的市场反应也随着企业生命周期的变化而变化：市场份额的效益成本比率和生产能力的建构，在企业生命周期的初期是最高的。

Stickney，Brown（1999）⑤认为生命周期理论为理解盈余收益的流量和现金流量之间的关系提供了很好的分析框架。在生命周期的不同阶段，企业的经营

① 孟焰、李连清：《企业战略性现金流管理的探讨》，《财会通讯（综合版）》2006 年第 10 期，第 10—12 页。

② Myers S. C., Determinants of Corporate Borrowing. Journal of Financial Economics, 1977, 5（2）: 147 – 175.

③ Black E. L., Life-cycle impacts on the incremental value-relevance of earnings and cash flow measure. Journal of Financial Statement Analysis, 1998, 4（1）: 40 – 56.

④ Anthony J. H. and K. Ramesh, Association between accounting performance-measures and sotck-prices-a test of the life cycle hypothesis. Journal of Accounting and Economics, 1992, 15（2 – 3）: 203 – 227.

⑤ Stickney C. P. and P. Brown, Financial reporting and statement analysis: A strategic perspective. Dryden Press, 1999.

现金流量、投资现金流量和融资现金流量具有系统的变化规律。

　　Liu（2006）[1]在 Anthony，Ramesh（1992）的基础上，采用投资支出、销售收入的变化、销货成本的变化、公司年限、公司融资强度的行业排位组合来度量企业生命周期。文章探讨了应计是如何反映管理层的经营决策在不同周期的演变过程。作者认为成长型公司所面临的经营环境的差异，使其具有与成熟型和衰退型公司截然不同的应计特征。作者提供了在不同的生命周期阶段应计特征随环境变化而变化的证据，并且还举例说明，在忽略生命周期阶段这个基本因素时，以前的实证方法很可能将应计的变化误判为公司会计质量的系统性差异，对公司正常的应计特征出现两个极端：要么在现行的预期模型下不能被反映出来，要么被划分为非正常应计。作者认为只有对管理层各种经营决策以及这些决策对应计特征的影响进行进一步的考察，才能更准确地识别和分析公司正常和非正常应计项目。

　　Dickinson（2006）[2]将企业生命周期划分为导入期、成长期、成熟期、淘汰期（shakeout）和衰退期。他们将现金流量分解为营业活动现金流量、投资活动现金流量和融资活动的现金流量。不同的现金流量对应的公司股价收益不同，因此，现金流量反映了企业不同的获利能力、增长性和风险。运用现金流量模式的组合代表了企业运用资源、获取资金、营运能力和外部宏观环境与企业战略的交互作用，应用整个现金流量的组合信息构建企业生命周期的代理变量克服了单一和组合指标的弊端，无须对生命周期的分布进行假设，根据三种现金流量的正负组合形成生命周期的不同阶段。

　　爱迪斯（1989）、杨雄胜（2004）、李桂兰等（2006）、孙茂竹等（2008）认为，企业在不同的生命周期阶段，其现金流量特征、风险特征、公司规模和市场份额等特征会有所不同，从而会采用不同的资本结构；Stickney、Brown（1999）和 Dickinson（2005）发现企业在不同的生命周期阶段现金流量会呈现出不同的特征；钱源达（2008）、王红强（2009）在将企业

　　①　Liu，M. M.，Accruals and Managerial Operating Decisions Over the Firm Life Cycle［EB/OL］. Smeal College of Business，Pennsylvania State University，http：//ssrn. com/abstract=931523，2006.

　　②　Dickinson V.，Future Profitability and the Role of Firm Life Cycle［EB/OL］. Fisher School of Accounting，University of Florida，http：//ssrn. com/abstract=755804，2006.

生命周期划分为四个阶段的基础上，研究了企业生命周期不同阶段经营、投资、筹资活动现金流量的正负情况，还分别描述了各阶段每种可能的现金流量特征；袁晓峰（2006）在把企业生命周期分为五个阶段的基础上，分析了不同生命周期阶段企业现金流量的特征，并对每个阶段的企业现金流量特征分情况进行了讨论[1]。陈志斌[2]把企业生命周期分为了四个阶段，根据不同阶段现金流量的特征探讨了企业现金流量管理的逻辑基础及其要点。钱源达[3]对各生命周期阶段企业经营活动、投资活动、筹资活动产生的现金流量的正负情况进行了着重分析。蔡岩松（2007）博士在以公司 3 年平均销售增长率来划分企业生命周期的基础上，运用上市的化工类公司的数据资料进行了实证研究，发现经营活动现金流量特点在各个生命周期阶段均存在较大差异，在投资增长幅度和投资方向上各阶段也有着不同的特征，不同生命周期阶段企业在筹资方式及筹资额度上也存在着显著差异。

但是现有学者对企业生命周期现金流量特征的研究成果大多是理论分析，针对现金流量特征的实证分析较少。本章拟在基于现有生命周期现金流量理论的基础上，提出各生命周期典型现金流量特征的假设，并进行实证分析，探讨现有上市公司现金流量特征与生命周期的关系。

二　研究假设

在不同的发展阶段，企业现金流量在经营活动现金流量、投资活动现金流量、筹资活动现金流量上的数量分布、时间分布、结构分布以及现金净流量等方面存在许多差别。

初创期，企业产品投入新市场，未得到消费者所熟悉和认可，需要大量的宣传投入，此阶段的产品销售很少，而且可能是不盈利的，经营活动的现金净流量弱小，一般表现为负值。由于净利润尚小，固定资产折旧、各种摊销和应

---

①　袁晓峰：《现金流量在企业生命周期各阶段的特征分析》，载《长江大学学报·社会科学版》2006 年 12 月，第 99 页。

②　陈志斌：《基于企业生命周期的现金流管理研究》，载《生产力研究》2006 年第 4 期，第 259 页。

③　钱源达：《基于现金流框架的企业生命周期透析》，载《财会通讯·理财版》2008 年第 4 期，第 49 页。

计费用对经营活动产生的现金流量的贡献较大。该时期企业对内投资活动活跃，投资活动现金流量流出巨大且主要表现为对内投资，投资活动消耗的现金流量远大于经营活动产生的现金流量，投资活动产生的现金流量为负，企业主要用筹集到的资金购买厂房、机器设备等固定资产。另外，初创期的企业存在大量对外筹资需求，筹资活动产生的现金流量表现为极大的正值。由此提出本章的第一个假设。

假设1：初创期企业典型的现金流量特征表现为经营活动现金净流量为负，投资活动现金净流量为负，筹资活动现金净流量为正。

在成长期，企业的产品慢慢得到客户的认可，产品的市场需求开始逐渐旺盛，市场占有率已达到初步规模，销售也在逐步增长，具有一定的市场发展前景。这个时期企业规模开始快速扩张、竞争力逐渐增强，企业的营运活动基本正常，企业经营活动现金流量的特征表现为，经营现金净流量为不大的正数，虽然销售产品、提供劳务产生的现金流量逐年增长，但经营活动产生的现金流量仍严重依赖于折旧、摊销和应计费用。这一阶段企业为达到生产的规模经济、提高产品质量，避免被兼并或经营失败的风险，往往会增加投资以扩大生产；同时在这个阶段，由于常常有好的经营项目并预计将会迎来产品经营的大好形势，这更促使了企业主动扩大投资，产生巨大的投资活动现金流量出。因此，处于成长期的企业投资活动现金流量特征表现为，投资现金净流量往往是较大的负值，投资活动需要的现金流量往往大于经营活动产生的现金流量，需要通过筹资活动引入的现金流量仍然相当巨大。另外，由于在成长期企业较大的投资活动现金流量需求，仅仅依靠经营活动产生的微弱现金流量入往往无法满足，因此需要通过筹资活动筹集较多的资金。该阶段的筹资活动现金流量往往表现为较大的正值（Myers，1984；Diamond，1991），以弥补投资活动的大量现金流量出。对于能够正常进入成熟期的企业来说，此阶段的现金净增加额应该为正值，以便其能够实现顺利发展。

假设2：成长期企业现金流量特征大多表现为经营活动现金净流量为正，投资活动现金净流量为负，筹资活动现金净流量为正，现金净增加额为正值。

企业在成熟期的经营活动相对稳定，生产达到规模经济，战略目标及竞争优势开始凸显出来，在行业中的地位也趋于稳定。其经营活动现金流量特征表现为，经营现金净流入很大，稳定且充足，折旧和摊销经常足以满足投资支出的需要，在此阶段经营活动现金净流量往往为较大的正值。该时期由于顾客对企业产品的需求增长缓慢，企业不需要大幅度扩大生产能力，企业对资本的需求相对较小，对内投资逐渐萎缩，公司可能处于负投资状态。但如果企业开始尝试由一元化经营向多元化经营转化，以寻求新的商机，则会出现新的投资现金净流出。因此处在这个阶段的企业，除非出现新的投资方向，其投资活动现金流量特征往往表现为现金净流入，现金净流量为正值。另外，伴随着大量的经营现金净流入和投资活动现金流量的流入，公司的现金流量极其充沛，若没有新的高收益率的大规模投资项目出现，公司往往倾向于支付巨额股利给股东，甚至回购股票，筹资活动产生的现金流量常常表现为大量流出，现金净流量为负值。而由于成熟期经营活动和投资活动的现金流量为正值，所以，成熟期企业的现金净流量一般表现为正值。

假设3：成熟期企业的现金流量特征大多表现为经营活动和投资活动的现金流量为正，筹资活动的现金流量为负，成熟期现金净增加额为正。

企业进入衰退期后，产品销售额显著下降，如果没有创新，价格降至最低可能也无法挽留固定消费者。衰退期的企业面临两种结局：企业转向寻找新的商机或破产。如果及时进行企业转移，将进入另一个初创期继续发展，但如果继续墨守成规，企业最终会耗尽所有资产，进入死亡期。衰退期的企业一方面迫切需要投资于新产品、开发新业务或进行业务重组和整合，寻求新的增长点，但由于此阶段企业融资困难，会出现投资不足；另一方面，若企业被竞争对手接管或兼并，将会对经理人的利益构成威胁，为了避免这种情况的发生，经理人又会迫切地实施反兼并措施，如进一步扩大规模，增加被兼并成本，使竞争者感到兼并无利可图而放弃兼并。在这一过程中会出现投资净现值小于零的项目的情况，即出现投资过度。处于衰退期的企业，产品的市场份额逐渐萎缩，企业盈利能力下降，股票价格开始下跌，发行股票和债券进行融资十分困难，银行信用贷款收紧，企业筹资能力下降。微薄的经营活动现金流量无法满足再投资所需要的资金，为弥补现金流量不足，公司常常要增加债务或清理证券和资产，从而产生大额的筹资活动的现金流量。以前的筹资到期需要归还，发展前途黯淡导致新筹资困难，融资现金流量可能为负数。不同于成熟阶段的公司，衰退阶段的公司都倾向于保留股利和举债以维持生存，而不是将大量的现金返还给投资者。

假设 4：进入衰退期之后，企业的经营状况变得复杂，现金流量也表现出了多种多样的特征，这个阶段没有哪种现金流量特征占有绝对的优势。

第三节　企业生命周期现金流量特征的数据分析

由于在我国的资本市场上，上市企业大部分是由国企改制而来，满足《证券法》规定的上市条件，所以不存在初创期的企业。因此，本章在利用现有 CSMAR 数据库中上市公司财务数据进行分析时，对处于初创期的企业未进行验证，只对处于成长期、成熟期和衰退期的企业进行分析。

本章首先在划分企业生命周期的基础上，根据样本资料对不同生命周期阶段的各种现金流量特征进行了描述性统计，并按照经营活动产生的现金净流量、投资活动产生的现金净流量、筹资活动产生的现金净流量的正负情况，将企业的现金流量特征分为"＋＋＋"、"＋＋－"、"＋－＋"、"－＋＋"、"＋－－"、"－＋－"、"－－＋"、"－－－"八种类型，以对不同生命周期的现金流量特征做进一步的描述和分析。

鉴于上市公司从 1998 年起开始编制现金流量表，所以，本章对不同生命周期企业现金流量特征的检验和不同生命周期现金流量数据的计算运用 1998—2006 年的制造类上市公司的混合数据。这样会使得本章的样本量比其他各章要少，而且分析的时间长度也较短。但是样本量变化不大（成长期、成熟期和衰退期样本量分别为原样本量的 93.53%、89.66% 和 90.84%），分析的时间长度仍然有 9 年，因此，本章对于样本的现金流量特征和现金流量数据的检验和分析依然具有很强的代表性。其中：现金流量特征检验部分采用样本年度数据，如 000036 华联控股在 1998—2000 年属于成长期，则其成长期相应的样本年度即为 3 年，分年度的现金流量方向可以反映各个年度的不同生命周期企业现金流量的变化方向，统计结果使现金流量的分布特征更加明显；不同生命周期现金流量数据的计算和分析采用 EXCEL2007 进行处理。

一 成长期的现金流量特征检验①

通过对处于成长期公司的经营活动现金流量净额、投资活动现金流量净额、筹资活动现金流量净额和现金净增加额的正负情况进行统计，得到成长期企业的现金流量特征如表3.1所示。通过此表可以看出，成长期的经营活动现金净流量为正值的样本占据大多数，比例达87.48%；投资活动现金净流量为负值的样本占绝大比例，高达92.94%；对于筹资活动现金净流量，出现正值样本的比例为62.70%，出现负值样本的比例为37.30%，筹资活动净流入的样本多于筹资活动净流出的样本；净现金流量为正值的样本比例为60.67%，为负值的样本占39.33%。样本统计结果与本章的假设相符。

表3.1   成长期企业现金流量特征

成长期	经营活动现金净额	投资活动现金净额	筹资活动现金净额	现金净增加额
正值个数	545	44	390	378
负值个数	78	579	232	245
正值比例（%）	87.48	7.06	62.70	60.67
负值比例（%）	12.52	92.94	37.30	39.33

资料来源：根据国泰安信息技术公司的 CSMAR 系列研究数据库资料整理。

对处于成长期的企业年度样本进行分析，计算每种现金流量特征样本数占样本总体的比例，结果如图3.1所示。由图3.1可以看出，经营活动现金流量为正、投资活动现金流量为负、筹资活动现金流量为正的"＋－＋"样本占绝大比例，为51.29%；经营活动现金流量为正、投资活动现金流量为负、筹资活动现金流量为负的"＋－－"样本也占有明显的比例，为32.15%；经营活动现金流量为负、投资活动现金流量为负、筹资活动现金流量为正的"－－＋"样本占比例较小，为8.84%；其他类型现金流量特征所占比例极小。前两种情况的样本比例之和达83.44%，说明经营活动现金流量为正、投资活动现金流

---

① 本部分的部分数据由本人的学生徐腾计算整理。

量为负的现金流量特征构成成长期企业现金流量特征的主流。

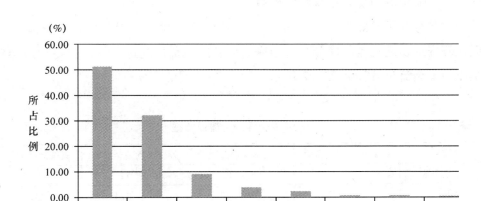

图 3.1　成长期各现金流量类型所占比例

对于第一种情况，经营活动产生的现金流量为正、投资活动产生的现金流量为负、筹资活动产生的现金流量为正，这种现金流量特征所占比例最大，这也是假设的特征。这种情况的出现，说明公司经营状况良好，处于高速发展的扩张时期，生产销售能力强，经营活动货币能够有效回收，经营活动产生的现金流量为正值。同时企业依靠外部筹资补充大量投资所需资金，构建固定资产，以实现规模化经营。

对于第二种情况，经营活动产生的现金流量为正、投资活动产生的现金流量为负、筹资活动产生的现金流量为负。说明公司经营状况良好，经营活动给企业带来丰厚的现金流量，不但能够满足项目追加投资的资金需求，而且还有部分剩余资金用于偿还前欠债务。

对于第三种情况，经营活动产生的现金流量为负、投资活动产生的现金流量为负、筹资活动产生的现金流量为正。说明公司经营状况出现了问题，企业一方面需要筹集资金弥补经营现金流量，另一方面还要筹集资金进行投资，企业会产生大量的筹资需求，若此状况再不改善，企业的生存将成为问题。

二 成熟期的现金流量特征检验

通过对处于成熟期公司的经营活动现金流量净额、投资活动现金流量净额、筹资活动现金流量净额和现金净增加额的正负情况进行统计，得到成熟期企业的现金流量特征如表 3.2 所示。

表 3.2 　　　　　　　　　　　　　成熟期企业现金流量特征

成熟期	经营活动现金净额	投资活动现金净额	筹资活动现金净额	现金净增加额
正值个数	215	26	121	145
负值个数	31	220	124	101
正值比例（％）	87.40	10.57	49.39	58.94
负值比例（％）	12.60	89.43	50.61	41.06

资料来源：根据国泰安信息技术公司的 CSMAR 系列研究数据库资料整理。

由表 3.2 可以看出，成熟期经营活动现金流量净额为正的样本仍占有较大的比例，达 87.40%，投资活动现金流量净额为负的比例也高达 89.43%，这与成长期是相同的，与假设中投资活动现金流量净额为正有所不符，这说明实际经营中企业对自由现金流量的利用程度较高，能够发现新的收益项目并进行扩大投资，也可能说明中国上市公司的主管更加追求企业的规模经济效应，通过不断扩充企业规模扩大自己的控制权、实现自己的在职收益（Murphy 1985 发现管理者薪酬与公司规模呈正相关关系）；在成熟期筹资活动现金流量净额正负值比例基本相同，相对于成长期筹资活动净流入的比例有所减小；企业现金净增加额为正的比例为 58.94%，依然高于半数，与假设 3 基本相符。

对处于成熟期的企业年度样本进行分析，计算每种现金流量特征样本数占样本总体的比例，其结果如图 3.2 所示。

由图 3.2 可以看出，经营活动现金流量为正、投资活动现金流量为负、筹资活动现金流量为正的"＋－＋"样本仍占绝大比例，为 39.18%；经营活动现金流量为正、投资活动现金流量为负、筹资活动现金流量为负的"＋－－"样本的比例有所提高，为 39.18%；经营活动现金流量为负、投资活动现金流

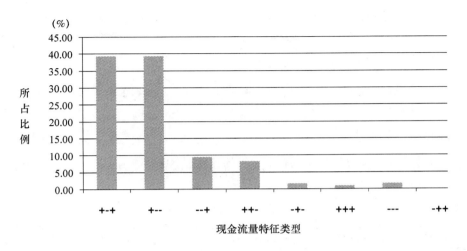

图 3.2　成熟期各现金流量类型所占比例

量为负、筹资活动现金流量为正的"－－＋"样本所占比例较小，为9.39%；经营活动现金流量为正、投资活动现金流量为正、筹资活动现金流量为负的"＋＋－"样本所占比例较小，为8.16%；其他类型现金流量特征所占比例极小。成熟期企业的现金流量特征和成长期企业现金流量特征的分布差别较小，"＋－＋"和"＋－－"样本的比例之和为78.36%，比成长期略有降低，"＋－＋"样本的比例下降了12.11%，"＋－－"样本的比例上升了7.03%，说明成熟期有19.14%的样本筹资活动现金流量开始为负，在成熟期企业更多地用经营活动的现金流量偿还前欠贷款。

　　"＋－＋"、"＋－－"型现金流量特征所占比例较大的原因见成长期的解释。对于本章假设的"＋＋－"型现金流量特征在实证中所占比例较小的原因可解释如下：企业在成熟期投资活动现金流量依然呈现净流出的现象，说明企业在进入成熟期后，不断通过资本化运作扩大企业规模。这可能和我国上市公司产权不明晰，经理人的激励约束机制不完善以及上市公司退市制度低效有关。上市公司的产权不明，使上市公司高管有通过扩大公司规模来扩大其自身的控制权收益的动机；激励约束机制不完善，对这一动机的实施起到了"推波助澜"的作用；而退市制度的低效，又为其扩充公司规模增加自身收益的行为提供了"制度保障"，促使其在成熟期更倾向于继续增长、扩大投资的策略，并在继续扩大投资的基础上，有选择性地采用负债筹资的策略。

三 衰退期的现金流量特征检验

表 3.3 中显示了处于衰退期企业经营、投资、筹资活动现金流量净额的正负情况，在此阶段，经营活动现金流量净额为负的比例达 38.57%，相对于成长期和成熟期的企业有较为明显的升高，投资活动现金流量净额为正的比例也有所上升，筹资活动现金流量净额为正的比例达 40.05%。

表 3.3   衰退期企业现金流量特征

衰退期	经营活动现金净额	投资活动现金净额	筹资活动现金净额	现金净增加额
正值个数	258	121	165	172
负值个数	162	298	247	248
正值比例（%）	61.43	28.88	40.05	40.95
负值比例（%）	38.57	71.12	59.95	59.05

资料来源：根据国泰安信息技术公司的 CSMAR 系列研究数据库资料整理。

对处于衰退期的企业年度样本进行分析，计算每种现金流量特征样本数占样本总体的比例，其结果如图 3.3 所示。

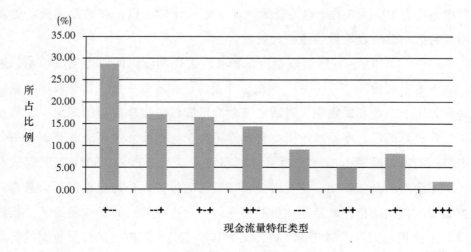

图 3.3   衰退期各现金流量类型比例

　　由图 3.3 可以看出，经营活动现金流量为正、投资活动现金流量为负、筹资活动现金流量为负的"＋－－"样本所占比例最大，为 28.64％。与成长期和成熟期企业不同的是，衰退期各现金流量类型所占比例更趋于平均化，没有出现反差很大的绝对差异。其主要原因在于中国资本市场的退市机制不够健全，未能充分发挥其"优胜劣汰"的资源配置功能，使得处于衰退期的上市公司能够连续 10 年销售收入下降的情况下，依然生存得较好，而且还会由于大量资产重组题材的存在，使其股价不断飙升，导致其尽管处于衰退期，但并未出现衰退期企业应该具有的典型特征。也可能和企业进入衰退期的原因各不相同有关，如一句中国俗语所说"幸福的家庭是相似的，不幸的家庭各有各的不幸"，这里可以重新表述为，成长的企业是相似的（收入、资产、利润等均表现为增长，净现金流量也表现为增长），但衰退的企业各自不同（衰退的原因，衰退之后的表现），由此导致衰退期的现金流量特征不尽相同，没有占绝对优势的组合现金流量分布。这恰好与本章的假设 4 相吻合。

四　各周期现金流量特征的对比分析

　　将成长期、成熟期和衰退期企业经营活动现金流量净额、投资活动现金流量净额、筹资活动现金流量净额和现金净增加额的正负情况进行综合统计，得到不同时期企业的现金流量特征如表 3.4 所示。

表 3.4　　　　　　　不同生命周期企业的现金流量方向统计

项目	正值比例			负值比例		
	成长期	成熟期	衰退期	成长期	成熟期	衰退期
经营活动现金流量（％）	87.48	87.40	61.43	12.52	12.60	38.57
投资活动现金流量（％）	7.06	10.57	28.88	92.94	89.43	71.12
筹资活动现金流量（％）	62.70	49.39	40.05	37.30	50.61	59.95
现金净流量（％）	60.67	58.94	40.95	39.33	41.06	59.05

　　资料来源：根据国泰安信息技术公司的 CSMAR 系列研究数据库资料整理。

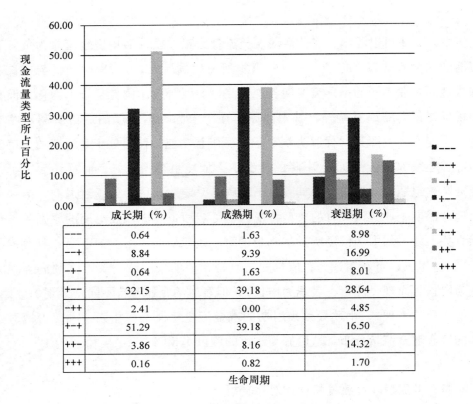

图 3.4　不同生命周期各现金流量类型比例图

不同生命周期、不同渠道现金流量比例组合的特征还可以通过图 3.4 予以表示。从图中可以看出，综合成长期、成熟期、衰退期三个不同的企业生命周期阶段来看，在经营活动现金流量净额、投资活动现金流量净额和筹资活动现金流量净额的各种组合中，"＋－－"和"＋－＋"型为主要的现金流量特征，二者之和在三个不同生命周期阶段的比例分别为 83.44%、78.36% 和45.14%；而且"＋－－"型现金流量组合的比例从成长期到成熟期再到衰退期是先升后降，"＋－＋"型的现金流量组合特征则保持了下降的趋势。这种变化趋势说明企业的现金流量特征随着生命周期的演化，经营活动现金流量净额为正和投资活动现金流量为负的企业比例有所下降，筹资活动现金流量为负的比例有所上升，衰退期的现金流量组合更加分散。这说明企业在成熟期的对外投资确实有所减少，同时也更多地采用了内源融资的方式，将经营活动产生的现金流量用于偿还前欠债务；也可能是因为企业在成熟期，更倾向于向股东发放大量的现金股利，让投资者分享企业的成功，采用高现金股利的股利政策，从而使得用于筹资活动的现金流量出有所增加，筹资活动现金净流量表现为负数。衰退期的企业由于各自进入衰退的原因不同，从而其现金流量特征也会不同。具体的理由需要通过上市公司资本结构、融资结构和股利政策的数据予以详细的补充说明，请见本文的第四至第六章。

五　不同生命周期企业现金流量特征的数据分析

为了进一步了解企业在不同生命周期阶段不同活动的现金流量状况，本章继续用上市公司的财务报表数据对经营活动、投资活动和筹资活动的每股现金流量的流入、流出情况，以及每股净现金流量的情况进行计算分析，以发现不同活动产生的现金流量的具体特征。

以下计算采用的指标含义及其计算方法如表3.5所示。

表3.5　　　　　　　　　　　　　变量定义

OCPS	每股经营活动现金流量	经营活动现金流量/总股数
ICPS	每股投资活动现金流量	投资活动现金流量/总股数
FCPS	每股筹资活动现金流量	筹资活动现金流量/总股数
NCPS	每股现金净流量	现金及现金等价物净增加额/总股数

运用国泰安信息技术公司的 CSMAR 系列研究数据库提供的企业年度财务报表资料，在第二章生命周期分类的基础上，剔除极值和现金流量数据不全的公司，最终得到384个样本。然后分别计算每股经营活动、投资活动、筹资活动的现金流量以及每股现金净流量，得到表3.6所示的结果。

由表3.6可以看出，企业在不同生命周期阶段确实具有不同的现金流量特征。在成长期，每股经营活动现金流量和筹资活动现金流量为正，每股投资活动现金流量为负，每股现金净流量为正，与假设完全吻合；在成熟期，每股经营活动现金流量、筹资活动现金流量和现金净流量为正，每股投资活动现金流量为负，与假设部分吻合；衰退期每股经营活动现金流量和筹资活动现金流量

表 3.6 不同生命周期现金流量数据

	均值				中位数				标准差			
	成长期	成熟期	衰退期	成长期	成熟期	衰退期	成长期	成熟期	衰退期			
OCPS	1.525758484	1.336759	0.173088	1.021094	0.969301	0.076397	1.90898	1.510054	0.652301			
ICPS	−2.18161722	−1.34151	−0.45377	−1.73867	−1.02338	−0.34358	2.082904	1.303507	0.634166			
FCPS	1.170282894	0.395203	0.076925	0.753338	0.163358	0.011053	1.952455	1.38732	0.671706			
NCPS	0.514931362	0.389706	−0.21857	0.330767	0.263341	−0.12263	1.315937	0.67634	0.676547			
样本	188	78	118	188	78	118	188	78	118			

资料来源：根据国泰安信息技术公司的 CSMAR 系列研究数据库资料整理。

为正，每股投资活动现金流量和现金净流量为负，与假设基本相符。而且每股经营活动现金流量、每股筹资活动现金流量和每股现金净流量在成长期均最高，每股投资活动现金流量成长期为最大的负数，说明成长期企业对外投资最多，与上面的假设基本吻合。

成熟期投资活动现金流量为负和筹资活动现金流量为正，说明我国上市公司在销售收入增长缓慢的成熟期，依然在不断扩张企业规模，而不是按照市场需求和企业发展阶段，选择合理的企业边界；另外，投资活动现金流量为负，也可能说明企业在成长期的大量投资并未在成熟期给企业带来丰厚的利润，从另一个侧面说明上市公司有不断的扩张动机以及存在过度投资的现象；而正是上市公司的过度投资，使得从经营活动产生的现金流量即使在成熟期也无法满足投资的需求，仍然需要企业从外部筹集资金，并进而导致筹资活动现金流量为正的情况出现。

衰退期每股投资活动现金流量为负，说明大部分处于衰退期的上市公司并未积极寻求新的发展方向或尽快更新发展战略，或向新的行业或领域转变，而是依靠其"壳资源"的价值坐等被其他企业并购或重组；筹资活动现金流量尽管为正数，但是只有 0.077 元，非常小，从一个侧面说明了衰退期上市公司外部筹资的困难性，与上面的假设吻合。

每股经营活动现金流量成长期为 1.53 元高于成熟期的 1.34 元，与假设分析不相吻合。这可能因为文章对企业生命周期的划分依据企业自身生命周期而来，未考虑整个行业的竞争状况，也许某个企业销售收入连续增长较慢的会计年度，恰好是同行业其他企业销售收入大幅度增长的期间；或者可能是由于我国上市公司数量较少，只占全部企业的很小一部分，不仅是上市公司内部的竞争，而且非上市企业与上市公司关于市场份额的竞争更加激烈，使得企业在成熟期面临的市场竞争依然非常激烈，从而导致企业在成熟期仍可能需要依靠产品的价格战来维持其市场占有率，使成熟期企业经营活动的现金流量并未有一个相对的上升；再加上在成熟期，企业较多采用股权融资，使得总股数较成长期有了较大增加，致使每股的经营活动现金流量下降。

六　不同生命周期阶段企业现金流量特征的显著性检验

为了进一步验证不同生命周期企业现金流量的差异，本章运用方差分析和

LSD 检验的方法对现金流量在不同生命周期的差异进行了显著性检验。

（一）方差分析

鉴于每股现金净流量是经营活动现金流量、投资活动现金流量和筹资活动现金流量的综合反映，即使企业在不同生命周期其经营活动现金流量、投资活动现金流量和筹资活动现金流量之间具有显著差异，其现金净流量可能也不具有显著差异。所以，本部分的方差分析只针对经营活动现金流量、投资活动现金流量和筹资活动现金流量展开。方差分析结果如表3.7所示。

表 3.7　　　　　　　　现金流量的方差分析

项目	差异源	SS	df	MS	F	P-value	F crit
OCPS	组间	139.5251	2	69.76256	29.3104	1.44E－12	3.019411
	组内	906.8293	381	2.380129			
	总计	1046.354	383				
ICPS	组间	218.3146	2	109.1573	42.04367	3.17E－17	3.019411
	组内	989.1841	381	2.596284			
	总计	1207.499	383				
FCPS	组间	94.43024	2	47.21512	19.68488	7.32E－09	3.019411
	组内	913.8466	381	2.398547			
	总计	1008.277	383				

由方差分析结果可以看出，无论经营活动、投资活动还是筹资活动，其F值均大于$F_{0.05}$（2，381）＝3，所以拒绝原假设H_0，表明不同生命周期企业的经营活动、投资活动和筹资活动现金流量之间的差异是显著的，生命周期对不同活动现金流量的影响是显著的。

（二）LSD 检验

为了进一步分析不同生命周期阶段不同活动现金流量的差异性，文章接着进行了 LSD 检验。

在以下的检验中，用$\overline{x_1}$、$\overline{x_2}$、$\overline{x_3}$分别表示成长期、成熟期和衰退期的现金流量均值，样本的自由度＝384－3＝381，查t分布表得$t_{a/2}=t_{0.025}=1.96$。

1. 经营活动现金流量的 LSD 检验

各检验统计量为：

$|\overline{x_1} - \overline{x_2}| = |1.525758 - 1.336759| = 0.188999$

$|\overline{x_1} - \overline{x_3}| = |1.525758 - 0.173088| = 1.35267$

$|\overline{x_2} - \overline{x_3}| = |1.336759 - 0.173088| = 1.163671$

根据表3.7的计算结果，经营活动现金流量的组内均方差为2.380129，于是对应各检验的LSD计算如下：

$$LSD_1 = 1.96 \times \sqrt{2.380129 \times \left(\frac{1}{188} + \frac{1}{78}\right)} = 0.41$$

$$LSD_2 = 1.96 \times \sqrt{2.380129 \times \left(\frac{1}{188} + \frac{1}{118}\right)} = 0.36$$

$$LSD_3 = 1.96 \times \sqrt{2.380129 \times \left(\frac{1}{78} + \frac{1}{118}\right)} = 0.44$$

由于$|\overline{x_1} - \overline{x_2}| = 0.188999 < 0.41$，不拒绝$H_0$，不能认为成长期和成熟期经营活动现金流量具有明显差异；同样，由于$|\overline{x_1} - \overline{x_3}| = 1.35267 > 0.36$，拒绝$H_0$，成长期和衰退期经营活动现金流量具有明显差异；$|\overline{x_2} - \overline{x_3}| = 1.163671 > 0.44$，拒绝$H_0$，成熟期和衰退期经营活动现金流量具有明显差异。

2. 投资活动现金流量的LSD检验

各检验统计量为：

$|\overline{x_1} - \overline{x_2}| = |-2.18162 + 1.34151| = 0.84011$

$|\overline{x_1} - \overline{x_3}| = |-2.18162 + 0.45377| = 1.72785$

$|\overline{x_2} - \overline{x_3}| = |-1.34151 + 0.45377| = 0.88774$

根据表3.7的计算结果，投资活动现金流量的组内均方差为2.596284，于是对应各检验的LSD计算如下：

$$LSD_1 = 1.96 \times \sqrt{2.596284 \times \left(\frac{1}{188} + \frac{1}{78}\right)} = 0.43$$

$$LSD_2 = 1.96 \times \sqrt{2.596284 \times \left(\frac{1}{188} + \frac{1}{118}\right)} = 0.37$$

$$LSD_3 = 1.96 \times \sqrt{2.596284 \times \left(\frac{1}{78} + \frac{1}{118}\right)} = 0.46$$

由于$|\overline{x_1} - \overline{x_2}| = 0.84011 < 0.43$，不拒绝$H_0$，不能认为成长期和成熟期投

资活动现金流量具有明显差异；同样，由于 $|\overline{x_1} - \overline{x_3}| = 1.72785 > 0.37$，拒绝 H_0，成长期和衰退期投资活动现金流量具有明显差异；$|\overline{x_2} - \overline{x_3}| = 0.88774 > 0.46$，拒绝 H_0，成熟期和衰退期投资活动现金流量具有明显差异。

3. 筹资活动现金流量的 LSD 检验

各检验统计量为：

$|\overline{x_1} - \overline{x_2}| = |1.170283 - 0.395203| = 0.77508$

$|\overline{x_1} - \overline{x_3}| = |1.170283 - 0.076925| = 1.093358$

$|\overline{x_2} - \overline{x_3}| = |0.395203 - 0.076925| = 0.318278$

根据表 3.7 的计算结果，筹资活动现金流量的组内均方差为 2.398547，于是对应各检验的 LSD 计算如下：

$$LSD_1 = 1.96 \times \sqrt{2.398547 \times \left(\frac{1}{188} + \frac{1}{78} \right)} = 0.41$$

$$LSD_2 = 1.96 \times \sqrt{2.398547 \times \left(\frac{1}{188} + \frac{1}{118} \right)} = 0.36$$

$$LSD_3 = 1.96 \times \sqrt{2.398547 \times \left(\frac{1}{78} + \frac{1}{118} \right)} = 0.44$$

由于 $|\overline{x_1} - \overline{x_2}| = 0.77508 > 0.41$，拒绝 H_0，成长期和成熟期筹资活动现金流量具有明显差异；同样，由于 $|\overline{x_1} - \overline{x_3}| = 1.093358 > 0.36$，拒绝 H_0，成长期和衰退期筹资活动现金流量具有明显差异；$|\overline{x_2} - \overline{x_3}| = 0.318278 < 0.44$，不拒绝 H_0，不能认为成熟期和衰退期筹资活动现金流量具有明显差异。

综合以上 LSD 检验的结果如表 3.8 所示：

表 3.8 不同生命周期现金流量差异的 LSD 检验

项目	具有显著差异		不具显著差异
经营活动现金流量	成长期与衰退期	成熟期与衰退期	成长期与成熟期
投资活动现金流量	成长期与衰退期	成熟期与衰退期	成长期与成熟期
筹资活动现金流量	成长期与衰退期	成长期与成熟期	成熟期与衰退期

由表 3.8 可以看出，成长期与衰退期无论在经营活动、投资活动还是筹资

活动其现金流量特征均具有显著差异；成熟期与衰退期在经营活动和投资活动现金流量特征方面具有显著差异；成长期与成熟期在筹资活动现金流量特征方面具有显著差异。

第四节　加强现金流量管理的建议

由第三节的数据分析可以发现，我国上市公司在不同生命周期的现金流量特征和理论分析并不完全吻合，说明企业在现金流量的管理方面还有很大的提升空间。具体来说，企业可针对不同生命周期阶段的现金流量特点和不同周期各种现金流量之间的逻辑关系，企业可建立切合实际的现金流量管理整体架构，明确不同周期现金流量管理的重点、理念、方法和对策，以实现某一生命周期现金流量的管理目标，合理安排企业在不同生命周期的筹资方式，形成合理的资本结构。

一　从战略层面重视现金流量管理工作，增加经营活动现金流量数量

现金流量指标会影响企业的直接偿债能力、对外投资能力和继续筹集外部资金的能力[1]，现金流量的多少对企业的股利政策、融资决策都有一定的影响，而且现金流量指标是界定企业是否破产的界限，现金流量的波动与企业价值的变化呈负相关，所以，为保持企业的健康发展，企业管理者应从战略高度充分重视现金流量，从现金流量的日常管理、流程管理和流速管理等方面加强对现金流量的管理工作。首先使企业的销售工作与信用管理很好地结合，在合理制订客户信用额度和信用期限的基础上，及时回收应收账款，减少客户对企业资金的占用，增加经营活动的现金流量入；同时，通过对存货和应付账款的管理，减少存货占用的资金数量和经营活动的现金流量出量。

二　以企业价值最大化作为现金流量管理的基础

不同生命周期阶段由于企业面临的内外环境有较大的差别，其财务管理重

---

[1]　由于现金流量反映了债权人特别重视的企业实际支付能力，所以成为银行信贷决策的重要依据之一。

点可能不同，但是却有着相同的财务管理目标——企业价值最大化。根据周敏、王春峰、房振明（2009）的研究，现金流量波动性与企业价值里显著负相关，并能作为传递企业价值的信号，因此，管理层要提升企业价值应重视对现金流量的管理。研究企业生命周期和资本结构关系的目的，即是希望企业能够根据其所处的生命周期阶段，合理安排资本结构，不断提高企业价值。因此，企业管理者应根据不同生命周期阶段的现金流量特征，以企业价值最大化为基础，选择不同的现金流量管理战略。

三　均衡不同生命周期的现金流量分布

不同生命周期的现金流量特点不同，其进行现金流量管理的重点也会不同。初创期现金流量管理的重点应该是资金的筹集。维持现金流量不短缺是这一时期现金流量管理的出发点，企业应在想方设法从各种渠道筹集资金，优化筹资渠道和方式的基础上，努力降低财务风险，并加强现金预算管理和资金调度管理，使初创期筹集的资金得到充分合理的利用；成长期的现金流量管理重点则是如何正确处理企业规模扩张和现金流量增长之间的矛盾。这一时期，企业一方面应加强经营活动现金流量的管理，不断加大营业收入的规模和现金回收效率，加强资金周转管理；另一方面应加大对投资活动现金流量的管理，保持企业扩张的适度规模；成熟期，自由现金流量的管理及投资现金流量管理是重点。企业应充分利用经营活动产生的大量现金流量入，通过投资现金流量的流出建立新的价值源和现金流量增长源，在对投资项目的盈利能力进行分析的基础上，以相关多元化为基础，通过多元化经营提高资金的使用效率和核心竞争力，为进一步发展奠定基础；衰退期现金流量管理的重点是新业务投放和现有资产的变现。只有不断发展新业务才能保证企业新的现金流量和利润增长点，企业应在处理原有固定资产和购置新固定资产的决策中进行权衡，保证其能够实现良性蜕变，进入新一轮的增长期。

四　使企业现金流量管理和融资行为有效结合

企业生命周期和现金流量研究的目的，即是让管理者了解不同生命周期企业现金流量特征的基础上，更好地进行现金流量管理。由此，需要企业能够根据不同时期的现金流量特征，建立完善的现金流量全面控制体系。这一体系包括现金流量的战略规划，投资行为与融资方式的匹配与动态平衡，现金预算管理，以及明晰影响现金流量的关键因素等不同方面。首先，企业应制订一个合理的现金流量战略规划。现金流量的战略规划要求管理者在充分贯彻企业战略的基础上，结合企业的内外部环境因素及变化趋势，对企业的现金流量进行整体性和长远性谋划，确保现金流量变化与内外部环境相适应；其次，做到投资行为与融资方式的匹配与动态平衡。投资行为与融资方式的匹配与动态平衡要求企业根据战略的要求和投资的客观规律制订企业融资的战略目标与原则，寻求各种有效的融资组合，并确定可靠的现金流量向战略。如以自我积累作为战略发展思路的企业，要注意自由现金流量与企业投资扩张的动态平衡；以外延扩张作为战略发展思路的企业，要把资本结构的优化作为切入点，把确保现金流量的持续保障作为标准，做好自由现金流量与股权等直接融资以及债务等间接融资方式的匹配与动态平衡，控制财务风险；再次，进行现金预算管理。现金预算管理是保证现金流量战略规划和投融资战略匹配的基础，在企业的现金流量管理中一定要予以足够重视；最后，明晰不同时期影响现金流量管理的关键因素。不同时期影响现金流量管理的关键因素不同，初创期主要是筹资渠道和方式，成长期表现为商业信用的管理，尤其是应收账款的管理，成熟期存货流转和自由现金流量的管理更为关键，衰退期则表现为固定资产周转和更新改造的管理以及维持现金流量的正常循环，分清各个时期的现金流量管理重点，有利于企业现金流量管理工作的顺利开展和成功。

第五节　本章结论和不足

企业在生命周期不同阶段会表现出不同的现金流量特征，同时不同企业在相同的生命周期阶段内，表现出的现金流量特征也会有所差异。本章在现有理论描述的基础上，以第二章关于生命周期的分类和制造类上市公司在1998—2006年间的混合数据为基础，对各生命周期阶段经营活动、投资活动和筹资活动的现金流量特征的比例进行了分析，得到以下结论。

第一，不同生命周期现金流量的总体特征不同。

　　成长及成熟期的企业经营现金流量绝大多数表现为净流入，而处在衰退期的企业经营现金流量净流出的企业比例大幅度增加。而不管是处在成长期、成熟期还是衰退期的企业，都倾向于继续扩大投资，因而投资活动产生的现金流量大多是净流出；在筹资现金流量方面，处在成长期、成熟期和衰退期的企业，其净流入和净流出的比例均未表现出明显的差异，但可以发现，随着企业生命周期的演进，筹资现金流量净流出的企业所占比例越来越大。具体来说，各生命周期阶段的现金流量特征分别如第二至第四所示。

　　第二，成长期的现金流量特征主要为"＋－＋"。

　　处在成长期企业的现金流量特征主要表现为经营活动和筹资活动的现金流量为正值，投资活动的现金流量为负值，净现金流量为正值。进一步分析发现，经营活动现金流量为正、投资活动现金流量为负、筹资活动现金流量为正的"＋－＋"样本占绝大比例，为51.29%；经营活动现金流量为正、投资活动现金流量为负、筹资活动现金流量为负的"＋－－"样本也占有明显的比例，为32.15%；第一种情况是假设的特征，对于第二种情况，经营活动产生的现金流量为正、投资活动产生的现金流量为负、筹资活动产生的现金流量为负，可能说明公司经营状况良好，经营活动给企业带来丰厚的现金流量，不但能够满足项目追加投资的资金需求，而且还有部分剩余资金用于偿还前欠债务。

　　第三，成熟期的现金流量特征表现为"＋－－"和"＋－＋"相当。

　　成熟期企业的现金流量特征大多表现为经营活动现金流量为正，投资活动现金流量为负，筹资活动的现金流量为正负相当，成熟期现金净增加额为正。进一步分析发现，经营活动现金流量为正、投资活动现金流量为负、筹资活动现金流量为负的"＋－－"样本比例为39.18%；经营活动现金流量为正、投资活动现金流量为负、筹资活动现金流量为正的"＋－＋"样本比例也为39.18%。经营活动现金流量的分布与假设3相符，筹资活动现金流量的分布部分与假设3相符，投资活动现金流量的分布与假设3相悖。企业在成熟期投资活动现金流量依然呈现净流出的现象，说明企业在成熟期，仍然不断扩大企业规模。这可能和我国上市公司产权不明晰，经理人的激励约束机制不完善以及上市公司退市制度低效有关。上市公司的产权不明，使上市公司高管有通过扩大公司规模扩大其自身控制权收益的动机；激励约束机制不完善，对这一动机的实施起到了"推波助澜"的作用；而退市制度的低效，又为其扩充公司规模增加自身收益的行为提供了"制度保障"，促使其在成熟期更倾向于继续增长、扩大投资的策略，并在继续扩大投资的基础上，有选择性地采用负筹资的策略。

第四，衰退期的现金流量无明显特征。

进入衰退期之后，企业的经营状况变得复杂，现金流量也表现出了多种多样的特征。但总体上来说，衰退期经营活动和筹资活动的现金流量为较小的正数，投资活动现金流量为不大的负数，只是这种特征所占比例并不存在明显优势。这可能是因为具有不同特征和发展前景的衰退期企业的各种现金流量相互抵消的结果。

参考文献

1. 薛求知、徐忠伟：《企业生命周期理论：一个系统的解析》，《浙江社会科学》2005年第5期。

2. 李永峰、张明慧：《论企业生命周期》，《太原理工大学学报·社会科学版》2004年9月。

3. 肖海林：《企业生命周期理论辨析》，《学术论坛》2003年第1期。

4. 孙茂竹、王艳茹：《不同生命周期企业财务战略探讨》，《财会通讯·综合版》2008年第1期。

5. 孙茂竹、王艳茹、黄羽佳：《企业生命周期与资本结构》，《会计之友》2008年第8期。

6. 孟焰、李连清：《企业战略性现金流管理的探讨》，《财会通讯·综合版》2006年第10期。

7. 陈志斌：《基于企业生命周期的现金流管理研究》，《生产力研究》2006年第4期。

8. 袁晓峰：《现金流量在企业生命周期各阶段的特征分析》，《长江大学学报·社会科学版》2006年12月。

9. 钱源达：《基于现金流框架的企业生命周期透析》，《财会通讯·理财》2008年第4期。

10. 王红强：《基于企业生命周期的现金流分析》，《商场现代化》2009年3月上旬刊。

11. 宁凌：《企业现金流转系统动态仿真研究》，《当代经济科学》2002 年第 3 期。

12. 杨雄胜主编：《高级财务管理》，东北财经大学出版社 2009 年第 2 版。

13. 陈志斌、韩飞畴：《基于价值创造的现金流管理》，《会计研究》2002 年第 12 期。

14. 王艳茹：《会计学原理》，中国人民大学出版社 2008 年版。

15. 王艳茹：《企业不同生命周期的现金流特征研究》，《会计之友》2010 年第 6 期（下）。

16. Victoria Dickinson. "Cash Flow Patterns as a Proxy for Firm Life Cycle" University of Florida，Working Paper.

17. Zhipeng Yan. "A New Methodology of Measuring Corporate Life-cycle Stages" Brandeis University，Working Paper.

第四章 企业生命周期与资本结构

第一节 资本结构的界定及计量

关于资本结构的定义，学术界存在着一定分歧。其分歧主要体现在资本结构中负债内涵的界定上。一种观点认为，资本结构中的负债是指企业的长期负债，短期负债不属于资本结构的研究范畴，因此，将资本结构定义为"企业长期融资工具的组合"，也就是企业资产负债表右下方的长期负债与股东权益（优先股、普通股、留存收益）之间的比例关系（沈艺峰，1999；方晓霞，1999）。但舒尔茨指出，这个概念太"狭窄"，他认为资本结构应当包括所有负债和股东权益，即列在资产负债表右方所有项目之间的比例关系[1]。基于对负债的不同认识，资本结构的界定也存在着争议，形成长期资本组合说与负债权益组合说两种观点。前者认为，资本结构是企业取得的长期资金项目组合及其相互关系，后者则认为资本结构表现为企业全部资金来源的构成及其比例关系，张维迎（1998）、伍中信（1999）、傅元略（1999）等在研究中均采用了第二个观点。由以上狭义资本结构和广义资本结构的概念可以看出，学者们对资本结构概念界定的差异，主要基于对长短期负债在企业中所起作用的认识不同。狭义资本结构观认为只有长期负债具有税收优惠及负债约束功能，广义资本结构观则认为长短期负债具有同样的功能[2]。

---

[1] ［美］舒尔茨：《资本结构理论》，《财务学刊》1963年第18卷第2期，第19页。转引自沈艺峰《资本结构理论史》，经济科学出版社1999年版，第1页。

[2] 李义超：《中国上市公司资本结构研究》，中国社会科学出版社2003年版，第6—7页。

从资本结构定义在研究中的应用来看，研究人员往往并不严格区分其广义和狭义的概念差异，而是根据研究目的的需要对其加以灵活运用。一般来说，理论研究中常常对负债和权益进行高度概括（Modigliani 和 Miller，1958；Jensen 和 Meckling，1976），而实证研究中则将其予以一定的区分（Titman 和 Wessels，1988；冯根福等，2000；张维迎，1998；伍中信，1999；傅元略，1999），从而产生了不同的计量标准和方法：一是总负债除以总资产，即总负债比率，也叫资产负债率；二是长期负债除以总资产，即长期负债率；三是有息负债除以总资产，即带息负债比率。

由于我国的公司债券市场不发达，绝大部分公司的长期负债都是通过长期银行贷款来满足的，而长期银行贷款的申请条件比短期贷款来的苛刻得多（赵冬青等，2006），由此导致我国上市公司各行业的长期负债率均较低（朱武祥等，2003），企业使用过的融资方式中累计融资额最高的是短期借款（陆正飞等，2003；谭克，2005；万朝领，2002），短期带息负债是企业筹资的主要方式，长期借款及应付债券的比例较低。所以，基于我国融资体制的特殊性，由长期负债和股东权益比例表示的公司资本结构代表我国上市公司的资本结构可能会导致解释力上的偏差。因此，本文关于资本结构的论述和实证研究，均采用全部负债和全部资产的账面比例来表示。

第二节　资本结构理论的发展脉络

现代资本结构理论从 MM 定理开始，经历了以信息对称为分析框架的旧资本结构理论阶段和以信息不对称为分析框架的新资本结构理论阶段，其中以 MM 理论和代理成本理论影响最大。虽然资本结构理论的研究成果不断丰富和发展，但至今未能建立起一个与实践经验相吻合的理论框架模型[①]。资本结构之谜依然需要进行探讨和研究。

西方国家对资本结构理论和实务的研究已长达半个多世纪，产生了大量卓

---

① 王艳茹、赵玉杰：《现代资本结构理论的演进及评析》，《商业研究》2005 年第 15 期，第 54—57 页。

有贡献的研究成果，最著名的是获得 1990 年诺贝尔经济学奖的"MM"定理，以及后来学者对"MM"定理的修正和发展的文献，这些成果、文献为财务学研究的发展奠定了坚实的理论基础，确立了企业价值研究中资本结构的重要地位，同时也促进了许多相关和边缘学科的产生发展，对企业筹资活动起到了规范和指导的作用。从研究方式来划分这些研究大体可以分为五个体系。

一　以杜兰特为主的早期企业融资理论学派

杜兰特（Durand，1952）将当时的资本结构理论划分为三种类型：净收益理论、净经营收益理论和介于二者之间的传统理论。净收益理论认为，负债融资可以降低企业的总资本成本从而提升企业的市场价值，所以企业应当尽可能利用负债融资优化其资本结构；净经营收益理论则认为，无论企业财务杠杆如何变化，其加权平均资金成本固定不变，因此企业市场价值不因其财务杠杆的变化而变化；传统理论认为，债务融资成本、权益融资成本、加权平均资本成本都会随资本结构的变化而变化，且债务融资成本小于权益融资成本，谨慎的债务融资不会明显增加企业经营风险。

二　以 MM 理论为中心的现代企业融资理论学派

MM 理论是在对早期净营业收益理论作进一步发展的基础上提出的，是假设在没有企业和个人所得税、没有企业破产风险、资本市场充分有效运作条件下，通过严格的数学推导，证明了在一定条件下，企业的价值与所采取的融资方式——发行债券或发行股票无关的理论。MM 理论考察了企业资本结构与企业市场价值的关系，提出在完善的资本市场中，企业资本结构与企业的市场价值无关，或者说，企业选择怎样的融资方式均不会影响企业市场价值。从某种意义上讲，尽管这个模型不完全真实，但它为分析研究资本结构问题提供了一个有用的起点和框架。此后以法拉（Farrar，1967）、塞尔文（shvaell，1966）、贝南（Breannen，1978）等为代表的税差学派，主要研究了企业所得税、个人所得税和资本利得税之间的税差与企业融资结构的关系；以巴克特（Bekter，1978）、阿特曼（Altman，1968）等人为主的破产成本学派，主要研究企业破产成本对企业融资结构的影响问题，这两个分支最后再归结形成以罗比切克

（RobicheK，1967）、梅耶斯（Mayers，1984）、斯科特（scott，1976）等人为代表的权衡理论，主要研究企业最优融资结构取决于各种税收收益与破产成本之间的权衡。

三 以不对称信息为基础的新资本结构理论

进入 20 世纪 70 年代以来，随着非对称信息理论研究的发展，诸多学者开始从不对称信息的角度对企业融资问题进行研究，其中包括新优序理论、代理成本理论、控制权理论、信号理论等。70 年代以后，对信息不对称现象的研究逐渐渗透到各个经济学研究分支领域，信息经济学、博弈论、委托代理理论等不对称信息研究理论得到重大发展和突破。众多学者也开始从不对称信息的角度来研究企业融资结构问题，并发表了一系列有代表性的文章，把企业融资理论推向一个新的阶段。这些理论研究试图通过信息不对称理论中的"信号"、"动机"、"激励"等概念，从企业"内部因素"来展开对企业融资问题的分析，将早期和现代企业融资理论中的平衡问题转化为结构或制度设计问题，为企业融资理论研究开辟了新的研究方向。梅耶斯的新优序融资理论最早系统地将不对称信息引入企业融资理论研究，梅耶斯（Mayers，1984）采用了另一位经济学者唐纳森（Townsend，1978）早期提出的"优序融资"的概念，考察了不对称信息对融资成本的影响，发现这种信息会促使企业尽可能少用股票融资，因为企业通过发行股票融资时，会被市场误解，认为其前景不佳，由此新股发行总会使股价下跌。其中心思想就是偏好内部融资，如果需要外部融资，则偏好债券融资。

代理成本学说的创始人詹森和麦克林（Jensen 和 Meckling，1976）以代理理论、企业理论和财产所有权理论来系统地分析和解释信息不对称下的企业融资结构问题。他们通过对代理关系和代理成本的分析，得出的基本结论是：均衡的企业所有权结构是由股权代理成本和债权代理成本之间的平衡关系来决定的，企业的最优资本结构是使两种融资方式的边际代理成本相等从而总代理成本最小的资本结构。

控制权理论研究学派包括哈里斯—雷斯夫（Harris 和 Ravi，1990）的模型和阿洪—伯尔顿（Aghion and Bolton，1992）模型等。由于普通股有投票权而债务没有，因此资本结构必然影响企业控制权的分配。哈里斯—雷斯夫模型主要探讨了詹森和麦克林所提出的股东与管理者之间由于利益冲突所引发的代理成本问题，认为企业最优的负债数量取决于在信息和惩戒管理者机会的价值与发生调查成本的概率之间的平衡。阿洪与伯尔顿在交易成本和合约不完全的基础上讨论了不同融资方式下剩余控制权问题，提出了不完全合约是剩余控制权产生的前提，最优资本结构应保证社会总收益最大化。

四 产品市场竞争与资本结构关系的相关理论

20 世纪 80 年代中期以来，马克维茨、伯尔顿、蒂特曼（Maksimovie，1988；Bolton 和 Scharfstein，1990；Dasgupta 和 Titman，1998）通过实证研究表明，资本结构影响企业在产品市场上的竞争能力，在一个充分竞争的产业中，高财务杠杆容易导致企业后续投资能力不足。这与金融经济学家关于增长机会与财务杠杆显著负相关的结果一致；高财务杠杆还容易导致企业在产品价格战或营销竞争中的财务承受能力不足，使其被迫减少资本投资甚至退出竞争。

五 行为财务学

90 年代以来又出现了资本市场条件与企业资本结构关系研究的行为公司财务学，行为公司财务认为公司管理层是理性的，而股票市场却不那么理性，往往给企业价值错误定价（Msipricing），对公司融资行为产生重要影响。

尽管不同的理论对企业融资认识的视角不同，但都对负债融资形成共识：适度负债有利于增加企业价值：激励理论认为负债可以激励和约束经营者；而信号传递理论认为负债可以传递企业高质量的信号；控制权理论认为负债可以阻止经营者滥用相机决策权，加强经营者的努力[1]。但迄今为止，如何通过调整资本结构实现自身的可持续发展和提高企业价值，以及如何确定最佳资本结构的问题，仍没有一个令人信服的结论。

---

① 王艳茹、赵玉杰：《现代资本结构理论的演进及评析》，《商业研究》2005 年第 15 期，第 54—57 页。

六 我国学者关于资本结构的理论研究

我国最早研究资本结构理论的是朱民和刘利利（1989）的"企业金融资本结构之谜——现代企业资本结构理论简析"。他们介绍了现代企业资本结构理论的主要内容及其发展演化过程，但对非对称信息条件下的企业资本结构理论介绍不多。随着改革开放的深入，社会主义市场经济体制的建立，企业经营机制的转换，越来越多的经济学家开始关注企业资本结构理论的研究。如张维迎（1995）的"公司融资结构的契约理论：一个综述"，较详细地介绍了企业融资的激励模型、信号显示模型和控制模型；傅元略（1999）的"企业资本结构优化理论研究"，对企业如何进行资本结构的优化进行了研究；沈艺峰（1999）的"资本结构理论史"较完整地论述了企业资本结构理论的发展演化历程，参考了大量的英文文献，是国内迄今为止对资本结构理论介绍最为全面的一本专著，但是该书介绍的理论截至 20 世纪 90 年代中期，对资本结构的控制权理论以及一些最新发展介绍较少。进入 21 世纪，国内出现了大量关于资本结构的文章。其中，潘敏（2002）的"资本结构、金融契约与公司治理"从资本结构和金融契约理论的角度建立了一个研究企业公司治理问题的理论分析体系，对探讨企业融资行为选择中代理成本、信息不对称和契约不完备的问题的相关理论成果进行了整理和评价，对很多资本结构的经典理论模型进行了详细的介绍；徐涛和万解秋（2002）对新资本结构理论的发展作了介绍；朱武祥（2002a）指出了国际上对资本结构理论的最新研究动向。他们的研究结果证实，企业的资本结构与其所在的产品市场的竞争强度之间具有显著的正相关关系，与业绩之间存在着显著的负相关关系；刘淑莲（2000）"企业融资论"对资本结构理论进行了大量的描述性介绍，但缺乏实证检验；晏艳阳（2001）"我国上市公司资本结构研究"探讨了资本结构的一些主要问题，还进行了资本结构的行业分析；李义超（2001）"企业资本结构选择的转型经济学分析"将自然科学中的耗散结构思想引入到经济环境中，构建了转型期间资本结构选择的耗散结构理论模型；田明（2001）"转型期中国国有企业资本结构优化研究"揭示了国有企业资本结构不合理和资本运行质量下降的成因及诱发性风险；徐卫宇

（2001）"国有企业资本结构研究"将产业组织理论同企业财务管理结合起来，从财务风险和经营风险相结合的角度对国有企业的资本结构问题进行了解释；张岚（2002）"中国上市公司资本结构研究"对资本结构的研究更侧重于对股权结构的研究。

七　资本结构理论研究的评述

从国内外学者对资本结构研究的历程来看，资本结构研究在财务经济学中曾经占据主流地位。研究思路主要是以 MM 理论为核心展开的一系列的修正、完善和发展；研究方法主要采用了定量分析为主，大量实证分析予以实证的分析方法；研究内容和范围比较广泛，从企业筹资活动入手，涉及企业的投资活动和经营活动，甚至涉及企业运行的环境，包括资本市场环境、产品市场的影响以及经济环境等。但这些理论由于缺少中国上市公司的大样本检验，尚不能直接指导我国企业的筹资活动。虽然，我国的学者根据我国的经济环境、资本市场发展等因素将资本结构理论在中国的应用研究进行了大量探讨，但是将生命周期和资本结构理论结合研究的学者较少。

第三节　文献回顾和研究假设

资本结构是现代企业的"基因"，直接影响着企业的融资成本，进而影响企业效益。合理的资本结构，有利于规范企业行为、提高企业价值。在资源总量有限的情况下，如何合理筹集经营发展所需资金，是处于不同生命周期阶段企业的共同任务。

一　资本结构影响因素的文献回顾

在过去的半个世纪中，有关企业资本结构的理论争论不休，未能达成共识，其主要原因之一在于对资本结构影响因素的认识各不相同。MM 定理论证了资本结构与企业价值无关，其后的众多学者则分别从放松 MM 假设的角度来推进资本结构影响因素的分析研究。

（一）国外学者关于资本结构影响因素的代表性研究文献

Brander 和 Lewis（1986）[1] 指出，产品市场竞争环境是影响公司资本结构的重要因素，并在大量的理论和实证分析中得到支持（Maksimovic，1988；Glazer，1994；Showalter，1995）；Campello（2003）[2]，发现宏观经济环境、商业周期和产业政策的急剧变化，使得资产负债率高的公司陷入财务危机的可能性大大超过了低者，而且在经济状况恶化和竞争对手负债比较低的情况下，对负债融资的依赖会显著降低一个公司（相对于行业来说）的销售增长率。其研究表明相对于 GDP 下降 1%，假设资产负债率为 100% 的行业的涨价幅度将比零负债比的行业的涨价幅度多上升大约 42%。

Titman 和 Sheridan（1988）[3]最早系统地对资本结构的影响因素进行了实证研究，发现企业的获利能力与负债比例间具有显著的负向关系；公司独特性、研究发展费用率与负债比例有负向关系；较小的公司会倾向于使用短期负债来融资；资产结构、非负债税盾、盈余变动性、成长性、产业类别与负债比例间没有存在显著关系。

Harris 和 Raviv（1991）[4]从制度性因素角度分析了企业资本结构的影响因素，认为企业资本结构受固定资产比率、企业成长性、企业规模、盈利稳定性等许多内部因素的影响。固定资产比率大的企业倾向于采用较高的杠杆比率；期望未来高成长的企业，应该主要采取股票融资方式；企业规模、盈利稳定性与资产负债率呈正相关。

Rajan 和 Zingales（1995）[5]对西方主要工业国家的资本结构影响因素进行了实证检验，通过对 G - 7（西方七国）数据的分析，发现 G - 7 上市公司在资本结构的选择上大致相同。美国、德国、日本、意大利、法国、英国和加拿大

---

① Brander James A. , Tracy R, Lewis. , Oligopoly and Financial Structure：The Limited Liability Effect, American Economic Review, 1987（76），956 - 970.

② Campello, M. , 2003, Capital structure and product markets interactions：evidence from business cycles, JFE 68，353 - 378.

③ Titman, S. and R. Sheridan. The Ddterminants of capital structure choice, *Journal of Finance*, 1988（43）：1 - 19.

④ Harris & Haviv. The Theory of Capital Structure. *Journal of Finance*. Vol. XLVI, No. 1, 1991.

⑤ Rajan, R. G. and Zingales, L. What do we know about capital structure? Some evidence from international data. *The Journal of Finance. 1995*（12），Vol. 5，1203 - 1235.

上市公司的财务杠杆，与有形资产和公司规模呈正相关（德国除外），而与投资机会（Tobin's Q）和利润率呈负相关。

Jordan，Lowe 和 Taylor（1998）[1]以 275 家英国私人或独立的中小企业（年营业额介于 100 万—1000 万英镑）为有效样本展开研究，发现中小企业负债比例与财务因素、策略因素等都有关系；产业类别因素对中小企业的资本结构并不重要；在财务因素方面，获利率、资本密集及营业风险等三项指标与负债比呈正相关，税率及现金流量则与负债比呈负相关；营业额及销售增长率与负债比无直接关系；部分中小企业公司的竞争策略会影响其资本结构；创新程度与负债比呈负相关，追求创新策略的中小企业有较低的负债比；多元化经营的策略与公司负债比不相关；公司融资方式符合优序融资理论。

Wald（1999）[2]对法国、德国、日本、英国和美国这五个国家的资本结构进行了实证检验，研究发现，虽然这些国家的平均财务杠杆和很多资本结构的影响因素类似，但他们在资本结构的选择上还是有很多不同。这些差异可以用税收政策、破产成本、信息不对称以及股东和债权人之间的冲突等原因来解释，同时各国间的制度和法律差异也是造成这些不同的原因。

Wokukwu 等（2000）[3]以计算机及外设产业为例，研究了产品生命周期和公司资本结构的关系，其实证结果表明，最优 ROI（投资回报率）值和资本结构之间的关系由于产品所处生命周期的不同阶段而不同，产品寿命周期在公司资本结构决策中起到了非常重要的作用。一个显著的例子就是厂商在产品成长期，由于产品利润丰厚较多采用内部融资手段，由此和生命周期其他阶段相比，厂商的资产负债率较低。

Booth 等（2001）[4] 对 10 个发展中国家（巴西、墨西哥、印度、韩国、约

---

① Jordan，J. Lowe，J and Taylor，P.，Strategy and Financial Policy in UK Small Firms．*Journal of Business Finance and Accounting*，1998，（25）．

② Wald，J. K.，1999，How firm characteristics affect capital structure：an international comparison，*Journal of Financial Research*22（2），161 – 187．

③ Wokukwu，Kingsley，Chiedozie，2000，Life Cycle and Capital Structure：Empirical Evidence，DBA dissertation，Nova Southeastern University．

④ Booth，L.，V. Aivazian，A. Demirguc-Kunt & V. Maksimovic，Capital structures in developing countries，*Journal of Finance*，2001（5），87 – 130．

旦、巴基斯坦、泰国、土耳其和津巴布韦）的资本结构影响因素进行了实证研究，他们发现部分在发达国家通过检验的影响因素在这些国家也的确起作用，但是也有很大一部分影响因素不起作用，并且在发展中国家，公司的长期负债水平要比发达国家低得多。而且这些国家中国家间的差异非常大，说明不同国家的各自特色对资本结构的选择有很大影响。

Graham 和 Harvery（2001）[1] 对 392 位 CFO 进行了问卷调查，发现公司在发行股票或债券时会优先考虑不同的因素。发行债券时首先关心的是财务弹性和信用等级；在发行股票时首先考虑的是除权后的每股盈余以及股票增值的可能性。他们认为，平衡理论和优序融资理论都能够对资本结构的影响因素进行很好的解释，但是信号理论、代理成本、投资不足、资产替代、与雇员之间的讨价还价、自由现金流量和产品市场竞争理论等不能很好地得到实证结果的支持。

Frank 和 Goyal（2003a）[2] 对美国非金融类上市公司资本结构的影响因素进行了详尽的研究，发现美国上市公司的资本结构与产业平均财务杠杆、无形资产比例、公司规模、公司总资产的变动、公司所得税和国库券利率呈正相关；与破产成本、股利政策、账面市值比、公司的股票回报率、从结转营业损失所得的减税净利益（net operating loss carry forwards）、融资约束、利润率呈负相关。这个结论与平衡理论以及利益相关者协同投资理论的预测结果是一致的，但是与优序融资理论以及市场时机理论并不相符。

Hall，Hutchinson 和 Michaelas（2004）[3] 以 3500 个英国中小企业为样本，研究了长期资产负债率和短期资产负债率在不同产业间的差异。发现长期资产负债率与资产结构、企业规模呈正相关，与成立年限呈负相关；短期资产负债率与盈利能力、资产结构、企业规模和成立年限呈负相关，并与成长性呈负相关。并且，上述资本结构决定因素的影响在不同产业之间存在显著差异。

---

① Graham & Harvery. , The Theory and Practice of Coporate Finance: Evidence from the Field, *Journal of Finance Economics*, 2001（60）. 187 – 243.

② Murray Z. Frank and Vidhan K. Goyal. , Capital Structure Decisions, AFA 2004 San Diego Meetings, Working Paper Series.

③ Graham C. Hall, Patrick J. Hutchinson and Nicos Michaelas Determinants of the Capital Structures of European SMEs, *Journal of Business Finance & Accounting*, Vol. 31, No. 5 – 6, pp. 711 – 728, June 2004.

Mackay 和 Phillips（2005）[①] 发现公司的融资结构与公司所处的竞争环境以及公司在行业中的地位密切相关。在完全竞争的行业中，公司资产负债率的变化依赖于该行业平均的资本劳动率、该行业内其他公司的行为以及该行业中潜在进入者、在位者和退出者状态等因素。公司资产负债率和公司所采用的技术以及面临风险之间的相互关系，在完全竞争的行业和垄断行业中是有很大差异的。他们的研究结果显示，在同一个行业中，公司的负债、采用的技术和面临的风险是被共同决定的，这个结果支持融资结构的产业均衡模型。

国内外关于企业不同生命周期阶段的融资行为也进行了一定研究。其中，最具代表性的是 Berger（1998）[②] 等提出的融资生命周期理论。作者通过对中小型企业在私募股权和债券市场的融资行为的观察，在融资生命周期的范式下，研究了公司在生命周期不同阶段的资本结构特征。文章揭示了中小企业不同的融资来源，以及公司资本结构随着公司规模和年龄的变化而改变的事实。文章将企业分为婴儿期、青壮年期、中年期和老年期四个时期，认为伴随着企业生命周期而发生的信息约束条件、企业规模和资金需求变化是影响企业融资结构变化的基本因素。在婴儿期和青壮年期企业的融资大都依靠内部融资（主要为企业家、企业创立小组的成员以及其他的内部人），而从中年期到老年期，企业得到的外部投资（主要是私募股权、债务融资，而不是公开发行证券的形式）会迅速增加。Sahlman（1990）[③]提出的融资规律也认为，处于创始期的企业融资非常严重地依赖于初始的内部融资和贸易融资。

（二）国内学者关于资本结构影响因素的代表性研究文献

陈小悦和李晨（1998）[④] 的研究发现上海股市收益与负债/权益比例、公

---

① Peter Mackay and n M. Phillips, How Does Industry Affect Firm Financial Structure? *The Review of Financial Studies*, Vol. 18, Issue 4, pp. 1433 - 1466, 2005.

② Berger Allen N. and Gregory F. Udell, The Economics Of Small Business Finance: The Role Of Private Equity and Debt Market in the Financial Growth Cycle. Journal Of Banking and Finance. 1998; 22: 613 - 673.

③ Sahlman, W. A., The Structure and Governance of Venture-capital Organizations. Journal of Financial Economics, 1990, (27): 473 - 521.

④ 陈小悦、李晨：《上海股市的收益与资本结构实证研究》，《北京大学学报》（社会科学版）1995 年第 1 期，第 8—19 页。

司规模呈负相关，与 BETA 呈正相关；陆正飞和辛宇（1998）[①] 发现不同行业的资本结构有着显著差异，获利能力对资本结构有显著的负影响，规模、资产担保价值、成长性等因素对资本结构的影响不显著；洪锡熙和沈艺峰（2000）[②] 发现企业规模、盈利能力对企业资本结构有显著影响，公司权益和成长性不影响资本结构，行业因素不因企业资本结构的不同而呈现差异；朱武祥等（2002）[③] 通过构造一个两阶段模型，证明企业对未来竞争程度的预期与企业的债务规模呈负相关；肖作平和吴世农（2002）[④] 的研究发现我国资本市场发展的过程中存在许多与国外不同的特征，上市公司资本结构与现代资本结构理论有许多相悖之处；刘志彪等（2003）[⑤] 发现企业的资本结构选择作为企业向市场发出的一项承诺，向行业内的其他企业表示企业的竞争行为将更加强硬或温和，具有显著的信号发送功能，并能够产生战略效应，企业资本结构和其所在的产品市场上的竞争强度具有显著的正相关关系；吴晓求（2003）[⑥] 认为股权融资相对于债务融资具有资金成本、代理成本和信息成本优势，因而股权融资优于债务融资；股权融资相对于留存收益，具有利用信息不对称的优势，同时不会带来破产成本的增加，而且由于上市公司内源融资能力有限，这样股权融资成为中国上市公司筹措资金的主要方式，即中国上市公司的融资偏好顺序是"股权融资—内源融资—债务融资"。

赵蒲和孙爱英（2005）[⑦] 对产业生命周期和资本结构的互动关系的实证研究表明，处于产业生命周期不同阶段上市公司的资本结构存在着显著的差异，

---

① 陆正飞、辛宇：《上市公司资本结构主要影响因素之实证研究》，《会计研究》1998 年第 8 期，第 34—37 页。

② 洪锡熙、沈艺峰：《我国上市公司资本结构影响因素的实证分析》，《厦门大学学报》（哲学社会科学版）2000 年第 3 期，第 114—120 页。

③ 朱武祥、陈寒梅、吴迅：《产品市场竞争与财务保守行为》，《经济研究》2002 年第 8 期，第 28—36 页。

④ 肖作平、吴世农：《中国上市公司资本结构影响因素实证研究》，《证券市场导报》2002 年第 8 期，第 39—44 页。

⑤ 刘志彪、姜付秀、卢二坡：《资本结构与产品市场竞争强度》，《经济研究》2003 年第 7 期，第 60—67 页。

⑥ 吴晓求：《中国资本市场研究报告》，中国人民大学出版社 2003 年版，第 26—46 页。

⑦ 赵蒲、孙爱英：《资本结构与产业生命周期：基于中国上市公司的实证研究》，《管理工程学报》2005 年第 3 期，第 42—46 页。

产业生命周期的不同阶段能够稳定、有效地影响上市公司的资本结构；姜付秀等（2005）[1] 的研究也发现，行业结构对资本结构及产品市场竞争之间的关系有一定的影响。作为以产品生产为主要业务的经济实体，企业的生产经营活动必然会受到产品市场竞争和行业生命周期或行业内竞争程度的影响，形成不同的生命周期，并且会在生命周期的不同阶段采取不同的资本结构战略。

（三）文献评述

由以上资本结构影响因素的研究文献可以发现，国内外学者对资本结构影响因素的研究，不但关注企业的盈利能力、资产规模和结构、研发费用、企业成长性、投资机会等企业内部因素，还将不同行业、不同国家企业间的资本结构进行了比较研究；而且，自20世纪80年代中期以来，又将产业组织理论与公司财务理论结合在一起形成了战略公司财务的观点，并对企业资本结构和产品竞争的关系、企业资本结构和行业竞争的关系进行了研究（Brander 和 Lewis，1986；Bolton 和 Scharfstein，1990；Noe，1988；Viswanath，1993），认为公司的债务水平与产品市场的竞争程度及行业的竞争程度密切相关。

由于研究范围的不断扩大，增强了资本结构理论在企业中的应用。关于企业生命周期和资本结构关系的研究也取得了一定成果：企业在发展过程中的不同阶段，由于它所处的经营环境和金融环境不同，其融资手段和规模也有所不同。或者说，各种融资工具在企业成长过程中的不同阶段发挥着不同的作用。因此，企业应在深入了解金融市场特点和运作机制的基础上，结合自身所处的生命周期阶段，通过选择适当的融资方式形成合理的资本结构。但是，企业生命周期和资本结构关系的研究尚处于起步阶段，相应文献较少，尤其是基于中国上市公司数据的大样本的实证研究凤毛麟角，更谈不上形成一致的结论，有关生命周期与资本结构关系的研究任重而道远。

二　研究假设的提出

大量研究企业生命周期的文献，认为企业在不同的生命周期阶段，现金流

---

① 姜付秀、刘志彪：《行业特征、资本结构与产品市场竞争》，《管理世界》2005年第10期，第74—81页。

量特征、风险特征、公司规模和市场份额等特征会有所不同（爱迪斯，1989；杨雄胜，2004；李桂兰等，2006；孙茂竹等，2008），其所采用的资本结构也会不同。Harris 和 Raviv（1991）发现现金流量的波动、公司规模、产品需求弹性、信息不对称等均会影响资本结构；Berger（1998）提出公司规模会经历由小到大的变化、产品市场需求会由于行业内的竞争及其他竞争因素的存在而存在不确定性，同时由于信息的不对称使得企业融资的方式和渠道出现差异。方晓霞（1999）[①] 认为，当一家企业处于高速成长阶段，并且销售又相当稳定时，由于它有好的发展前景，故能承受较多负债引起的利息费用。因此，这类企业比成长慢或销售和盈余有周期性的企业能更多地利用负债融资，充分发挥财务杠杆的作用，使企业每股收益有更大的提高。Rajan 和 Zingales（1995）的实证结果表明，固定资产占总资产的比率、MB 值、销售规模和盈利性等应用极为广泛，在国际上解释力很强的因素对资本结构的影响仅有 20% 左右的解释力，因此，他们认为一定还存在其他具有解释力的因素。根据对企业生命周期文献的分析，本文认为，企业在不同的生命周期阶段，会根据其产品市场竞争程度和行业周期阶段的影响，选择不同的资本结构，并据此提出本章的第一个假设：

假设 1：处于不同生命周期的企业，其资本结构具有显著差异，周期因素对于资本结构具有增量解释力。

企业在快速成长期，营业收入大幅度增加、资产规模快速扩展，由此导致在应收账款和存货等变现性较慢的资产中占用的资金日益增加，这就需要企业筹集大量资金满足日常生产经营的需要；加上高速成长期投资的增速高于利润增速，仅仅依赖保留盈余难以满足其成长的需要，折旧虽然具有一定的融资效应，但受折旧制度及融资界限的制约，使其不可能维持企业的高成长（李义超，2003）；而且，由于通货膨胀的影响，使得按历史成本计提的折旧严重贬值，难以满足固定资产更新的需要；再者，高成长预示着企业有良好的前景，因而企业往往不愿发行新股，以免损害原有股东的利益（陆正飞、辛宇，1998）；最后，通货膨胀使实际借款利率严重低于名义利率，以及我国企业融

---

① 方晓霞：《中国企业融资：制度变迁与行为分析》，北京大学出版社 1999 年版，第 63 页。

资的路径依赖效应，使企业在规模扩张需要资金时首先想到使用银行借款。Myers（1977）认为，成长中的公司发行短期债务能够减少代理成本；通过发行可转换公司债券也可以减少代理成本（Jensen 和 Meckling，1976；Smith，1979；Green，1984）。这样，维持高增长所需资金自然而然落在负债融资上，导致企业在高速成长期的负债比率偏高。

而在成熟期，企业的形象得以树立，生产规模得以扩大，盈利水平达到高峰但增长速度放慢，企业的市场占有率较高，有较充裕的现金流量，抗风险能力较强；同时，成熟企业的对外投资有所下降，经营所需资金较成长期减少，加上企业利润的稳定增长，一般会符合证监会关于配股和新发股票的条件，从而较多地通过股权筹资，使负债比率一般较低。

企业在衰退期，销售增长开始下降，使利润和留存收益相应下降，同时市场占有率逐渐降低，现金流量日趋下降，但资本支出和存货投资却无法立即减少，公司只好利用外部资金融通投资和内部资金不断增长的差额。另外，衰退企业的产品往往供大于求，这时有实力的企业会选择价格下调和更为宽松的信用政策，使得经营活动的现金流量进一步减少。

由此，提出本章的第二个假设：

假设2：相比成熟期和衰退期的企业，处于成长期的企业具有较高的资产负债率。

第四节　企业生命周期和资本结构的实证检验

为验证上面的两个假设，本章仍以 1991—2006 年在沪深股市上市的所有制造业上市公司为例，进行实证分析。

一　生命周期与资本结构关系的描述性统计

运用国泰安信息技术公司的 CSMAR 系列研究数据库提供的企业年度财务报表资料，在第二章企业生命周期划分的基础上，对不同生命周期企业的资本结构数据进行计算统计，得出企业生命周期和资本结构关系的描述性统计结果，如表4.1所示。

表 4.1　　　　　　　　企业生命周期和资本结构关系的描述性统计

周期阶段	均值			中位数			标准差		
	成长期	成熟期	衰退期	成长期	成熟期	衰退期	成长期	成熟期	衰退期
样本个数	239	82	115	239	82	125	239	82	115
总负债/总资产（%）	52.75	43.8	60.41	51.85	43.51	50.59	13.85	0.18	13.86

　　从表4.1可以看出，企业在不同的生命周期阶段其资产负债率确实存在着一定差异，成长期和衰退期分别为52.75%和60.41%，远远高于成熟期的43.8%。而且无论哪个生命周期阶段的资产负债率均超过了40%，远大于美国1979—1995年间非金融公司的平均资产负债率（最高为35%）①。

　　资产负债率普遍较高的理由可解释如下：第一，目前大多数上市公司与各个商业银行建立了良好的合作关系，企业从银行获得贷款的渠道更便捷、成本更合理，而且可以较好地解决道德风险和逆向选择问题，更好地满足企业发展的融资需求，提高全社会的资金配置和使用效率；另外，我国资本市场发展滞后，依然属于以银行为基础的金融体系。所以具有其基本特征：通过金融机构进行间接融资，银行在企业融资中具有极其重要的地位；资本结构中银行债权比例非常高；银行和法人持股比较普遍。第二，在我国经济快速发展的情况下，企业投资增长远远超过自有资本的增长速度，为弥补资金不足，只好从外部筹集资金，这时由于路径依赖的存在，企业较多地使用银行借款。第三，我国资本市场发展缓慢，直接融资规模偏小，发育不完善，证券发行条件严格、手续繁多且融资费用较高，不利于企业通过发行债券或股票筹集资金，加之居民金融资产结构单一（主要是银行存款），这就决定了大量的资金融通仍需通过银行间接筹集。第四，我国政府在金融方面采取了人为的低利率，大多数利率由政府直接或间接控制，使实际的银行贷款利率很多年份为负，从而加大企业对银行贷款的依赖程度。第五，银行信贷资

---

　　① 根据刘淑莲《企业融资方式、结构与机制》，中国财政经济出版社2002年版，第130页计算整理。

金的软约束使企业能够不断获得低成本的外部资金，特别是廉价的银行贷款，因此追求企业自身积累变得不必要和不需要，在融资结构安排上内部融资比重较少也不足为奇了。第六，从企业的资金供给看，企业能够获得低成本的外源融资，使他们更倾向于向外（向上）寻求各种低成本资金[1]。第七，据有关统计[2]，1996—2000 年，美国、欧洲大陆、英国上市公司的净资产收益率分别为 17.9%、13.9%、17.7%，而中国上市公司的净资产收益率仅为 9.55% 左右，远低于西方发达国家收益水平。而企业的内源融资主要来源于公司的盈余积累，所以较低甚至亏损的业绩水平限制了我国上市企业的内部融资比例。第八，企业盈余保留水平低。根据融资的啄序理论（Pecking order），企业融资应优先考虑内部资金，其次是债务融资，最后才是股权融资。在英国、美国和日本，企业盈余保留水平分别为 97.13%、91.13% 和 69.13%，而我国企业同比例仅为 31.14%[3]。

衰退期资产负债率最高的现象与本章的假设 2 不符，这可以通过代理理论和我国资本市场的特性予以解释。按照 Grossman 和 Hart（1982）的观点，在存在破产可能性的情况下，公司通过债务融资能够使管理者的利益与股东利益达到一致，所以，衰退期提高资产负债率可以在一定程度上降低企业的代理成本；而根据李义超（2003）[4] 的研究，我国上市公司负债融资具有内源融资性质，可以通过以新债还旧债、延期还贷、有意逃债等手段实现负债融资成本外部化；加上我国上市公司退出机制的不健全，上市公司具有明显的"壳资源"价值，大部分上市公司在进入衰退期之后，往往会出现重组题材，会被其他企业买壳或借壳上市，注入优势资源，从而衰而不亡，并进入下一轮的成长期。因此，衰退期的企业由于不必担心因无法偿还到期债务而破产，所面临的财务风险较小，可以承担较高的资产负债率。

---

① 方晓霞：《中国企业融资：制度变迁与行为分析》，北京大学出版社 1999 年版，第 129—132 页。

② 资料来源：瑞士信贷第一波士顿银行，《中国上市公司盈利水平研究》，2002 年。

③ 胡锦华：《现代企业的融资安排与公司绩效的改善》，《上海大学学报》（社会科学版）2001 年 2 月第 8 卷第 1 期，第 84—89 页。

④ 李义超：《中国上市公司资本结构研究》，中国社会科学出版社 2003 年版，第 140 页。

二　生命周期与资本结构关系的非参数检验

尽管从企业生命周期和资本结构关系的描述性统计结果来看，企业在不同生命周期阶段的资本结构确实存在一定差异，但是其差异程度如何，是否显著，还需要对不同阶段的资产负债率进行非参数检验。

分别对不同阶段资产负债率进行非参数检验的结果如表 4.2 所示。

表 4.2　　　　　　　　　不同周期阶段资本结构的非参数检验

Kruskal Wallis Test	Leverage	Median Test	Leverage
Chi-Square	10.524	Chi-Square	8.996
Asymp. Sig	0.005 * * *	Asymp. Sig.	0.011 * *

注：＊＊＊表示在1%的水平上双尾显著，＊＊表示在5%的水平上双尾显著。

表 4.2 中 K – W 检验的结果显示，卡方统计量值为 10.539，显著性概率为 0.005，Median 检验结果显示在 5% 的水平上显著，所以可以初步判定处于不同生命周期阶段的公司，其资本结构存在着显著的差异。为了进一步探讨不同周期阶段的企业具有的资本结构特征，本文接着建立了多元回归模型，对各影响因素进行回归，以考察企业在不同周期阶段的特征是如何影响上市公司资本结构的。

三　变量选择与模型设计

变量选择与模型设计部分的研究思路基于 Rajan，Zingales 等学者（1995）的研究，以企业资产负债率为被解释变量，以企业生命周期为解释变量，公司盈利能力、成长机会、公司规模以及资产的有形性等为控制变量，对样本公司的资本结构进行研究，观察周期阶段因素是否对不同负债水平的选择具有增量解释力，以及不同周期阶段导致的企业特征的差异是否对资本结构选择具有显著的影响。

选取的研究变量的含义及计算方法如表 4.3 所示。

表 4.3　　　　　　　　　　　　　　　变量定义

变量名	含义	计算方法
Lev	资产负债率	用账面总负债价值除以账面总资产
Lif	企业所处生命周期	生命周期哑变量
Tan	资产的有形性	固定资产和存货占总资产的比重
Prof	企业盈利能力	总资产利润率
Size	总资产以 10 为底的对数	公司规模
Growth	公司的成长能力	总资产增长率

注：企业处于成熟期时 $Lif_1 = 1$，否则为 0；企业处于衰退期时 $Lif_2 = 1$，否则为 0。

首先确立模型（1），观察具有周期特征的 436 家样本公司盈利能力、成长能力、规模以及有形资产比率对资本结构的影响；然后加入企业生命周期虚拟变量，构造模型（2），进一步讨论企业的生命周期阶段对资本结构的增量解释力，以及在周期阶段和企业特征的交互作用下，企业表现出的负债水平的差异性。

$$Lev_1 = \alpha_0 + \alpha_1 Prof + \alpha_2 Growth + \alpha_3 Size + \alpha_4 Tan + \varepsilon \qquad (1)$$

$$Lev_2 = \beta_0 + \beta_1 Prof + \beta_2 Growth + \beta_3 Size + \beta_4 Tan + \sum_{i=1}^{2} B_i Lif + \eta \qquad (2)$$

四　检验结果及分析

（一）回归结果及分析

表 4.4 给出了两个模型的回归结果，通过回归分析可以看出，就控制变量而言，企业规模、盈利能力、成长能力对资本结构有显著的影响；资产的有形性对企业的负债水平影响不显著，这一点与 Rajan，Zingales（1995）的结论不一致。在加入周期阶段变量以后，调整后的 R^2 由 0.161 增加到 0.193，对单一变量来说，系数保持在 1% 水平上显著时 R^2 增加了大约 3%，说明周期阶段对于不同企业的负债水平确实具有增量解释力。企业在产品市场竞争和行业特征的共同影响下，确实根据其所处的生命周期阶段选择了不同的负债水平。

从表 4.4 还可以看出，成熟期和衰退期相对于成长期，负债水平都有所降

表 4.4

模型回归结果

变量	Constant	prof	growth	size	Tan	lif_1	lif_2	adj R^2	F value	D - W
lev_1	-0.548***	-3.794***	0.178***	0.114***	-0.007	-	-	0.161	21.896***	1.978
	(-2.974)	(-7.957)	(4.649)	(5.601)	(-0.118)					
lev_2	-0.397**	-4.261***	0.139***	0.103***	-0.029	-0.084***	-0.071***	0.193	18.373***	2.053
	(-2.127)	(-8.640)	(3.527)	(5.076)	(-0.524)	(-3.963)	(-3.133)			

注：＊＊＊表示在1%的水平上双尾显著，＊＊表示在5%的水平上双尾显著，括号内为相应的 t 值。

低，结果与本章的假设相符。说明企业在成长期，为满足其快速成长的需要，并为了向竞争对手发出更加强硬的信号，确实使用了较多的负债资金；而在成熟期，随着资产增长的下降，对资金需求的依赖性降低，依靠其内部经营活动产生的现金流量可以在很大程度上满足企业发展的需要，对外的负债较少；在衰退期，一方面销售收入的下降使得经营活动产生的现金流量减少，另一方面，由于中国证券市场监管部门以公司获利能力为标准考核其能否获得股权融资资格，在公司获利能力下降的衰退期通过发行股票筹资的难度增加，因此，企业不得不依赖债务融资，加上我国债务的软约束，企业在无力偿还到期借款时，往往可以通过协商等方式推迟还款期，使得其依然保留较高的负债水平。

（二）研究结果可靠性分析

由表4.4可见，两个模型的F值都在1%的水平显著。而且在进行的共线性分析结果中，方程膨胀因子都小于2，说明回归变量之间不存在严重的共线性问题；D－W值也都在2左右，说明残差无自相关问题。另外，为了检验前面的结果是否稳健、可靠，本章采用修改生命周期划分界限和替换资本结构影响因素指标等方法对表4.4的结论进行验证。（1）将划分生命周期界限的0和ASGM，替换成按企业自身发展历史的ASG排序后得到的P67和P33；（2）将代表企业盈利能力、规模的指标替换成每股收益和营业收入增长率。最后得到的回归结果基本保持不变，说明上述研究结论具有较强的稳健性。

第五节　主要结论及意义

在日益复杂的竞争和不确定的商业环境下，融资决策与资本结构管理实质上就是在同时满足企业投资需求和金融市场投资者收益过程中，管理企业财务风险（朱武祥，1999）。因此，企业资本结构管理需要按照自身的业务战略和竞争战略，从可持续发展角度进行考虑。本章正是基于这样的考虑，从企业生命周期的角度对企业资本结构的影响因素进行了探讨。

一　本章主要结论

从企业生命周期和资本结构的描述性统计来看，企业在不同生命周期阶段的资产负债率确实存在着一定差异，成长期和衰退期分别为 52.75% 和 60.41%，远远高于成熟期的 43.8%。而且无论哪个生命周期阶段的资产负债率均超过了 40%，远大于美国 1979—1995 年间非金融公司的平均资产负债率（最高为 35%）。这可由我国证券市场发展缓慢无法满足企业过快增长的资金需要、我国银行贷款低利率甚至负利率和贷款的软约束、企业盈利能力、留存收益比例过低等现象来解释。衰退期的资产负债率最高则主要由我国不完善的退市机制引起。

从非参数检验的结果来看，不同生命周期的资产负债率在 5% 的水平上显著，说明处于不同生命周期阶段的公司，其资本结构的差异确实比较显著。企业在快速发展时期，为满足资产大规模扩张的需要会选择较高的资产负债率，在成熟时期随着投资需求的下降和股权融资要求的满足，会采用较低的资产负债率，在衰退期间，由于经营现金流量的减少、债务软约束的存在以及上市公司"壳资源"价值等原因，资产负债率会较高。

模型回归的结果表明，在加入周期阶段变量以后，调整后的 R^2 由 0.161 增加到 0.193，对单一变量来说，系数保持在 1% 水平上显著时 R^2 增加了大约 3%，说明周期阶段对不同企业的负债水平确实具有增量解释力。企业在产品市场竞争和行业特征的共同影响下，确实根据其所处的生命周期阶段选择了不同的负债水平。

二 本章的研究意义

按照生命周期理论，企业在不同生命周期应该具有不同的资本结构；资本结构理论的实证研究大部分支持最优资本结构的假说。通过本章生命周期和资本结构的结合研究，发现不同生命周期的企业资本结构存在显著差异，生命周期对资本结构具有增量的解释力。所以，企业对资本结构的选择会受其所处生命周期阶段的影响，或者说处于不同生命周期阶段的企业应该具有不同的最优资本结构。

企业可以根据销售收入环比增长率的计算结果，分析其所处的生命周期阶段，然后对照理论的资本结构和同行业大部分企业融资方式的选择，通过选择不同的融资渠道和融资方式，对资本结构进行动态调整，向最优资本结构的目标努力。

谭克（2005）通过对中国上市公司资本结构影响因素动态效应的研究，发现由于中国的债券市场不发达，使上市公司更多地向银行借款来实现负债融资，而相对发行债券而言，通过银行借款来调整资本结构的交易成本比较低，公司可以顺利地将资产负债率调整到目标值。中国上市公司的资本结构调整的速度＝0.662，这个结构和西方实证文献的结构惊人地相似，这说明中国上市公司资本结构的调整成本并不高，企业可以通过融资方式的动态调整来有效地调整资本结构。

第六节　研究不足与拓展

据笔者了解，在国内将企业自身生命周期和资本结构的结合研究，属于较前沿的研究，因此，本文有许多尚待丰富和探讨的内容。表现为：第一，对于生命周期的划分，本文只采用了销售增长率一个指标，尽管在其他的研究中也都用到该指标，但目前尚无权威的理论对其科学性予以支持；第二，本文关于生命周期的划分是基于其自身的发展特征，与前人基于生物学的生命周期对企业生命周期的划分不同，因此，缺少相关的支持文献，也可能与他人的研究结论相左；第三，本章只研究了企业生命周期与资本结构的关系，而未考虑其对企业未来竞争力或经营业绩的影响，这正是我下一步要做的工作。

参考文献

1. 任曙明、刘菁：《基于产业组织学的公司资本结构影响因素研究动态》，《江西财经大学学报》2006 年第 2 期，第 57—60 页。

2. 刘志彪、姜付秀、卢二坡：《资本结构与产品市场竞争强度》，《经济研究》2003 年第 7 期，第 60—67 页。

3. 朱武祥、陈寒梅、吴迅：《产品市场竞争与财务保守行为》，《经济研究》2002 年第 8 期，第 28—36 页。

4. 赵蒲、孙爱英：《资本结构与产业生命周期：基于中国上市公司的实证研究》，《管理工程学报》2005 年第 3 期，第 42—46 页。

5. 姜付秀、刘志彪:《行业特征、资本结构与产品市场竞争》,《管理世界》2005 年第 10 期, 第 74—81 页。

6. [美] 伊查克·爱迪思著, 赵睿译:《企业生命周期》, 华夏出版社 2004 年版。

7. 杨雄胜主编:《高级财务管理》, 东北财经大学出版社 2004 年版, 第 296—297 页。

8. 李桂兰、程淮中:《基于企业生命周期的财务战略研究》, 湖南人民出版社 2006 年版。

9. 孙茂竹、王艳茹:《不同生命周期企业财务战略探讨》,《财会通讯》(综合版) 2008 年第 1 期。

10. 孙茂竹、王艳茹、黄羽佳:《企业生命周期与资本结构——以我国制造业上市公司为例》,《会计之友》2008 年第 8 期。

11. 李义超:《中国上市公司资本结构研究》, 中国社会科学出版社 2003 年版。

12. 陆正飞、辛宇:《上市公司资本结构主要影响因素之实证研究》,《会计研究》1998 年第 8 期。

13. 肖海林:《企业生命周期理论的硬伤》,《企业管理》2003 年第 2 期。

14. 李业:《企业生命周期的修正模型及思考》,《南方经济》2000 年第 2 期, 第 47—50 页。

15. 赵冬青、朱武祥:《上市公司资本结构影响因素经验研究》,《南开管理评论》2006 年第 9 期。

16. 陆正飞、高强:《中国上市公司融资行为研究》,《会计研究》2003 年第 10 期。

17. 谭克:《中国上市公司资本结构影响因素研究》, 经济科学出版社 2005 年版。

18. Zhipeng Yan, A New Methodology of Measuring Corporate Life-cycle Stages, Brandeis University, Working paper.

19. Grossman, S., O. Hart, Corporate Financial Structure and Managerial Incentives. In J. J. McCall, ed., The Economics of Information and Uncertainty. Chicago: University of Chicago Press, 1982, 107 – 140.

第五章　企业生命周期与融资结构

　　企业生命周期理论认为企业在不同的生命周期阶段，其现金流量特征、风险特征、公司规模和市场份额等特征会有所不同，从而会采用不同的融资结构。融资的代理理论和信息不对称理论认为，由于委托代理关系的存在，以及企业在不同生命周期阶段的信息对称程度不同，从而也会选择不同的融资方式。因此，从理论上说，企业生命周期和其所选择的融资结构具有一定的内在联系：企业所处的生命周期阶段，会对其融资结构的选择起一定的决定作用；企业融资结构的合理选择，同样会对企业生命周期阶段的存续时间有一定的反作用。但从实际研究的情况来看，众多学者从不同的角度和层次对企业的融资结构展开了广泛深入的探讨，但是将融资结构和生命周期结合研究的文献却数量较少。因此，本文将借鉴以往学者关于融资结构的研究方法，从不同层次对企业在不同生命周期阶段的融资结构特征进行探讨，以期能够帮助企业全面了解生命周期和融资结构的关系，并根据其所处的生命周期阶段，选择有利于企业可持续发展的融资结构，本文的研究对于商业银行如何根据企业生命周期选择贷款策略也会有所帮助。

第一节　基本概念界定

一　融资

　　融资是资金融通的简称，是资金从剩余（超额储蓄）部门流向不足（超额投资）部门——转移购买力——的现象（津村英文，1988 年）[①]。

美国经济学家约翰·G. 格利和爱德华·S. 肖等在其著作《金融理论中的货币》中借鉴莫里斯、科普兰等人在分部门现金流量账户方面的研究成果，把整个经济部门划分为盈余部门（收入大于支出）、平衡部门（收入等于支出）以及亏绌部门（收入小于支出）。他们认为，在整个储蓄—投资过程中，盈余部门是储蓄者，亏绌部门是投资者，储蓄向投资的转化（S→I）即称为融资。一般来说，企业作为投资主体，本身可能就是储蓄主体，也可以不是储蓄主体。在后一种情况下，企业就必须通过某种方式从储蓄者那里获得资金，可以直接从储蓄主体那里取得资金，或者通过某种中介从储蓄者那里取得资金。因此，资金储蓄与投资功能的分离是融资活动得以存在的基本前提。

二　企业融资

企业融资是指企业从各种融资渠道取得资金。资金的来源范围很广，既有长期的资金来源，又有短期的资金来源；既可以是企业与外部环境（国内的和国外的）间的资金供求转换，也可以是企业内部自我组织与自我调剂的资金，前者是外源融资，后者是内源融资；企业还可以通过银行等金融机构间接进行融资，或者直接向资本市场发放债券或股票等进行直接融资。

三　负债融资

负债融资指企业通过从债权人处取得资金而进行的融资。包括短期借款、商业信用、长期借款、应付债券等方式。

[①] 《新帕尔格雷夫经济学大辞典》对融资的解释是指为支付超过现金的购货款而采取的货币交易手段或为取得资产而集资所采取的货币手段。方晓霞（1999）认为融资具有广义和狭义之分：广义的融资指资金持有者之间的流动，以余补缺的一种行为，它是资金的双向互动过程，不仅包括资金的流入，而且包括资金的融出，即不仅包括资金的来源，还包括资金的运用。狭义的融资主要指资金的流入，既包括不同资金持有者之间的资金融通，也包括某一经济主体通过一定的方式在自身体内进行资金融资，即包括外部融资与内部融资两部分。参见《中国企业融资：制度变迁与行为分析》，北京大学出版社，第 8 页。张昌彩（1999）认为，融资仅指外部资金的融通，不包括内部资金筹集，融资被包含在筹资这一概念之内。参见《中国企业融资方式研究》，中国经济出版社，第 6 页。

（一）银行信贷

银行信贷包括短期借款和长期借款两类。

短期借款融资是指企业从债权人处取得偿还日期在一年以内的款项而筹集的资金。它是企业外源融资的主要内容，尤其在中国资本市场不太发达的今天。

长期借款是指企业从债权人处取得的偿还日期在一年以上的款项而筹集的资金。按照资金和资本的匹配原理，长期借款应是企业购置长期资产的主要资金来源之一，在企业成长期，资产规模快速扩张的时期，长期负债应占较大的资金来源比例。

银行信贷是企业短期的所有权占有形式，由于银行信贷具有灵活性、波动性及安全性等特点，所以它一般只侧重于短期的流动性贷款①。

（二）商业信用

商业信用是企业在正常的经营活动和商品交易中由于延期付款或预收账款所形成的企业之间常见的信贷关系。是社会信用体系中最重要的一个组成部分，是为弥补由于在商品经济条件下，产业资本循环过程中商品运动和货币运动时空上的脱节而出现的，但商业信用由于缺乏社会的现实基础，没有相应的理论和制度支持，使其处于自然的失范状态，从而在一定程度上影响了商业信用的发展。

（三）应付债券

应付债券是指企业为筹集长期资金而实际发行的债券及应付的利息。按照中国《证券法》的规定，公司申请上市交易的证券期限应在一年以上，因此，企业发行的债券是企业筹集长期资金的另一种重要方式。与长期借款相同的道理，在企业成长期，资产规模快速扩张的时期，应付债券应占较大的资金来源比例。

四　保留盈余

保留盈余（留存收益）指企业当年度实现的税后利润在进行股利分配之后

---

① 郭树华：《企业融资结构与管理激励》，《中国人民大学学报》1997 年第 5 期，第 13—18 页。

留归企业继续用于扩大再生产的部分。保留盈余是企业在生产经营过程中通过自身积累形成的资金来源，是内源融资的主要途径。一般包括公积金、公益金以及未分配利润。公积金包括法定盈余公积金和任意盈余公积金，法定盈余公积金和公益金按照企业税后利润的一定比例提取，任意盈余公积金则根据企业股东大会的决定提取。我国从 2007 年新的会计准则实施后取消了公益金的相关规定，但由于本文研究数据截至 2006 年底，所以，会计准则的变更不会影响本文数据。企业保留盈余的高低，取决于其本身的盈利能力以及公司的股利分配政策（尤其是现金股利的分配政策）。由于非现金股利不直接影响经理人员的资金控制权，因此，本文采用和李义超（2002）同样的口径，将非现金股利的发放在分析时作为保留盈余处理，并忽略税收因素对非现金股利的影响。于是，本文的保留盈余便等于税后净利润减去现金股利的余额。

由于企业经营过程中可能会发生亏损，导致保留盈余减少。所以，本文将企业的净亏损视作企业盈余的特殊状态，记为保留盈余的负值。

五　股权融资

股权融资是企业筹集权益资金的主要方式，也是上市公司得以成立的关键因素。上市公司只有在股权融资的基础上，才有可能通过债权融资等其他方式筹集资金。股权融资作为企业资金融通的基本手段，可以采取发行股票的方式进行，也可以通过兼并收购、资产置换、股权回购等灵活多样的手段展开，而且，上市公司重组中的不良资产剥离和优质资产注入等也是影响企业股权融资的重要因素。由于我国股权回购的现象尚不普遍，上市公司股权融资主要表现为增发新股或配股等方式，以及实证研究的样本容量较大，上市公司披露的信息有限等原因，企业通过并购和资产置换等发生的股权融资金额难以直接计量，所以，本文将扣除保留盈余后的所有者权益的变化视为股权融资的结果。

六　折旧摊销

折旧是固定资产在使用过程中发生的损耗，包括有形损耗和无形损耗。有形损耗是资产在使用过程中由于磨损而形成的自然损耗，随固定资产使用期限的延长和资产使用频率的提高而增加；无形损耗指由于技术进步、产品更新换代等原因导致的固定资产价值的减少。折旧融资是固定资产有形和无形损耗在企业营运过程中现金流量的价值体现。摊销指企业无形资产、长期待摊费用和其他长期资产在企业生产经营过程中，随着资产使用期限的延长或技术进步等原因而导致的资产价值减少的表现形式。

就企业的投入产出过程而言，资产的折旧和摊销价值计入产品成本或经营费用，通过产品的销售过程得以实现，并用于补偿固定资产、无形资产等的价值损耗，不属于企业的资金来源。但是，由于以下两方面原因，在进行企业融资结构分析时，需要将其考虑在内：

第一，按照上文关于企业保留盈余的概念界定，保留盈余融资的金额等于净利润减去现金股利的余额。固定资产折旧、无形资产摊销等作为企业的一项费用，已经从企业的净利润中扣减，并减少了当年的留存收益增加额，但是，由于其是非付现费用，折旧提取和无形资产等的摊销并不减少当期可供支配的现金流量，所以，在考虑企业可供使用的资金流量时应将其作为一项资金来源；第二，从资金融通的角度看，由于固定资产、无形资产等从购置到更新存在较大的"时间差"，使得这部分本应用于补偿固定资产或无形资产损耗的现金流量成为游离于资产之外的"闲置资金"，企业完全可以利用这部分"闲置资金"扩大投资、增加利润，从而构成资产折旧和摊销的融资效应。因此，企业可以将固定资产折旧、无形资产摊销等作为融通资金的重要工具，但其融资效应并不是无限的（冈特·韦尔，1995；徐文才，1997）。企业经营实践中，折旧和摊销的融资效应取决于折旧方法和资产摊销方法的选择，由于折旧和资产摊销的融资效应难以计算，本文直接利用财务状况变动表或现金流量表中披露的当年度固定资产累计折旧、无形资产和其他资产摊销的数据进行分析（1998 年以前是财务状况变动表，从 1998 年开始为现金流量表）。

七　融资结构

融资结构是指企业资金来源项目构成及其比例关系。作为流量指标，企业融资总额以及各个融资项目，在既定时期内既可能表现为资金的净流入，也可能表现为资金的净流出，所以，企业的融资结构是一种动态的结构，会随着企业融资方式的选择而发生变化。

美国经济学家格利和爱德华·S. 肖①将企业的融资方式按照其储蓄与投资的关系划分为内源融资和外源融资。按照他们的观点，内源融资是指投资者利用自己的储蓄作为投资资金；外源融资是指投资者利用他人的储蓄作为投资资金。从企业的角度分析，内源融资是指企业经营活动创造的利润扣除现金股利后的剩余部分（留存收益）以及经营活动中提取的折旧摊销等；外源融资主要指股票、债券、商业信用和银行借款等。本章的研究，首先遵循既往的分类方法，将企业的融资按来源划分为内源融资和外源融资，研究企业不同生命周期阶段内、外源融资的结构，然后再按照其各自的构成内容，对不同融资方式资金来源构成及其比例进行分析。

第二节　企业融资方式的分层次比较②

融资方式是资金供求双方关系的总称。根据资金进入企业的方式和层次不同，可将企业资金融通的方式分为四个层次：内源融资和外源融资，外源融资又分为直接融资和间接融资，直接融资又可细分为股票融资、债券融资和商业信用融资，间接融资又可分为短期借款融资和长期借款融资。

一　第一层次：融资的途径结构

融资的途径结构是指企业融资来源中内源融资和外源融资的构成及其比例关系。

内源融资是指企业经营活动创造的利润扣除现金股利后的剩余部分（留存收益）以及经营活动中提取的折旧摊销等；外源融资是企业筹集的除内源融资以外的资金，如通过股票、债券、商业信用、银行借款等筹集的资金。

在企业发展史上，内源融资与外源融资处于不同的发展阶段上。从动态的角度看，企业融资先由内源融资开始，当企业发展到一定程度，具有一定的资

---

① John G. Gurley and Edward S. Shaw："Financial Development and Economic Development"，Economic Development and Cultural Change，Vol. 15，No. 3，April 1967. 转引自陈享光《融资均衡论》，中国金融出版社 1997 年版，第 211 页。

② 刘红梅、王克强：《中国企业融资市场研究》，中国物价出版社 2002 年版，第 20—26 页。

金积累能力和风险承受能力后再通过外源融资，借助外部资金发展自己，壮大到相当规模后再逐步缩小外源融资总量，转而依靠自身雄厚的积累资金发展自己。

在发展的初期阶段，企业的产品和市场前途不明朗，企业面临着较大风险；加之企业较少的信用记录、较少可用于抵押的资产，企业内部管理的不完善等原因，企业主要依靠投资者的资金投入和采用内源融资的方式，通过经营积累筹集资金；当企业随着内外部环境的变化不断发展壮大时，仅仅依靠自身资本的增值已很难满足日益增长的投资资金需求，通常趋向于通过利用外部资金谋求发展，如通过商业信用的方式，集中资本扩大自身的资产规模，提高资本的有机构成；通过银行借款的方式，对社会闲置资本和低效资本加以改造和充分利用，使金融资本和产业资本滚动扩张。而当企业发展到自身拥有雄厚的经济实力时，为减少风险和交易费用、融资成本，防范金融风险和财务风险，可能会在其内部形成财务公司、内部投资银行类的金融机构，形成一种更高层次的内源融资方式。通常企业融资方式与其发展过程有这样一个阶段性的一般规律①，在初创期阶段主要依靠内部融资；进入发展阶段后，内部融资比率相对减少；到了成熟阶段，内部融资比率又相对增多。内部融资在企业不同生命周期的变化情况如图 5.1 所示。

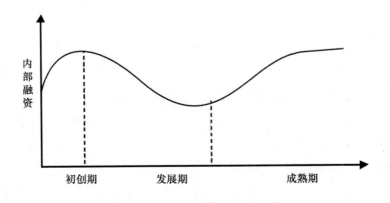

图 5.1　内部融资与企业发展阶段

---

①　刘淑莲：《企业融资方式、结构与机制》，中国财政经济出版社 2002 年版，第 35 页。

内源融资对企业的资本形成具有原始性、自主性、低成本性和抗风险性的特点，是企业生存与发展不可或缺的重要组成部分，是决定外源融资规模和风险的首要因素。尽管现在外源融资已经成为企业融通资金的主要渠道，但内源融资依然是外源融资的基础。如果企业没有内源融资能力，仅靠外部投入或借入的资金去发展，企业则会面临巨大的经营风险和财务风险，此时即使企业发生较小的失误，也可能会使企业承担沉重的财务负担，甚至走向破产，而且，盲目的无限制扩大外源融资规模，还会增加企业的经营成本，降低资金的使用效率和报酬率，并导致全社会的资金饥渴症，所以，内源融资的能力决定外源融资的规模。

二 第二层次：融资的关系结构

融资的关系结构是指企业外源融资中直接融资和间接融资的构成及其比例关系。

将外源融资方式划分为直接融资和间接融资，最早是由美国的格利和肖（J. G. Gurley，E. Shaw，1967）提出来的。他们认为在现代资金融通关系中，资金的转移和承诺与金融工具或有价证券密切相关，如果证券的发行者和持有者就是资金融通关系中的资金亏绌部门和资金盈余部门，便称为"直接融资"；如果金融中介机构另以自己的名义发行"辅助证券"，如存单、银行汇票、支票等，用以换取资金盈余单位的资金并以之换取资金亏绌部门的"本源证券"（股票、股权证、企业债券和商业票据等），便称为"间接融资"。直接融资和间接融资的区别是形式上有无"辅助证券"的出现，它决定了在融资关系中金融中介是作为服务媒介还是既作为债权人又作为债务人。

从融资方式的演变历程看，最早产生的是直接融资，银行信用和其他间接融资方式都是在直接融资的基础上发展起来的，两者密切配合，相互补充，形成了外源融资不可或缺的两个轮子。

无论直接融资还是间接融资均可以提供长期资金来源。企业可以通过银行贷款的方式进行间接融资，取得长期借款，获得长期资金的使用权；也可以通过吸收投资者的追加投资，或者在条件允许的情况下通过发行股票和债券的方式，进行直接融资。但两种方式下的资金成本和风险不同，而且从保护投资者利益的角度讲，间接融资比直接融资更受欢迎。因为间接融资有定时定量的回报，而且投资者还可以利用银行等金融中介机构广博的专业知识、丰富的实践经验以及追求盈利最大化的经营本质，间接实现对投资企业的资信调查和监控，加上间接融资在融资规模和融资工具的期限结构上的灵活调控有利于减少企业和投资者的风险。

但是，在资金的流动性方面，直接融资要优于间接融资，而且直接融资除筹集资金的功能外，还具有提供产权交易的功能，从而有利于改善企业的运营机制，实现整个社会资源的优化配置，提高资源使用效率。

直接融资和间接融资的规模相互影响，会呈现此消彼长的现象。直接融资市场对社会资金的吸收会影响间接融资市场的融资规模，反之亦然。

三　第三层次：融资的权益结构

融资的权益结构是指企业直接融资来源中股权融资和债权融资的构成及其比例关系。

直接融资市场中视投资者与企业之间是否有产权关系分为股权融资和债权融资。

股权融资是指由于投资者追加投资所导致的股权的增加，可以通过发行股票（包括增资扩股和配股）、企业并购等方式筹集。债权融资是指企业通过借债的方式进行融资，直接融资中的债权融资主要指通过发行债券或商业信用的方式筹集资金。

从投资者角度来讲，两种融资方式下委托人对代理人的监控成本不同。由于经济活动日益复杂，在投资决策中信息的获得变得日益重要，同时信息的取得也日益困难，投资者和代理人之间的信息不对称问题也日益严重，为规避信息不对称带来的逆向选择与道德风险问题，需要一种合约安排。相比而言，在股权合约下，由于存在委托—代理关系，以及投资者的分散，使得投资者对管理者的监督成本大大增加，道德风险严重。而债权合约是一种规定借款者必须定期向贷款者支付固定金额的契约性合约，公司违约时才由贷款者来监审公司的盈利状况，因此，债权合约下监督成本低的特点使投资者更偏爱使用债权合约而不是股权合约。

从筹资者角度来讲，发行债券筹资或采用商业信用的方式筹集资金比发行股票筹资的成本低。因为债券利息要计入成本，在税前扣除，所以它有冲减税金的作用，能带来税盾收益；商业信用属于自发性负债，除少量带息票据外，大部分没有资金成本；而股权融资中，政府要对股东个人的资本利得和股息收入以及企业法人的利润所得双重征税。另外，债务融资可使公司更多地利用外部资金扩大规模，增加公司股东的利润，得到财务杠杆效应。

但是，如上所述，债权融资会增加企业的经营风险，而且内源融资是外源融资的基础，所以，采用债权还是股权融资，应结合企业所需的融资数量及其他影响因素做具体分析。在过去的半个世纪里，工业发达国家的股票市场虽然不断发展，但出于规避风险、降低融资成本、防止控制权稀释以及信息不对称、代理问题的存在等原因，总体来看，股票发行额的增长速度远远慢于债券发行额的增长速度。

四　第四层次：融资的期限结构

融资的期限结构是指企业间接融资来源中长期借款和短期借款的构成及其比例关系。

短期借款是指企业从银行或其他金融机构借入的偿还期限在一年以下（含一年）的各种借款。长期借款是指企业从银行或其他金融机构借入的偿还期限在一年以上（不含一年）的各种借款。

企业筹集资金的用途不同，其所筹集的资金的种类也会不同。用于企业日常经营的资金，如购置流动资产的资金，因为周转较快，回收期短，适宜采用短期借款；购置长期资产的资金，如固定资产、无形资产等，由于资产的回收期较长，为做到资金来源和资金运用的合理匹配，应该借入长期借款，以便在资金偿还时投资在资产上的支出能够全部回收。

总之，企业资金融通的过程实质上是社会资源优化配置的过程。由于资金的逐利性，资金总是从经济效益低的企业流向经济效益高的企业，所以，不同生命周期阶段的企业其筹资能力会有所不同，其所采用的筹资方式也将会有所差异，从而会形成不同的融资结构。本章以下的研究，便基于本节关于融资方式的不同层次，将企业的融资结构分为内外源融资结构、直间接融资结构、股债权融资结构以及长短期融资结构四个层次。

第三节　融资结构和资本结构

关于融资结构和资本结构的概念，到目前为止，学者们依然各自为战，并未形成统一的观点。按照本文的研究思路，资本结构是指全部负债除以全部资产的比例，而且由于中国资本市场的不完善，资产和负债均采用账面价值计算。即资本结构是全部负债除以全部资产的账面价值比率，是企业资本构成的静态反映，是一种存量结构，是企业融资活动的结果。

融资结构不同于资本结构。融资结构是企业资金来源项目的构成及其比例关系，是企业在一定时期内融资活动的累积，是一个流量指标。两者的关系是流量与存量的关系，流量结构决定存量结构，存量结构反过来又会作用于流量结构，可以影响企业未来对融资渠道和融资方式的选择。本章对于融资结构的研究较为详细，采用刘红梅、王克强（2002）的观点将企业的融资结构分为四个不同的层次：内源融资和外源融资、直接融资和间接融资、股权融资与债权融资、长期融资与短期融资。所以，资本结构和融资结构是相互联系又相互区别的一对概念。如图5.2所示：

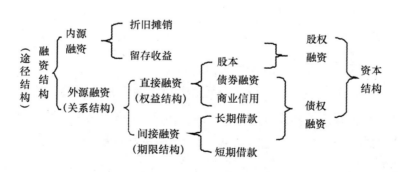

图 5.2　资本结构和融资结构

第四节　融资结构的重要性

在市场经济条件下，债务和股权不仅仅应被看做是不同的融资工具，而且还应该被看做是不同的治理结构（Williamson，1988）。哈特（1995）甚至认为，给予经营者以控制权或激励并不十分重要，至关重要的问题可能是要设计出合理的融资结构，限制经营者以投资者的利益为代价，追求他们自己目标的能力。本节借鉴孙永祥（2001）[①] 的观点，从融资结构对委托代理关系的影响、融资结构如何影响控制权争夺两个方面，对融资结构的重要性予以论述。

一 融资结构对企业的委托代理关系具有重要影响

从委托代理关系的角度来看，融资结构的重要性表现为不同的融资结构对企业的投资决策、经营激励以及产业竞争策略均有较为重要的影响。

首先，融资结构会对企业的投资决策产生影响，债务相对于股权融资可以在一定程度上抑制经理的过度投资。通过负债借入的资金，其所带来的现金流出具有很大的刚性，公司经理必须考虑在债务到期时，公司要有足够的收入或其他现金，以偿还债务本息，否则面临的将是诉讼与破产。相反，股权分红的约束相对较软，而且就目前中国上市公司的现状而言，现金股利支出相对于公司总体的现金流量而言也是微不足道的。因此，随着负债增多或债务杠杆比例增大，将减少公司管理层随心所欲所支配的现金，进而抑制公司高管追求扩张的过度投资行为。对于那些能产生巨大现金流量的行业与公司，债务的这种作用更加明显，它可以抑制经理层乱投资办实体、乱搞三产等行为，进而一定程度上降低代理成本。

其次，融资结构对公司高管的经营激励也具有影响。近些年随着股票期权日益成为许多公司激励经理等高管的重要方法，融资结构对公司高管经营激励的影响也日益显著。孙永祥（2001）用一个简单的数学模型表示了这种影响机制。设公司高管的股权融资金额为 i，其他股东的股权融资金额为 j，则通过股权融资获得的资金总额为 i+j，而公司高管所占有的股份比例为 $i/(i+j)$，假定公司的债权融资金额为 c，同时公司的资产收益为 x，债务利息率为 y，（x、y 均为百分数，且 x>y），则公司高管的股权收益率为：

---

① 孙永祥：《所有权、融资结构与公司治理机制》，《经济研究》2001 年第 1 期，第 45—53 页。

$$G = \frac{i}{i+j} \left[(i+j) x + (x-y) c \right]$$

亦即：

$$G = ix + \frac{i}{i+j} (x-y) c$$

由此可见，随着债务融资量 c 的增加，公司高管的股权收益也趋于增加。特别地，如果公司能获得足够多的债务融资，以支持公司运作或项目开发经营，进而公司可以直接减少其他股东的股权投资金额，或者可以通过回购股份的方式减少其他股东的股权投资金额，则 c 增加及 j 减少的双重作用可以较大地增加公司高管的股权收益[①]。

再次，融资结构对公司的清算或产业退出和收缩具有影响。委托代理关系的存在，使公司高管的利益与股东的利益有时会发生一定的背离。当公司进行清算或退出某一行业，对股东而言是公司所有选择中的最佳选择时，公司高管往往会因留恋自己的职位而拒绝做出清算或退出的决策，进而导致社会生产的过剩以及股东权益的损耗。这种现象在公司的资金来源均通过股权融资的情况下，更易发生。张维迎（1996a）指出，在极端的情况下，即企业选择百分之百的股权融资的情况下，公司就没有任何破产清算的可能[②]，即是指能获得纯股权融资的公司在促使公司清算及产业退出方面的无效率。相比之下，有债权融资的公司由于面临着偿债及诉讼的压力，其及时清算或退出产业的可能性也就较大[③]，因此，债务从这个意义上而言可以减少代理成本。

当然，从另外的角度来看，债务也会增加委托代理成本。按照克雷佩斯（Kreps）的声誉模型，长期合约和经理市场的竞争性所引起的"声誉"影响是约束代理人行为选择的重要因素。对于那些历史悠久、项目投资方面没有大的

---

① 当然，债务融资的增加是有限度的，一方面公司会面临银行是否愿意出借如此众多资金的问题，另一方面负债比例的增加会增大公司破产的可能性。

② 准确地说，应该是能随时获得百分之百的股票融资的公司，才可免除破产清算。

③ Jensen（1993）论述了产业退出困难的原因，即公司成长阶段与衰退阶段的不对称（经历了成长的公司经理没有收缩的意识或准备），信息不对称（某一产业的公司的经理不知道自己的成本是否在同行中最大），以及合约问题（企业内有明确或不明确的合约阻止了退出）。

失误、声誉较好的公司来说，保持自己的这种荣誉是公司的责任。更为重要的是，声誉还能降低债务融资的成本。所以，从声誉与平稳角度出发考虑问题，公司或经理往往会倾向于选择相对安全、能保证还清债务的项目，而不是真正价值最大化的项目。另外，债务合约自身的特性，决定了其利息支出的固定性，由此，在投资项目收益较高时，超出利息支出的部分将全部归投资者所有，这在一定程度上会导致经理倾向于投资高风险、高收益的项目。这两个方面的原因又导致了债务代理成本的增加。

二　融资结构对控制权争夺有较大的影响

融资结构在收购兼并或公司股东控制权的争夺中也扮演着重要的角色。Novaes 和 Zingales（1995）提出，企业经理可以通过对融资结构的选择来强化自己的地位。由于债权的所有者并不拥有控制公司的投票权（只拥有其他的一组权利），因此，在公司目前的控制者或其支持者拥有一定股份的情况下，该控制者便可以利用其拥有的对债务融资和股权融资进行安排的权力，通过增加债务融资的数量，扩大自己所占有或能控制的股份比例，以抵御外来收购。所以，债务杠杆就成为一种重要的抵御并购的策略。

但对于公司的当前控制者而言，债务的数量并不是可以无限扩大的（即抵御外来收购并非一定是最优选择）。增加债务虽然会减少目前公司控制者被剥夺控制权的可能性，但同时也失去了因收购兼并使公司资源获得更好的管理，进而使目前的控制者获得更多的资本利得的可能。而且，公司债务比例的上升会增加公司破产的可能性，债务合约还往往包含很多限制获得控制收益的约束条款，这些又会减少控制者对公司的控制收益。最后，如 Jensen（1986）所指出的，债务迫使控制者承诺在未来支付现金流量，因而对控制者的控制及其利益形成了约束。

对上述因素的权衡影响了公司的融资结构，与此同时，也决定了各种并购方式的可行性。例如：较高的债务水平使得目前的控制者可以获得50%以上的股权，进而阻止任何并购的企图，这也是杠杆收购的例子；相反，很低的债务水平可能导致成功的标价收购；中间的债务水平意味着结果是不明朗的，控制权可能由代理权竞争决定。

第五节 企业不同生命周期的融资选择

上面几节分别对本章所要研究问题的基本概念进行了界定，对企业的融资方式做了分层次的比较，并且对融资结构和资本结构的关系进行了简单比较，还从公司治理结构的角度对企业融资结构的重要性做了说明。这一些均为本节的理论假设及后面的实证研究提供了基础的研究支持。本节拟对融资结构的理论展开分析，并对相关的研究文献进行回顾，以进一步明晰本章研究的脉络和意义。

一 理论分析

（一）企业生命周期理论

企业生命周期理论成功地揭示了企业从成长到老化的部分规律，它来源于企业管理实践，因而可以指导企业管理实践。大量关于企业生命周期理论的研究发现，企业在不同的生命周期阶段，其现金流量特征、风险特征、公司规模和市场份额等特征会有所不同（爱迪斯，1989；杨雄胜，2004；李桂兰等，2006；孙茂竹等，2008 ；Stickney，Brown，1999；Dickinson，2005），从而会采用不同的资本结构。Berger（1998）则认为随着公司规模由小到大的变化、产品市场需求会由于行业内的竞争及其他竞争因素的存在而存在不确定性，同时由于信息的不对称等也会使得企业融资的方式和融资渠道出现差异。

（二）融资的代理理论和信息不对称理论

委托代理关系的存在，使经理的利益与股东的利益有时会发生一定的背离。代理成本学说的创始人詹森和麦克林（Jensen 和 Meckling，1976）以代理理论、企业理论和财产所有权理论为基础，系统地分析和解释了信息不对称下的企业融资结构的问题。一方面，债务的存在会通过减少企业的过度投资行为，增加对经理人的激励，以及迫使企业在适当的时候进行清算等方式，减少代理成本；另一方面，债务的存在又会导致企业投资于风险过高，或者相对安全、能保证还清债务的项目，而不是真正价值最大化的项目，从而增加债务的代理成本。所以，融资结构的选择既要考虑股权代理成本和债权代理成本之间的平衡关系，还要考虑各种融资方式所带来的风险，考虑企业存续的持久性。

信息不对称理论则认为，由于投资者和经营者之间的信息不对称，投资者只能借助企业经营者披露的信息间接评价企业的市场价值。耶鲁大学斯迪芬·罗斯教授对"融资信号"理论做了明晰的论述。认为一个企业过多地通过发行股票进行融资，投资者就会以为企业因前景不佳只好选择成本低而风险共担的发行股票的融资方式，这会促使企业经营者少用发行股票的融资方式进行融资；而一个企业如果更多地通过债券发行和银行信贷的融资方式进行融资，投资者就会以为企业因前景看好而选择"还本付息"的融资方式进行融资。但是过多地依赖债券、信贷方式进行融资又会受到财务亏空的制约。为此麻省理工学院迈耶斯教授提出了企业融资序列理论，即企业融资顺序安排，首先是内部融资，其次是发行债券，最后才是发行股票。

二 文献回顾

融资是企业资本运行的起点，也是企业收益分配赖以遵循的基础。融资结构在很大程度上决定着企业偿债和再融资的能力，决定着企业未来的盈利能力，是影响企业财务形象的重要指标。合理的融资结构可以降低融资成本，充分发挥财务杠杆的作用，使企业获得更大的自有资本收益率；否则，会使企业背负沉重的财务负担，面临较大的财务风险。因此，现代企业财务管理面临的一个重要问题是如何从企业财务状况、经济效益出发，遵循一定的原则，采取科学的测算方法，对与融资结构相关的诸因素进行综合分析，确定和选择最优的融资结构，并使企业的融资结构始终保持在最恰当的状态。

（一）融资顺序及结构

关于融资结构的特征和融资顺序，国内外学者已作了大量的研究。Myers 和 Majuf（1984）、Shyam 和 Myers（1999）、Frank 和 Goyal（2003）研究得出的融资优序理论是公司融资结构特征研究中最有影响的理论之一，其基本思想是：由于经理层的逆向选择行为，公司在进行资金融通时存在一定的优先顺序，即公司在拥有内部自有资金的情况下，往往会首先利用内部自有资金为其投资项目融资，然后考虑信息成本较低的债务融资，最后才会选择股权融资。

而作为在转轨经济中政府行为主导下发展起来的中国证券市场，具有与发达国家市场显著不同的特征。黄少安和张岗（2001）、刘星和魏锋（2004）研究得出我国上市公司以国有企业为主、近三分之二的股份不可流通、上市资格是稀缺资源等，从而导致了我国上市公司的融资顺序与国外恰恰相反，国内上市公司首选股权融资，其次选择债务融资，最后选择内部融资；在债务融资中则更加偏好短期负债，而不是长期负债。

王维安（2000）分析了中国金融结构的三大变迁，即从内源融资主导型转向外源融资主导型、从间接融资垄断型转向间接融资主体型，以及从封闭型金融趋向开放型金融，并从金融相关率、金融资产结构分布、金融机构结构分布等指标考察了中国金融结构的发展状况。通过国际比较，归纳出中国金融结构具有超额借款、超额贷款、间接融资占主导地位以及国家银行垄断金融等四大特征①。

（二）融资结构的影响因素

影响融资结构的因素有很多，塔布（1975）等人认为，有关融资结构理论主张的税差和破产成本仅仅是其中两个较为重要的因素。巴克特和卡格（1970）指出"企业能够调整其长期债务组成的方法之一就是通过融资工具的选择"②。道格拉斯·R. 艾默瑞和约翰·D. 芬尼特③认为，企业在进行融资工具选择时还应该考虑现金流量支付、融资费用、代理成本、税收优惠等因素的影响。吴树畅（2005）认为，影响企业融资结构的因素有企业资产组合的风险收益状态、企业禀赋状态、企业的再融资能力、利益相关者的风险承受能力。其中，企业禀赋包括其组织形式、规模、行业特性、产品结构、发展周期阶段等④。曹裕、陈晓红、万光羽（2009）发现在我国上市公司自身与投资者相互选择的作用下，公司的长期负债率与其自身的资产担保价值密切相关，短期负

① 王维安：《理论与实证》，《浙江大学学报》（人文社会科学版）2000 年第 2 期。

② Baxfer, Nevins D. , and Crag, J. G. , "Corporate Choice among Long－Ferm Finaning Instruments", The Review of Gonomics and Statistics, 52, No. 3 (Aug. 1970), pp. 225－235.

③ ［美］道格拉斯·R. 艾默瑞、约翰·D. 芬尼特：《公司财务管理》（英文版），中国人民大学出版社，PRENTICF HALL 出版公司 1999 年版，第 780—781 页。

④ 吴树畅：《相机财务论——不确定性条件下的财务行为选择研究》，中国经济出版社 2005 年版，第 131—132 页。

债率与其公司业绩、成长性、公司规模和内部治理密切相关。

（三）内源融资和外源融资构成

1. 西方国家关于企业内外源融资的研究

在一系列的重要论文中，迈耶（Mayer，1988；1990）说明了不同国家如何获得资金。他发现，在主要发达国家（除日本外）的企业资金来源结构中，企业利润留存是最重要的融资来源；在外部资金来源中，银行贷款是最重要的，而股权融资的比重较小。他对 1965—1982 年美国企业融资结构进行了统计分析，发现美国企业融资总额中发行债券占 23%，发行股票只占 21.7%，其他占 60% 以上。从而对其提出的企业融资序列理论的正确性予以进一步证实。在日本，信贷是最重要的融资工具，其次为利润留成。在其他国家，信贷也比较重要，市场不是融资的重要渠道。克伯特和詹金森（Corbett 和 Jenkinson，1996，1997）提供了英国、美国、日本和德国近年来的数据，表明企业融资主要依靠内部积累，市场的作用很小[①]。这意味着，从企业融资角度看，各主要发达国家金融结构差别并不大，这一研究直接动摇了人们对金融体系进行金融中介主导型和金融市场主导型分类的基础。R. Hubbard（2007）在 *Money*，*the Financial System and the Economy* 一书中，对西方国家企业的融资行为进行了研究，发现：从七国的平均水平来看，内源融资比例高达 55.71%，外源融资比例为 44.29%。而在外源融资中，来自金融市场的股权融资仅占融资总额的 10.86%，来自金融机构的债务融资比例则占 32%。其中，美国企业不仅有最高的内源融资比例，而且从证券市场筹集的资金中，债务融资所占比例要比股权融资高得多（如表 5.1 所示）。

表 5.1　　　　　　　　　　西方七国的企业融资结构　　　　　　　　　　单位:%

项目	美国	加拿大	法国	德国	意大利	英国	日本	平均
内源融资	75	54	46	62	44	75	34	55.71
外源融资	25	46	54	38	56	25	66	44.29

---

① ［美］富兰克林·艾伦、道格拉斯·盖尔：《比较金融系统》，中国人民大学出版社 2002 年版，第 39 页。

续表

项目	美国	加拿大	法国	德国	意大利	英国	日本	平均
其中：来自金融市场	13	19	13	3	13	8	7	10.86
来自金融机构	12	21	46	23	39	24	59	32
其他	0	6	-5	12	4	-7	0	1.43

注：美国的数据为 1944—1990 年的平均数，其他国家为 1970—1985 年的平均数。

资料来源：R. Hubbard. Money, the Financial System and the Economy. *Columbia University*，07/13/2007。转引自李翔等（2002）《上市公司融资结构与融资成本的实证研究》，http：//www. szse. cn/Up-Files/Attach/1427/2003/11/06/1205313119. PDF。

由表 5.2 还可以看出，从 1994 年之后，美国企业实际上已经普遍停止了通过发行股票来融资的方式，而是大量回购公司的股份。

表 5.2　　　　　20 世纪 90 年代美国公司股票发行净额　　　单位：10 亿美元

年份	1992	1993	1994	1995	1996
股票发行净额	103.4	129.9	23.3	-19	-21.6
其中：非金融公司	27	21.3	-44.9	-74.2	-82.6
金融部门	44	45.2	20.1	4.5	3.3
国外	32.4	63.4	48.1	50.7	57.8

资料来源：李扬：《中国资本市场若干问题研究》，《中国证券报》1997 年 12 月 15 日。

2. 我国学者关于企业内外源融资的研究

刘淑莲（2002）[①] 认为，通常企业融资方式与其发展过程有这样一个阶段性的一般规律：进入发展阶段后，内部融资比率相对减少；到了成熟阶段，内部融资比率又相对增多。她还通过对法国、德国、日本、英国、美国等国家的融资结构研究，发现无论是市场导向型还是银行导向型的国家，其融资结构的共同点是内部融资占主要地位或渐趋于主要地位，在外部融资中又以债务融资

————

① 刘淑莲：《企业融资方式、结构与机制》，中国财政经济出版社 2002 年版，第 35、140—144 页。

为主。所不同的是市场导向型国家企业外部融资以发行公司债券为主，而银行导向型国家外部融资以银行信贷为主。马建春（2005）发现我国企业的融资结构在内外源融资构成中，表现为外源融资为主、内源融资为辅的特征。张人冀（1995）以上海证券交易所上市公司中的 66 家公司作为研究总体，具体分析其 1992 年与 1993 年的融资结构状况，得出如下结论：上市公司都严重依赖外部融资，内部融资所占比重平均不超过 5%；在外部融资中又偏好股权融资，举债融资来源在样本公司中不超过股权融资的 70%[①]。林伟（2006）的研究结果发现内源融资是企业资金的主要来源，其次是金融机构借款、资本市场股权再融资和债券市场融资。谭克（2005）认为：中国上市公司的内源融资在融资结构中的比重非常低，外源融资比例远高于内源融资；在外源融资中，股权融资所占比重平均超过了 50%。中国上市公司的融资顺序依次为股权融资、短期债务融资、长期债务融资和内源融资。李艳荣（2002）发现上市公司越来越倾向于减少股利分配，提高利润在企业内的留存，使得目前约 3/4 的利润都被留存在企业内部而没有分配给投资者[②]。

（四）直接融资和间接融资的构成

1. 直接融资和间接融资优越论的不同观点

关于直接融资和间接融资方式的选择上，存在着直接融资为主的融资结构优越论和间接融资为主的融资结构优越论等不同观点。

直接融资为主的融资结构优越论认为[③]，间接融资的弊端在于金融中介机构对企业的影响力较大，并因此而带来负面效应。比如，一旦银行获得了大量有关企业的内部信息，就可以从企业中获取租金，企业为了获取更多的资金就必须支付租金，不仅如此，银行还通过新的投资协议及重签债务协议，从企业中攫取更多的预期利润，从而减弱了企业从事风险业务的动机（Rajan，1992）。在公司治理方面，银行有可能和企业共谋而采取对其他贷款人不利的举动；银行具有天生的谨慎性，使间接融资的结构不利于公司的创新和增长。

---

① 张人冀：《上市公司资本结构与企业增长：实证分析》，《中国会计教授会年会论文集——1995/1996》，中国财政经济出版社 1997 年版，第 75 页。

② 李艳荣：《上市公司内源融资的实证研究》，《商业经济与管理》2002 年第 8 期，第 47—51 页。

③ 谷秀娟、沈其云：《中国融资结构的演变分析》，经济管理出版社 2006 年版，第 179—180 页。

间接融资为主的融资结构优越论强调银行在获取信息、实施公司控制、动员资金等方面的功能的同时，批评股票市场无法提供与此类似的金融服务。Stiglitz（1985）强调完善的直接融资市场向所有的投资者提供信息，就会产生"搭便车"问题，即使得个别投资者不愿花费成本去研究企业。但"搭便车"问题在以间接融资为主的融资结构中并不严重，因为银行可以不用把他们所获得的有关信息在公开市场上发布。Shleifer 和 Summers（1988）认为一个流动性高的股票市场虽有利于收购者通过收购获利，但社会福利却有可能会因此而遭受损失；Shleifer 和 Vishny（1986）则认为更高的流动性可能会减少进行有效公司治理的激励。由于流动性高意味着退出成本的降低，股市的流动性使得所有权更为分散，从而导致单个股东有效监督管理者的激励下降；艾伦和盖尔（Franklin Allen，Douglas Gale，1999a）的研究说明虽然股东可以通过董事会对管理行为进行监控，但是董事和管理者之间的密切联系和利益关系却可能使得董事会的监督功能无法正常发挥。

2. 相关的实证研究

刘淑莲（2002）认为，由于我国资本市场的发展尚不完善，直接融资尚不能完全满足企业的资金需求。在可预见的一段时间内，我国企业的融资格局仍将以间接融资为主，并通过体制变革，使银行和企业成为"产权明晰、权责分明、政企分开、管理科学"的独立主体，真正按照市场需要供应或筹措资金，合理有效配置资金。马建春（2005）发现，在我国企业的融资结构中，直接融资比重在逐渐加大，但银行信贷融资仍占主要地位[①]。谷秀娟（1999）认为，现在我国直接融资发展缓慢、间接融资比重过高，企业融资主要依赖银行信贷、居民储蓄，倚重银行存款的局面没有大的改观。

（五）股权融资和债权融资的构成

1. 关于债权融资的相关研究

债权融资的研究集中在债务融资对企业管理者经营行为不当的约束、债务融资对企业管理者及其投资项目的事前监督和筛选机制、债务融资与公司控制

[①] 马建春等：《融资方式、融资结构与企业风险管理》，经济科学出版社 2007 年版，第 59—61 页。

权的转移机制等方面。

债务融资对企业管理者不当经营行为的约束机制。哈特（Hart，1995）的资本结构代理模型阐释了短期债务的约束作用，具体体现在两个方面：一方面是引发清算；另一方面是减少管理者控制的自由现金流量，进而控制管理者的过度投资行为。哈特和莫尔（Hart 和 Moore，1995）设计的两期模型，说明了长期债务对管理者行为的制约作用。格鲁斯曼和哈特（Grossman 和 Hart，1982）最早提出了运用债务而不是股权可以使管理者努力工作的观点；詹森（Jensen，1986）论述了债务在约束自由现金流量向投资者支付中的作用（用自由现金流量说明债务的约束），并可以用来防止管理者浪费资源。

债务融资对企业管理者及其投资项目的事前监督和筛选机制。哈特和莫尔（Hart 和 Moore，1989；Hart，1995）强调了清算权在确保偿还方面发挥着重要作用，清算的威胁使得除了在最后时刻外总会有一些资金可以用来偿债；弗莱克（Fluck，1998）通过加入股权持有者解除管理层的权利以及通过运用无限寿命股权，把这一框架拓展到外部股权领域。

债务融资与公司控制权的转移机制。银行贷款和企业债券，尽管同为债务，但在公司治理中的作用却不同，根本的一点在于他们对管理者的约束不同。企业债券使得管理者面对众多分散的债权人，在企业陷入财务困境的情况下，管理者可以与债券持有人进行协商，要求缓期或者减债，然而这一协商过程是高成本的，以至于在经济上是不可行的；同时，考虑到众多债权人之间的博弈，一个自然的均衡是：每个债权人的最佳选择都是清偿企业而不是延期债权（Patrick 和 Bolton，1992）。从这个角度来讲，企业债券比银行贷款能更好地约束管理者。可是对企业来说，银行贷款带来的控制权损失最小。债券"契约"通常包括一些对公司行为的限制，但是这远不如银行贷款带来的日常干涉大。只有当公司不能履行偿债义务时，它才会造成控制权的巨大损失。也许正是由于这种原因，当公司达到通过发行债券来筹集资金的规模时，他们就从银行融资转向债券融资①。

汪辉（2003）曾选取沪、深两市中的上市公司发行的 10 只上市债券，研

---

① ［美］斯蒂格利茨：《经济学》（上册），中国人民大学出版社 1997 年版，第 464 页。

究它们在招股日期前后几天的超额收益。选取的窗口为债券正式发行日的前三天开始到发行日之后三天，共计六个交易日。股票的平均超额收益率分别为：0.08%、0.36%、0.19%、0.22%、0.09%、0.87%、-0.51%。累积超额收益率分别为 0.08%、0.44%、0.63%、0.86%、0.95%、1.82%、1.30%。可以看出，从债券发行日的前三天开始出现正的超额收益，直到招股日之后两天。这说明市场对公司发行债券是持有肯定态度的；谷秀娟（2006）利用模型分析业绩对债务融资的影响，证明公司业绩对债务融资的影响显著为正，业绩越好的公司，债务融资率越大。

2. 关于股权融资的相关研究

关于股权融资的研究，我国学者主要将目光集中于上市公司的股权融资偏好上，并对其形成的原因进行了广泛探讨。袁国良等（1999）、黄少安和张岗等（2001）通过研究得出我国上市公司表现出强烈的股权融资偏好的结论。谭克（2005）认为，上市公司对股权融资的强烈偏好主要表现在：未上市的公司有强烈的上市冲动，进行各种寻租行为来谋求公司首次公开发行；公司成功上市之后就积极准备配股或增发等股权再融资方式，从而导致上市公司集中性的"配股热"或"增发热"。原红旗（2003）发现上市公司对增发新股的方式尤其感兴趣；刘星等（2004）的研究表明上市公司融资顺序首选股权融资，其次在选债务融资，最后选择内部融资。陆正飞和高强（2003）[①]通过对在深圳证券交易所上市公司的调查发现，公司上市后使用过的融资方式，按照融资额的排序依次为：短期借款——利润留存——配股——长期借款——增发新股——发行普通公司债券——发行可转换债券——其他。认为我国上市公司虽然也表现出优先使用内部股权融资的倾向，但与融资顺序理论相对照呈现出以下两个特点：一是长期债务融资排在外部股权（配股）融资之后，二是短期债务融资这种融资方式高居首位。因此他们认为，净现金不足可能是导致上市公司大量使用短期借款的主要原因。冯根福、吴林江、刘世彦（2000）和吕长江、韩慧博（2001）的研究得到了同样的结论。

以发展中国家的上市公司为对象，Singh（1992）做了开拓性的研究，结果

---

① 陆正飞、高强：《中国上市公司融资行为研究》，《会计研究》2003 年第 10 期，第 16—24 页。

发现与西方的融资优序理论不同，发展中国家的上市公司具有"异常融资优序"（abnormal pecking order）的现象——外部资本优于内部资本，外部资本中股权资本优于债权资本，偏好于股权融资，也被称为公司的"圈钱饥渴症"[1]。

（六）企业生命周期和融资方式选择

很多研究发现，在企业生命周期的不同阶段，企业的资金需求规模、融资时机和关于企业信誉的信息不对称程度都是变化的。投资银行为减少投资风险，通常结合企业生命周期不同阶段的特点，采取多阶段的投资方式和组合投资。企业也会采取多阶段的融资方式。

国内外关于处于不同阶段的企业融资行为研究已经形成理论。其中，最为典型的是 Berger（1998）等提出的融资生命周期理论，该理论将企业分为婴儿期、青壮年期、中年期和老年期四个时期，认为伴随着企业生命周期而发生的信息约束条件、企业规模和资金需求变化是影响企业融资结构变化的基本因素，在婴儿期和青壮年期企业的融资大都依靠内部融资，而从中年期到老年期，企业得到的外部投资会迅速增加。Sahlman（1990）提出的融资规律认为，处于创始期的企业融资非常严重地依赖于初始的内部融资和贸易融资。

冯昕（2003）在企业生命周期的框架内，从中小企业可贷性的角度分析其融资困境，引入预期利润变量，解决了以往研究把企业的预期利润视为外生变量的不足，最后强调，就企业的生命周期阶段与预期利润而言，风险投资银行往往比普通商业银行具有比较优势。因此，中小企业（尤其是科技型中小企业）创业及成长期的贷款应该引入风险投资体系，对中小企业预期利润的判断要求银行与企业之间有良好的信息沟通，适当发展社区金融机构不仅能改善银行与企业之间的信息不对称，而且可以推进竞争机制，完善银行系统。

此外，梁琦（2005）等基于 Churchill（1983）等对企业生命阶段的划分，以制造业为例，运用实证研究的方法探讨我国民营企业生命周期的融资特征，得出相似的规律。他们通过对大量数据的统计分析，发现我国民营企业在生命周期的创业、生存和成功三个阶段，对自有资金、商业信用、民间借贷和亲友

---

① Singh, A. and Ham id, J. 1992, Corporate financial structures in developing countries. International Finance Corporation Technical Paper No. 1, IFC, Washington, DC.

借贷依赖性较高，但从扩张阶段开始，对上述来源依赖性减少，企业能够通过发行证券在公开市场上融资，但并不是所有的企业融资都遵循同样的规律。

（七）文献评述

企业生命周期理论认为企业在不同的生命周期阶段，其现金流量、风险、公司规模和市场份额等特征会有所不同，从而会采用不同的融资结构。融资的代理理论和信息不对称理论认为，由于委托代理关系的存在，以及企业在不同生命周期阶段的信息对称程度不同，从而也会选择不同的融资方式。因此，从理论上说，企业生命周期和其所选择的融资结构具有一定的内在联系：企业所处的生命周期阶段，会对其融资结构的选择起一定的决定作用；企业融资结构的合理选择，同样会对企业生命周期阶段的存续时间有一定的反作用。所以，企业在发展过程中的不同阶段，由于它所处的经营环境和金融环境不同，其融资的手段和规模会有所区别，各种融资工具在企业成长过程中的不同阶段会发挥不同的作用。

但从实际研究的情况来看，众多学者从不同角度和层次对企业的融资结构展开了广泛深入的探讨，但是将融资结构和生命周期结合研究的文献数量却较少。因此，本章将借鉴以往学者关于融资结构的研究方法，从不同层次对企业在不同生命周期的融资结构特征进行探讨，以期能够帮助企业全面了解生命周期和融资结构的关系，使企业能够根据其所处的生命周期阶段，结合金融市场的特点和运作机制，选择有利于企业可持续发展的融资结构。

第六节 企业不同生命周期融资结构的研究假设和数据分析

一 研究假设的提出

从大量现存事实的角度可以发现，在企业的不同生命周期阶段，公司往往具有不同的现金流量特征和经营风险，因而对公司融资方式选择的要求也不尽相同。为防止现金流量的不利波动，公司的融资决策必须考虑防范经营风险和财务风险的因素，其所选择的内外源融资的构成比例，应反映出它对未来获利能力的预测。

在正常情况下，在企业的成长阶段，销售收入的增长会导致其规模的快速扩充，表现为固定资产、无形资产等长期资产和存货、应收账款等流动资产的快速增长。此时，仅仅依靠自身资本的增值已很难满足日益增长的投资资金需求，因此企业通常趋向于通过利用外部资金谋求发展。如通过商业信用的方式，集中资本，扩大自身的资产规模，提高资本的有机构成；通过银行借款的方式，对社会闲置资本和低效资本加以改造和充分利用，使金融资本和产业资本滚动扩张，以通过大量投资实现产品生产的规模经济效应。而在公司销售收入稳定增长的成熟阶段或停滞阶段，为优化现有资源的配置，提高现有资源的使用效率，公司则常以可靠的利润积累而不是负债作为基本资金来源。由此提出本章的第一个假设：

假设1：企业在不同生命周期阶段其内外源融资的构成会有所不同，成长期主要依靠外源融资，成熟期则更多地依赖内源融资。

同时成长期销售收入的快速增长，使企业对未来的发展充满信心，其对新增固定资产的折旧政策往往会选择加速折旧的方法，以便使企业在未来销售收入增长减缓时相应的折旧额下降，从而平衡各个期间的利润，较高的折旧会使成长期的利润并不是很丰厚。而在成熟期，随着资产折旧的下降，以及销售收入的稳定增长，企业的利润水平会变得相对稳定，留存收益在资金来源构成中的比例会相对上升。这样就导致不同生命周期企业的内源融资构成有所不同，并得出本章的第二个假设：

假设2：企业在不同生命周期阶段其内源融资的构成会有所不同，成长期主要依靠折旧摊销，成熟期则更多地依赖留存收益。

由于销售收入增加导致的资金需求数量的增加，在成长期却很难通过资本市场来解决。因为我国资本市场本身不够发达，投资者自身素质差强人意，为保护广大投资者的利益，国家对企业通过发行股票或债券筹集资金的方式给予了较多限制，企业只有满足《证券法》规定的相应条款，才能进行直接融资。按照本文对企业生命周期的界定和划分，以及第四章关于生命周期和资本结构的研究结果，企业在成长期利润不够稳定，不容易满足发行证券筹集资金的要求，使得直接融资对于成长期的企业而言可望而不可及；相反，成长期通过银行借款却相对容易，这是因为，一方面以国有企业改制而来的上市公司与国有银行的同宗关系，加上商业银行经营过程中的政治目标，使得银行对上市公司的贷款较为宽松；另一方面，成长期销售收入的高速增长，也使得银行对款项的回收充满信心，所以成长期的上市公司较多地依赖间接融资，依赖银行借款；成熟期，随着企业利润水平的相对稳定，企业的资产收益率相对于成长期会有所提高，按照陆正飞、叶康涛（2004）的研究，企业的资本规模和自由现金流量越低，净资产收益率和控股股东持股比例越高，企业越有可能选择股权融资方式。另外，企业在成熟期，销售收入较为稳定，现金流量较为充足，这为企业通过资本运作的方式进行并购等提供了便利，所以，企业在成熟期较多采用并购等措施，来扩充规模、谋求发展。按照本文的研究思路，除留存收益外的所有者权益变化均归为股权融资，使得成熟期企业对股权融资的依赖较大。由此，可以发现，企业在不同生命周期阶段对直接融资和间接融资的依赖程度有所不同，具体的筹资方式也有区别。

假设3：企业在不同生命周期阶段外源融资的构成不同，成长期更多的依赖间接融资和债权资金，成熟期更依赖直接融资和股权资金。

按照生命周期理论的分析，处于成长期的上市公司因为规模扩张相对较快，而且以固定资产等长期资产的扩张为主，所以成长期应更多地筹集与长期资产回收期相适应的长期资金；成熟期鉴于经营活动现金流量的大量增长和企业资产扩张速度的放缓，一般以短期资金为主；衰退期若没有更新投资的需求，企业一般不会借入长期资金，以避免支付高昂的利息费用；但如果企业希望谋求实现良性蜕变，则可能需要筹集长期资金满足产品研发和更新设备的投资需求。由此得到本章的第四个假设。

假设4：成长期更多的筹集长期资金，成熟期则筹集短期资金，衰退期对筹集资金期限的选择视企业的发展战略而不同。

二　数据分析及结果解释

根据本章前几节关于融资结构层次的界定，以及本节对于企业融资结构特征的分析及假设，接下来对上市公司不同生命周期融资结构的数据分析拟从内外源融资结构、直间接融资结构、股债权融资结构和长短期融资结构（资金的期限结构）四个角度进行。

相关概念的含义及计算如表 5.3 所示。

表 5.3   **变量定义及计算**

指标	概念	指标	计算
内源融资	企业经营活动创造的利润扣除股利后的剩余部分（留存收益）以及经营活动中提取的折旧摊销	内外源融资占比	$\dfrac{\text{内/外源融资额}}{\text{企业全部融资额}}$
外源融资	企业筹集的除内源融资以外的资金，包括通过股票、债券、商业信用、银行借款等筹集的资金		
直接融资	没有金融机构作为中介的资金融通方式，如通过股票、债券、商业信用筹集的资金	直间接融资占比	$\dfrac{\text{直/间接融资额}}{\text{全部外源融资额}}$
间接融资	以金融机构作为中介进行的资金融通方式，如长、短期银行借款		
股权融资	由于投资者追加投资所导致的股权的增加，可以通过发行股票和企业并购等方式筹集	股债权融资占比	$\dfrac{\text{股权/债券/商业信用融资额}}{\text{全部直接融资额}}$
债权融资	企业通过借债的方式进行融资，如通过发行债券、商业信用等方式筹集资金		
短期融资	企业从银行或其他金融机构借入的偿还期限在一年以下（含一年）的各种借款	长短期融资占比	$\dfrac{\text{长/短期融资额}}{\text{全部间接融资额}}$
长期融资	企业从银行或其他金融机构借入的偿还期限在一年以上（不含一年）的各种借款		

说明：本文关于内外源融资的概念，采用格利、爱德华·S. 肖（1967）和李义超（2003）的观点，将折旧摊销视为内源融资的组成部分，将商业信用视为外源融资的组成部分。

具体计算时，将企业的融资方式划分为以下几种：短期借款、长期借款、商业信用（应付账款、应收账款和应付票据等）、应付债券、投资者投入资本（股本加资本公积）、留存收益、折旧摊销等。所研究的融资结构即指以上各个融资项目的构成及其比例关系。

各项目的定义如表 5.1 所述，其表现形式及具体的计算公式如下：

DF_t 为第 t 年负债融资，$DF_t = D_t - D_{t-1}$，其中：D_t 和 D_{t-1} 分别为第 t 期和第 $t-1$ 期的企业负债。

SDF$_t$ 为第 t 年短期借款融资，SDF$_t$ = SD$_t$ - SD$_{t-1}$，其中：SD$_t$ 和 SD$_{t-1}$ 分别为第 t 期和第 t - 1 期的企业短期借款。

LDF$_t$ 为第 t 年长期借款融资，LDF$_t$ = LD$_t$ - LD$_{t-1}$，其中：LD$_t$ 和 LD$_{t-1}$ 分别为第 t 期和第 t - 1 期的企业长期借款。

NPF$_t$ 为第 t 年应付票据融资，NPF$_t$ = NP$_t$ - NP$_{t-1}$，其中：NP$_t$ 和 NP$_{t-1}$ 分别为第 t 期和第 t - 1 期的企业应付票据余额。

CCF$_t$ 为第 t 年的商业信用融资，CCF$_t$ = CC$_t$ - CC$_{t-1}$，其中：CC$_t$ 和 CC$_{t-1}$ 分别为第 t 期和第 t - 1 期的企业商业信用融资。

DPF$_t$ 为第 t 年的应付债券融资，DPF$_t$ = DP$_t$ - DP$_{t-1}$，其中：DP$_t$ 和 DP$_{t-1}$ 分别为第 t 期和第 t - 1 期的企业债券融资。

CIF$_t$ 为第 t 年的股权融资，CIF$_t$ = CI$_t$ - CI$_{t-1}$，其中：CI$_t$ 和 CI$_{t-1}$ 分别为第 t 期和第 t - 1 期的企业股权融资。股权融资金额等于当年年度的所有者权益增加额减去当年年度增加的留存收益金额。

REF$_t$ 为第 t 年的留存收益融资，REF$_t$ = RE$_t$ - RE$_{t-1}$，其中：RE$_t$ 和 RE$_{t-1}$ 分别为第 t 期和第 t - 1 期的企业留存收益融资。

DAF$_t$ 为第 t 年的折旧摊销等融资，DAF$_t$ = DA$_t$ - DA$_{t-1}$，其中：DA$_t$ 和 DA$_{t-1}$ 分别为第 t 期和第 t - 1 期的企业折旧摊销等融资。

保留盈余取决于企业当年年度的经营结果，如果亏损则表现为负值，所以，保留盈余融资可能是负值；对于负债融资而言，由于当年年度新增负债可能会少于偿还的以前年度负债金额，所以负债融资也可能会出现负值的结果；当企业进行资产剥离或股权回购时，股权融资也可能表现为负增长，所以，从整体上看，企业的年度融资总额可能会表现为负增长。

本章对于不同层次融资结构的数据分析依然延续前几章关于企业生命周期划分的数据。所有数据的计算全部采用 Excel2007 进行处理。

（一）内外源融资结构在不同生命周期阶段的比较

1. 传统意义的融资结构的情况与分析

传统意义的融资结构是指最狭义的融资结构概念，其内部资金来源只包括留存收益，外源融资只包括长、短期借款、应付债券和股权融资。

传统意义上不同生命周期阶段企业的融资结构如表5.4所示。

表 5.4   不考虑折旧和商业信用时的内外源融资结构

项目	成长期		成熟期		衰退期	
	内源融资占比	外源融资占比	内源融资占比	外源融资占比	内源融资占比	外源融资占比
平均	0.414837	0.585163	0.51352	0.48648	0.518517	0.481483
中位数	0.328969	0.671031	0.33568	0.66432	0.47975	0.52025
标准差	1.10138	1.10138	0.958994	0.958994	2.620292	2.620292
峰度	54.6511	54.6511	5.70322	5.70322	30.86643	30.86643
偏度	2.455286	-2.45529	0.285361	-0.28536	2.215608	-2.21561
最小值	-7.38331	-9.96002	-3.44617	-3.32536	-13.5182	-19.0644
最大值	10.96002	8.383306	4.325365	4.446168	20.06442	14.51824
观测数	202	202	86	86	128	128
置信度(95.0%)	0.152803	0.152803	0.205609	0.205609	0.458301	0.458301

从表 5.4 的计算结果可以看出：从中位数和均值的关系以及偏度系数来看，不同生命周期制造类上市公司的外源融资均为左偏分布，而内源融资均为右偏分布，说明外源融资存在极小值而内源融资存在极大值，这一点从最小值和最大值的取值可以得到验证。从其标准差来看，成长期和成熟期公司的标准差较小，具有较强的代表性，相反，衰退期公司的标准差较大，代表性不强，需要进一步加工处理；从峰度的取值结果可以看出，各个时期内外源融资占比均呈尖峰分布，说明其集中趋势较好；成长期上市公司内源融资占比有 95% 的概率分布在 26.6%—56.76% 之间，外源融资却有 95% 的概率分布在 43.24%—73.8% 之间，这进一步说明成长期主要依靠外源融资的特点；同样，成熟期上市公司的内源融资占比有 95% 的概率分布在 30.79%—71.91% 之间，外源融资占比在 95% 的情况下位于 28.09%—69.21% 之间，成熟期主要依赖内源融资的状况比较明显；衰退期内外源融资占比的标准差较大，说明衰退期企业的融资结构不存在统一模式，各企业财务战略差别较大，需要通过进一步计算整理分析衰退期企业的融资结构特征。

在不考虑折旧和商业信用时，成长期企业的内源融资占比为 41.48%，外源融资占比为 58.52%；成熟期上市公司内外源融资占比分别为 51.35% 和

48.64%；衰退期分别为51.85%和48.14%。成熟期和衰退期较多地依赖内源融资，成长期则更多地依赖外源融资。但根据上表不难发现，衰退期的内外源融资占比有较大的极小值，明显偏离于均值，为避免极值的影响，对不同时期企业内外源融资占比进行对比分析，删除取值在正负10倍以上的极端值，结果是删除衰退期两家公司，然后采用上述方法对数据加工，得到调整后的结果，如表5.5所示。

表5.5　　　　　　　　　　删除极值之后的内外源融资结构比较

项目	成长期		成熟期		衰退期	
	内源融资占比	外源融资占比	内源融资占比	外源融资占比	内源融资占比	外源融资占比
平均	0.414837	0.585163	0.51352	0.48648	0.474794	0.525206
中位数	0.328969	0.671031	0.33568	0.66432	0.47975	0.52025
标准差	1.10138	1.10138	0.958994	0.958994	1.530123	1.530123
峰度	54.6511	54.6511	5.70322	5.70322	10.83895	10.83895
偏度	2.455286	-2.45529	0.285361	-0.28536	0.725854	-0.72585
最小值	-7.38331	-9.96002	-3.44617	-3.32536	-5.89555	-7.61836
最大值	10.96002	8.383306	4.325365	4.446168	8.618359	6.895554
观测数	202	202	86	86	126	126
置信度(95.0%)	0.152803	0.152803	0.205609	0.205609	0.269783	0.269783

　　从调整后的结果来看，成长期和成熟期内外源融资占比未发生变化，依然是41.48%和58.52%，以及51.35%和48.64%，衰退期上市公司内外源融资占比变为47.47%和52.52%。而且对于衰退期的制造类上市公司来说，其内源融资有95%的可能性位于20.5%—74.46%之间，外源融资却有95%的时候位于25.54%—79.5%之间，外源融资在衰退期为企业优先选择的主要融资方式，但比重优势并不明显，只是略高于内源融资，说明在衰退期从公司外部筹集资金相对于成长期而言还是有一定难度的。但纵观企业生命周期的三个阶段内外源融资占比的分析可知，成长期及衰退期上市公司相比较于成熟期更多地依赖外源融资，与此相反，成熟期公司则更多的依赖内源融资。与上一章的分析结果一致，理由也同上一章的解释。

2. 将折旧作为内源融资方式的融资结构

上述分析存在一个典型的缺陷，即在计算融资结构时未将折旧纳入考虑范畴。因为按照美国经济学家格利和爱德华·S. 肖的解释，企业的内源融资是指企业经营活动创造的利润扣除股利后的剩余部分（留存收益）以及经营活动中提取的折旧摊销等。所以，本部分接下来将企业的折旧和摊销也包括在内源融资中进行分析。

在将折旧作为内源融资方式之后，不同生命周期企业的融资结构如表5.6所示。

表5.6　　　　包括折旧不包括商业信用的内外源融资结构各期比较

项目	成长期		成熟期		衰退期	
	内源融资占比	外源融资占比	内源融资占比	外源融资占比	内源融资占比	外源融资占比
平均	0.55972122	0.44027878	0.733503	0.26649718	-0.49666	1.49665525
中位数	0.47475286	0.525247144	0.51587	0.48413034	0.419483	0.58051723
标准差	0.90423937	0.904239366	2.284597	2.28459706	5.914779	5.91477929
峰度	34.6840333	34.68403334	41.95492	41.9549187	41.78919	41.7891883
偏度	1.08886018	-1.08886018	4.253607	-4.2536065	-5.79287	5.79287206
最小值	-5.9963537	-6.32739973	-8.85393	-16.972359	-49.1697	-12.758135
最大值	7.32739973	6.996353735	17.97236	9.853926	13.75814	50.1696941
求和	113.063686	88.93631357	63.08124	22.9187574	-63.5719	191.571872
观测数	202	202	86	86	128	128
置信度（95.0%）	0.1254523	0.125452297	0.489819	0.48981861	1.034522	1.03452203

从表5.6可以看出，对于成长期的上市公司来说，内源融资占比为55.98%，外源融资占比为44.03%，内源融资高于外源融资11.95%；对于成熟期的上市公司来说，内外源融资的比例分别为73.35%和26.65%，内源融资远高于外源融资46.7%，说明成熟期的上市公司明显依赖于内源融资；衰退期的内外源融资比例则分别为-49.66%和149.66%，反映出衰退期的上市公司更加依赖外源融资。

但由表5.6可以看出，成熟期和衰退期企业内外源融资比例的标准差较大，而且有较大的极值，为避免极端值对其内外源融资比例的影响，本文接着根据数据散点图的分布状况对数据的极端值进行分析，将内外源融资比例为正负 10 倍以上的数据删除，其中成熟期删除 1 家，衰退期删除 7 家，以使数据本身更具代表性，然后对数据进行的描述性统计结果如表 5.7 所示。

表 5.7　　　　　　　　　　　删除极值之后的内外源融资比较

项目	成长期		成熟期		衰退期	
	内源融资占比	外源融资占比	内源融资占比	外源融资占比	内源融资占比	外源融资占比
平均	0.55972122	0.44027878	0.530693	0.46930725	0.46761	0.53238963
中位数	0.47475286	0.525247144	0.512371	0.48762918	0.443484	0.55651605
标准差	0.90423937	0.904239366	1.304631	1.30463121	1.108008	1.10800848
峰度	34.6840333	34.68403334	33.15422	33.1542235	20.292	20.2919953
偏度	1.08886018	− 1.08886018	− 4.52571	4.52571154	− 2.6948	2.69479952
最小值	− 5.9963537	− 6.32739973	− 8.85393	− 3.3022647	− 7.13578	− 2.7057756
最大值	7.32739973	6.996353735	4.302265	9.853926	3.705776	8.13577956
观测数	202	202	85	85	121	121
置信度（95.0％）	0.1254523	0.125452297	0.281402	0.28140243	0.199435	0.19943451

由调整之后的数据可以看出，成熟期和衰退期的均值及标准差均发生了一定变化。

成熟期内外源融资比例调整为 53.07％ 和 46.93％ ，虽然依然为内源融资为主，但内外源融资比例之差缩减为 6.14％ ；而衰退期内外源融资比例的均值和标准差却发生了更大的变化，分别为 46.76％ 和 53.24％ ，尽管在衰退期依然主要依靠外源融资，但外源融资的重要性也有所下降。

由表 5.6 和表 5.7 的资料可以看出，在考虑到折旧的融资功能之后，企业在成长期和成熟期更多的依赖内源融资，在衰退期却更加依靠外源融资。

其理由可解释如下：在企业的成长期和成熟期，收入增加较快或者比较稳定，而衰退期收入则呈下降趋势，无论是高层管理者出于平滑盈余，向市场传递正面信息的考虑，还是为完成上级主管部门对利润指标的考核要求，企业均倾向于在收入较高或稳定的时期计提较多的折旧，而在收入下滑期计提较少的折旧。

3. 将应付票据作为融资方式的融资结构

由于应付票据也是企业的直接融资方式（格利，1967），而且对处于成长期和成熟期的企业来说，是一种应用范围较广的融资方式。所以，本部分将应付票据也作为一种重要的融资方式来分析不同生命周期阶段企业的融资结构。

仍然采用上述上市公司的数据，将应付票据考虑进来并剔除极端样本之后（将内外源融资比例为正负 10 倍以上的数据删除，其中成熟期删除 1 家，衰退期删除 4 家），计算的成长期、成熟期、衰退期等生命周期阶段的上市公司内外源融资结构的比较如表 5.8 所示：

表 5.8　　　　不同生命周期阶段包括折旧和应付票据的内外源融资比较

项目	成长期		成熟期		衰退期	
	内源融资占比	外源融资占比	内源融资占比	外源融资占比	内源融资占比	外源融资占比
平均	0.502019121	0.49798088	0.50533819	0.49466181	0.48835301	0.51164699
中位数	0.422340925	0.57765907	0.47883083	0.52116917	0.41798831	0.58201169
标准差	0.758387993	0.75838799	0.85200163	0.85200163	1.07086944	1.07086944
峰度	33.99791454	33.9979145	11.0642691	11.0642691	7.5992636	7.5992636
偏度	1.064998677	-1.0649987	-2.2712864	2.27128636	0.32481756	-0.3248176
观测数	202	202	85	85	124	124
最大值	6.494876202	5.77192339	2.66038489	4.88365852	5.42610989	5.45035917
最小值	-4.77192339	-5.4948762	-3.8836585	-1.6603849	-4.4503592	-4.4261099
置信度（95.0%）	0.10521718	0.10521718	0.18377249	0.18377249	0.19035651	0.19035651

由表 5.8 可以看出，在考虑到应付票据这一融资方式之后，成长期的内源融资占比由原来的 55.97% 下降到 50.20%，成熟期和衰退期的内源融资占比却分别由原来的 53.07% 和 46.76% 上升为 70.84% 和 48.84%，说明企业在成长期使用了较多的票据融资，而在成熟和衰退期随着应付票据的到期不得不用其他渠道筹集的资金进行偿还，导致成熟和衰退期内源融资的占比上升。而且上表的数据也充分说明，尽管在我国采用票据融资尚不发达，但对于公司治理结构较为完善的上市公司来说，商业票据依然是其筹集资金的主要方式而不容忽视，在分析企业融资结构时应予以考虑。

4. 包括商业信用的内外源融资结构

商业信用融资方式包括应付账款、预收账款以及应付票据。通过上面的分析可以发现，商业票据是上市公司可供选择的融资方式之一。同样，由于市场经济条件下商业信用的大量存在，应付账款和预收账款作为一种自发负债也成为企业外部融资的主要途径，且没有成本，更容易为企业所采用，因此，在进行融资结构分析时不容忽视，所以，本部分将不同的商业信用融资均考虑在内，分析企业内外源融资结构的变化情况。

采用上述数据，将商业信用考虑在内，并且在剔除极端值之后，所得到的不同时期企业的内外源融资结构如表5.9所示。

表5.9   不同生命周期阶段包括折旧和商业信用的内外源融资比较

项目	成长期		成熟期		衰退期	
	内源融资占比	外源融资占比	内源融资占比	外源融资占比	内源融资占比	外源融资占比
平均	0.394803106	0.60519689	0.461684453	0.538315547	− 0.3581586	1.35815859
中位数	0.341843012	0.65815699	0.410684173	0.589315827	0.3693018	0.6306982
标准差	0.376888925	0.37688892	0.527216371	0.527216371	6.358098	6.358098
峰度	16.28443832	16.2844383	4.795651598	4.795651598	86.7075885	86.7075885
偏度	1.843229353	− 1.8432294	− 0.45767341	0.457673415	− 8.8900796	8.89007963
最小值	− 1.25091331	− 1.9865557	− 1.48572098	− 1.39086585	− 64.253489	− 4.0304659
最大值	2.986555747	2.25091331	2.390865853	2.485720976	5.03046595	65.2534895
观测数	196	196	80	80	122	122
置信度 (95.0%)	0.053092989	0.05309299	0.117326254	0.117326254	1.13962159	1.13962159

由表5.9可以看出，在考虑到商业信用这一融资方式之后，成长期企业的内源融资占比继续下降，变为39%，外源融资占比上升为61%，可见，商业信用在企业的成长期是一种非常主要的融资方式，占其全部融资的11.2%；与此相同，成熟期和衰退期企业的内源融资占比也呈较大比例下降，分别为46%和 − 35.82%，下降比例为24.84%和84.66%，说明，企业在成熟期和衰退期对商业信用融资的依赖性更大，企业在采购和销售中自发形成的负债在全部的融资中占有重要的地位，在研究企业融资结构时应将其考虑在内。

　　我国尚处于市场经济发展初期，企业间的信用制度并不健全，很多企业之间的"三角债"问题依然比较严重。所以，企业在筹资时，一方面可以借助商业信用缓解企业临时的资金困难，另一方面应该严格遵循企业间的约定，及时足额支付所欠款项，树立良好的商业信用记录，使商业信用这种信用筹资方式能够在我国市场经济的发展过程中发挥更大的作用。

　　5. 不同层次不同生命周期阶段内外源融资结构的比较

　　通过上面的层层分析，可以发现在企业融资结构的概念和外延由狭义逐渐扩大时，其内涵也在不断丰富，而内外源融资结构也随之变化，表5.10将不同层次融资结构下各生命周期阶段内外源融资结构的情况综合呈现，以分析其内在的规律。

表 5.10　　　　　　　　不同层次不同生命周期阶段内外源融资结构比较

层次	项目	成长期		成熟期		衰退期	
		内源融资占比	外源融资占比	内源融资占比	外源融资占比	内源融资占比	外源融资占比
传统意义	平均	0.414837	0.585163	0.51352	0.48648	0.474794	0.525206
	中位数	0.328969	0.671031	0.33568	0.66432	0.47975	0.52025
	标准差	1.10138	1.10138	0.958994	0.958994	1.530123	1.530123
包括折旧	平均	0.55972122	0.44027878	0.530693	0.46930725	0.46761	0.53238963
	中位数	0.47475286	0.525247144	0.512371	0.48762918	0.443484	0.55651605
	标准差	0.90423937	0.904239366	1.304631	1.30463121	1.108008	1.10800848
包括应付票据	平均	0.502019121	0.49798088	0.50533819	0.49466181	0.48835301	0.51164699
	中位数	0.422340925	0.57765907	0.47883083	0.52116917	0.41798831	0.58201169
	标准差	0.758387993	0.75838799	0.85200163	0.85200163	1.07086944	1.07086944
包括商业信用	平均	0.394803106	0.60519689	0.461684453	0.538315547	-0.3581586	1.35815859
	中位数	0.341843012	0.65815699	0.410684173	0.589315827	0.3693018	0.6306982
	标准差	0.376888925	0.37688892	0.527216371	0.527216371	6.358098	6.358098

　　通过不同层次融资结构下、不同生命周期阶段内外源融资占比的比较可以发现，折旧在成长期融资来源中占有比较重要的地位，应付票据在成长期和成熟期都有着较为重要的作用，商业信用在所有的生命周期阶段都是一种比较重要的资金来源，在衰退期的地位尤其重要，是衰退期企业最为重要的融资方

式，而在企业所有的生命周期阶段中，内源融资的比例都处于较低水平，这与马建春（2005）的研究结论吻合，与林伟（2006）的研究结果不符。

这种现象可以解释如下：

成长期由于收入增长较快，资产规模也增长较快，对于新增资产企业可通过选择加速折旧的方法，一方面加速资产的回收速度，另一方面因为收入的较快增长，加速折旧不但不会影响企业的利润水平，反而可以在企业处于成熟或衰退期时，在折旧大幅减少的情况下，使企业的利润更加平稳。

成长期和成熟期企业收入水平较高，一般也有较为稳定的现金流量，其支付能力较强，外界较容易接受其采用应付票据的形式进行款项支付等事宜。

市场经济条件下，尤其是市场经济初期，企业有着较快的增长速度和增长预期，而且企业间的竞争非常激烈，为取得和同行业平均的增长速度，并避免在激烈的竞争中破产，无论处于哪个生命周期阶段的企业均会较多地采用商业信用的方式吸引顾客，由此使得商业信用在三个生命周期阶段均较为重要。另外，由于我国信用制度的不健全，部分商业信用可能会以被动形式而存在，这也加大了商业信用在企业融资构成中的比重。

企业内源融资比例偏低的原因可由我国不合理的收入分配机制和不明晰的产权制度予以解释：第一，上市公司经济效益水平普遍不高，企业自我积累与自我约束机制不够健全，利润留存率普遍偏低，与发达国家差距较大；第二，企业税负较重，使企业自我积累、自我发展的能力大大降低；第三，企业在留利分配上比较倾向于消费，往往先考虑为职工增加工资或奖金的要求，留利中真正用于生产发展的份额较小；第四，由于企业产权主体、利益主体不明晰，导致企业短期行为严重。从企业或其经营者来看，尽管将企业储蓄转化为投资可能给企业带来更多的预期收益，但是却减少其目前可用于支配的现金流量；加上经营者任期的不确定性，可能会减少其任期的收入，形成"个人栽树他人乘凉"的局面，减少其利用企业内部积累再投资的积极性。

（二）不同生命周期阶段内、外源融资的构成分析

上一部分按照融资结构的不同层次对企业在不同生命周期阶段内外源融资的结构进行了分析，了解到折旧在成长期的融资构成中占有重要的地位，应付票据在成长期和成熟期都有着较为重要的作用，商业信用在所有生命周期阶段

都是一种比较重要的资金来源，在衰退期的地位尤其重要，是衰退期企业最为重要的融资方式。本部分欲通过进一步的计算，来分析不同生命周期阶段在最广义融资结构定义下的内外源融资构成，以深入了解企业在不同生命周期的融资构成，找出其内在的规律性，为企业进行融资管理服务。

1. 不同生命周期阶段内源融资的构成和时序变化分析

（1）不同生命周期阶段内源融资的构成

按照最广义的融资结构定义，内源融资包括折旧和留存收益两大部分。采用上一节的上市公司数据，在剔除极值之后计算的不同生命周期阶段内源融资的构成比例如表 5.11 所示。

表 5.11   不同生命周期阶段内源融资的构成比较

项目	成长期		成熟期		衰退期	
	折旧占比	留存收益占比	折旧占比	留存收益占比	折旧占比	留存收益占比
平均	0.31957	0.680425453	0.373837	0.62616308	− 0.633	1.63296376
中位数	0.39168	0.608324595	0.373752	0.62624802	− 0.0901	1.09011818
标准差	1.53159	1.531587153	0.921927	0.92192687	8.34456	8.34456355

由表 5.11 可以看出，在内源融资的构成中，不同生命周期折旧占内源融资的比例分别为 31.96%、37.38% 和 − 63.3%，留存收益的占比则分别为 68.04%、62.62% 和 163.29%，说明在成长期和成熟期企业的内源融资主要依靠留存收益。

成长期和成熟期折旧摊销等在内源融资中占比较低的原因，可由我国长期以来不合理的折旧制度予以解释——不合理的折旧制度，制约了企业自有资金投资能力的提高[1]。具体表现为折旧费率长期偏低，无法满足固定资产更新改造的需要。长期以来我国实行的是低折旧制度，在折旧率的计算上只考虑设备使用的有形损耗，而对由于科技进步、生产力提高等所带来的无形损耗考虑较少。较低的折旧额和直线法计提的折旧政策使原来有限的留存利润只能应付更

---

① 方晓霞：《中国企业融资：制度变迁与行为分析》，北京大学出版社 1999 年版，第 129—132 页。

新改造的支出，很难作为企业发展之用，虽然后来允许采用加速折旧的方法，在一定程度上缓解了固定资产再生产资金不足的矛盾，但相对于企业过快的发展速度而言，资金积累仍显不足，而且加速折旧法的采用还有一定的前提条件，只适用于部分企业。

在衰退期，因为企业全部的内源融资为 – 246427 万元，其中：折旧摊销 1365143 万元，留存收益合计 – 1611570 万元，所以，尽管从占比情况来看，好像衰退期更主要依赖留存收益融资，其实不然，衰退期主要的内源融资来源于折旧摊销等非现金性费用，从而使企业在衰退期总的内源融资占比为 – 35.82%，如表 5.11 所示。这进一步说明，衰退期企业主要依赖外源融资，从企业外部筹集资金，这与上一章关于资本结构的假定吻合。

（2）不同生命周期阶段内源融资构成的时序变化

不同生命周期阶段内源融资构成的时序变化情况如表 5.12 所示。

表 5.12　　　　　　　不同生命周期阶段内源融资构成的时序变化

年份	成长期		成熟期		衰退期	
	折旧占比	留存收益占比	折旧占比	留存收益占比	折旧占比	留存收益占比
1993	0.6480868	0.3519132			0.0621465	0.9378535
1994	0	1			0.0095247	0.9904753
1995	0.3549521	0.6450479	0.0717483	0.9282517	0.0413611	0.9586389
1996	0.1978984	0.8021016	0.1806953	0.8193047	1.6102782	– 0.6102782
1997	0.1703279	0.8296721	0.0687995	0.9312005	0.2787016	0.7212984
1998	0.3916899	0.6083101	0.4163216	0.5836784	0.914729	0.085271
1999	0.4153853	0.5846147	0.324021	0.675979	3.5918743	– 2.5918743
2000	0.4039741	0.5960259	0.4037422	0.5962578	1.4271458	– 0.4271458
2001	0.4307705	0.5692295	0.5198917	0.4801083	– 4.6790348	5.6790348
2002	0.4257271	0.5742729	0.6008713	0.3991287	– 0.9790609	1.9790609
2003	0.4254415	0.5745585	0.6394137	0.3605863	– 1.2806727	2.2806727
2004	0.4159595	0.5840405	0.6877703	0.3122297	– 0.8216439	1.8216439
2005	0.4336388	0.5663612	0.6302432	0.3697568	– 0.9074559	1.9074559
2006	0.2944671	0.7055329	0.4987606	0.5012394	– 2.1224769	3.1224769

由表5.12可以看出，不同生命周期的企业，折旧摊销占全部内源融资的比例随时间发展逐渐增加的趋势较为明显，成长期折旧摊销占比从1999年开始基本上升到40%以上；成熟期的折旧摊销占比由原来的不足10%，到2000年达到50%以上，在内源融资中的地位日益重要；衰退期折旧摊销占比增长的趋势更加明显，由于衰退期企业的内源融资自2001年开始均为负数，所以较大的负数百分比恰好说明折旧摊销在衰退期企业内源融资中的重要性。折旧摊销占比不断上升的趋势，说明在国家逐步取消对企业折旧摊销政策的限制之后，企业在选择折旧摊销政策时更加理性和科学，能够使折旧摊销更好地发挥对投资资产的回收作用。

2. 不同生命周期阶段外源融资的构成

在分析了不同生命周期阶段内外源融资的结构以及内源融资的各种构成之后，我们还需要了解不同生命周期阶段外源融资的构成情况，以对上市公司在不同生命周期阶段外部筹资的现状进行分析。

（1）不同生命周期阶段外源融资中直接、间接融资的占比情况

表5.13显示的是不同生命周期阶段外源融资中直接、间接融资的构成情况。

表5.13　　　　　　　　　　**外源融资中直接、间接融资的构成**

项目		平均	中位数	标准差
成长期	直接融资占比	0.47437663	0.612053443	1.329877837
	间接融资占比	0.52562337	0.387946557	1.329877837
成熟期	直接融资占比	1.03324818	0.645672121	2.435464052
	间接融资占比	− 0.0332482	0.354327879	2.435464052
衰退期	直接融资占比	0.39263142	0.569758646	2.138552254
	间接融资占比	0.60736858	0.430241354	2.138552254

从表5.13可以看出，即使将商业信用作为重要的直接融资方式，企业的直接融资占比依然不高，在成长期和成熟期分别为47.44%和39.26%，不足全部外部融资额的一半；只有在成熟期占比较高，为全部外源融资额的103.32%；在

成长期和衰退期间接融资占比均超过全部融资额的半数，为 52.56% 和 60.74% 。成熟期直接融资占比较高的原因，可能是在成熟期上市公司更多地通过并购等资本运作方式进行资金的融通，股权融资方式采用的较多。

直间接融资占比随时间变化的情况如表 5.14 所示。

表 5.14　　　　　　　　　不同生命周期阶段外源融资构成的时序变化

年份	成长期		成熟期		衰退期	
	直接融资占比	间接融资占比	直接融资占比	间接融资占比	直接融资占比	间接融资占比
1993	0.4235334	0.5764666			1.073023902	− 0.073023902
1994	0.2379918	0.7620082			0.40600823	0.59399177
1995	0.7666983	0.2333017	0.566633125	0.433366875	0.714914437	0.285085563
1996	0.6406984	0.3593016	0.304799106	0.695200894	0.403654483	0.596345517
1997	0.8520464	0.1479536	0.764506501	0.235493499	− 0.646102498	1.646102498
1998	0.7858352	0.2141648	0.832670032	0.167329968	1.119033031	− 0.119033031
1999	0.65066	0.34934	0.032677837	0.967322163	0.230238337	0.769761663
2000	0.2088065	0.7911935	0.695359062	0.304640938	− 11.00556565	12.00556565
2001	0.7157401	0.2842599	0.851736099	0.148263901	1.536766155	− 0.536766155
2002	0.6175125	0.3824875	1.504408547	− 0.504408547	0.338619655	0.661380345
2003	0.5752882	0.4247118	0.775868375	0.224131625	− 10.42317863	11.42317863
2004	0.5380972	0.4619028	0.64945364	0.35054636	0.758497977	0.241502023
2005	0.6278144	0.3721856	1.007968653	− 0.007968653	0.259032434	0.740967566
2006	0.7478998	0.2521002	− 0.24351516	1.24351516	0.294632977	0.705367023

由表 5.14 可以看出，成长期和成熟期企业直接融资占全部外源融资的比重均呈上升趋势，说明随着我国资本市场的发展，企业的直接融资占据了日益重要的地位，成长期和成熟期企业直接融资占外源融资的比重自 2000 年以后基本均在 50% 以上，企业在可能的情况下，充分利用商业信用等直接融资手段筹集资金；衰退期的直间接融资结构的变化波动较大，没有明显的规律可循，这进一步说明了衰退期企业的构成复杂，其融资方式的选择在企业间差别较大，只能根据可获得资金的有效渠道筹集资金。

（2）不同生命周期阶段外源融资中直接融资的构成情况

采用全部制造类上市公司的数据资料，在剔除了极端值之后，得到的不同生命周期阶段外源融资中直接融资的构成情况如表5.15所示。

表5.15　　　　　　　　　不同生命周期阶段直接融资的构成

	项目	平均	中位数	标准差
成长期	股权融资占比	0.30973601	0.286972713	0.666715356
	债券融资占比	− 0.0336537	0	0.543100964
	商业信用占比	0.72391765	0.701987955	0.745792533
成熟期	股权融资占比	0.98101403	0.661225531	3.417042572
	债券融资占比	− 0.0533245	0	0.476949159
	商业信用占比	0.07231051	0.367211316	3.395133537
衰退期	股权融资占比	0.6144471	0.590439544	1.173193403
	债券融资占比	0.01430943	0	0.094243251
	商业信用占比	0.37124347	0.339744147	1.174185417

表5.15表明，在直接融资的构成中，成长期的商业信用占比较高，为72.39%，其次为股权融资，占30.97%，债券融资占比为 − 3.37%；成熟期股权融资占比占绝对优势，为98.10%，商业信用为7.23%，债券融资依然为负，为 − 5.33%；衰退期的股权融资在直接融资中仍占较大的比例，为61.44%，商业信用为37.12%，债券融资占比虽然大于0，但只有1.43%。说明在我国债券市场不发达的情况下，企业的直接融资方式受到了很大的限制，除了依靠企业间商品交易过程中的商业信用之外，只有通过股权融资的方式筹集资金，而很难通过发行债券的方式筹资。

上市公司偏好股权融资的现象已被许多学者所关注。一般来说，其偏好股权融资的原因主要有：

第一，外源融资主要依靠股权融资的情况并非中国特色，在一定程度上是发展中国家的共性[1]。如在1980—1990年间，巴西的企业股票融资占全部融资比重

① 刘淑莲：《企业融资方式、结构和机制》，中国财政经济出版社2002年版，第211—212页。

为 37.2%，同期债券融资只占 5.6%；墨西哥的这两项比重分别为 64.7% 和 1.1%；土耳其则分别为 46.9% 和 36.4%。英国剑桥经济学家萨思的研究表明，企业偏好股票融资而冷落债券融资的关键原因在于政府政策的误导。在中国，政府驱动资本市场发展有双重目标：既要承担优化配置资金的任务，又要肩负推进改革的使命，只有满足上述两种要求的市场才能得到政府的支持和鼓励，当两者目标发生冲突难以两全时，实际操作中往往是牺牲资金配置功能，以保证经济改革的顺利进行。也可以说在国有企业没有完成根本性改造时国有企业发生的债务最终都要由国家来承担。如果发行企业债券，将对国有企业制度和政府调控经济模式的改革产生极大的压力。对于企业的运营来说，股票本来是比企业债券更有影响力的金融产品，但国家通过对上市公司国有股、法人股的设置，使国有企业的股权结构不会因市场交易而变化，这样，股票成为国家改变国有企业债务比率从而改善国有银行资产质量但又不改变经济管制模式的一个方法。

第二，我国上市公司经营者控制活动的无效率诱使企业经营者偏好股权融资[①]。我国上市公司的大股东缺乏监督公司的积极性，上市公司董事会的监督和代理权竞争对企业经营者的约束相对弱化，此外，上市公司的股票价格并未能反映其真实价值，使企业外部控制权市场缺乏有效运行的条件，对经营者来说，采用股权融资既可以享受溢价带来的充沛资金，又可以减轻由于负债带来的还款压力，还不受控制权分散可能导致的投资者用手或用脚投票的威胁。

第三，国有控股股东追求政治目标（追求当地企业整体的社会贡献、整体的产品市场占有率、整体的国有资产保值增值情况、当地企业整体的发展后劲以及当地稳定的市盈率等）的行为导致公司的融资政策发生偏离[②]。为实现政治目标，当所辖企业效益欠佳或财务状况不稳定时，作为国有股股东的政府就会通过其控股公司对处于困境中的企业进行救助式收购，而控股公司进行救助式收购的资金就可能主要以发行股票的方式取得，其最终后果就是导致上市公司的融资政策与优序融资理论相悖，降低上市公司的融资效率。正如施莱弗和维什尼（1994）所认为的，除了经济目标之外，作为国有股股东的政府还有政治目标，

① 杨兴全：《上市公司融资效率问题研究》，中国财政经济出版社 2005 年版，第 155—158 页。
② 同上。

国有股权会带来严重的政府行政干预，歪曲资源的优化配置，降低公司效率。

第四，经营者重股票、轻债券，尚未把企业债券市场看做中国资本市场的重要组成部分，而是把企业债券作为中央和地方企业项目资金缺口的补充措施；加上债券发行审批严格，国家计委每年制定当年企业债券总额度然后具体分配到中央各部门和地方以及各行业，并强调将额度分配给那些以基础设施建设为主的大型国有企业。因此，除交通、电力、水利等企业以外，其他类型的企业难以获得债券发行机会；最后，相对于我国银行贷款"软约束"的情况，发行债券使企业面临更大的破产清偿风险，企业所有者对发行债券更为谨慎[①]。

（3）不同生命周期阶段外源融资中间接融资的构成情况

表5.16显示的是间接融资构成情况的相关数据。

表 5.16　　　　　　　　　**不同生命周期阶段间接融资的构成**

项目		平均	中位数	标准差
成长期	短期借款占比	1.02382074	0.864488643	2.139785993
	长期借款占比	-0.0391269	0.127821352	2.13596139
成熟期	短期借款占比	0.72803705	0.810480989	0.781531274
	长期借款占比	0.22196295	0.143319937	0.764962173
衰退期	短期借款占比	0.951117	0.958379791	1.065953832
	长期借款占比	0.00789939	0.011590012	1.047512118

由表5.16可以看出，在不同生命周期阶段间接融资的构成中，短期借款均占了绝对优势，成长期为102.38%，成熟期为72.80%，衰退期为95.11%，而长期借款只起较小的作用。这正好与我国商业银行的信贷现状相吻合，也对第四章资产负债率指标的选取起到了实证的支持作用，与第四章资本结构的分析部分吻合。但与本章的假设4部分吻合，与成长期的外源融资构成不太吻合。

短期借款在间接融资中占比过高的原因可解释为：第一，银行贷款的软约束。由于大部分上市公司由原来的国有企业改制而来，国有股股份较高。国有企

---

① 马建春：《融资方式、融资结构与企业风险管理》，经济科学出版社2007年版，第66—70页。

业和国有银行的同源性使得银行对企业的贷款约束较软。企业完全可以"短款长用"，即用取得的短期借款购置长期资产，在短期借款到期时"付息续本"①，还可以享受低利率的好处；第二，银行的偏好因素。在长短期贷款的比较中，长期借款的风险更大。但由于在我国，银行作为大债权人无法对企业的经营实施"相机控制"，长期贷款的风险和其控制权不相符合，使银行失去对企业进行长期贷款的兴趣，而且银行出于流动性的考虑以及资产负债匹配和资产弹性的要求，也倾向于发放较多的短期贷款。第三，短期债务具有较强的约束作用，一方面可以引发企业清算，另一方面可以减少管理者控制的自由现金流量，进而控制管理者的过度投资行为（Hart，1995）。第四，按照万朝领（2002）的研究，中国上市公司进行长期融资选择时普遍存在的股权融资偏好以及上市之前将长期债务大量剥离的行为导致了上市公司的负债大部分来源于短期负债。

（三）不同时期内外源融资构成的变化分析

前两节只分析了不同生命周期阶段企业的内外源融资比例以及内外源融资的构成情况，发现无论在成长期、成熟期还是衰退期，外源融资一直占据着主要地位，在成长期外源融资的比例为 60.52%，衰退期为 135.82%，成熟期尽管较低，但仍高于全部资金来源的一半，为 53.83%。而在全部外源融资的构成中，成长期和衰退期以间接融资为主要的资金来源，间接融资在外源融资中的占比分别为 52.56% 和 60.74%，成熟期则以直接融资为主，直接融资占全部外源融资的 103.32%，其中股票融资又占直接融资金额的 98.10%，说明成熟期的企业更多的运用并购等方法来扩大规模，实现经济效益的增长。

本节通过对不同时期企业内外源融资结构变化情况的考察，分析企业融资结构形成的原因及其合理性，为企业进行融资结构的合理规划提供参考。

由于企业融资结构会受到可选择的融资方式、企业财务决策科学性、资本市场发展以及融资结构理论变化等多重因素影响，所以，即使同处于相同生命周期阶段的企业，其内外源融资结构在不同时间也会有所不同。

1. 成长期内外源融资结构的时间序列变化

表 5.17 和图 5.3 显示的是成长期企业在不同年份的内外源融资结构的变

① 按照商业惯例，短期借款一般在到期时一次还本付息。在我国，由于银行贷款的软约束，很多企业在短期借款到期日，往往可以通过签订另一份短期借款合同，达到"短款长用"的目的，而只用支付相应的利息形成"付息续本"的现象。

化情况。

表 5.17	成长期内外源融资结构	
年份	内源融资占比	外源融资占比
1993	0.250537406	0.749462594
1994	0.340097458	0.659902542
1995	0.390961009	0.609038991
1996	0.323295116	0.676704884
1997	0.301077538	0.698922462
1998	0.183262262	0.816737738
1999	0.270200598	0.729799402
2000	0.48007559	0.51992441
2001	0.363716272	0.636283728
2002	0.35415021	0.64584979
2003	0.368698503	0.631301497
2004	0.477761581	0.522238419
2005	0.367246332	0.632753668
2006	0.456290042	0.543709958

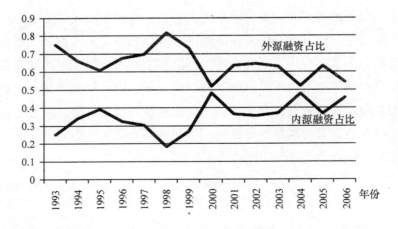

图 5.3 成长期内外源融资结构

由上表和趋势图可以看出，在成长期企业的内外源融资结构确实随着时间的发展有所调整。成长期内源融资尽管各年所占比重有上下波动的变化，但总体上却呈上升趋势，由1993年的25%上升至2006年的45.63%；外源融资则与此相反，由最初的74.95%下降到54.37%。虽然内源融资占比依然未超过50%，但处于成长阶段的上市公司近年来却更加依赖内部资金，越来越通过生产经营所获取的利润或资产本身的折旧摊销等筹集发展所需资金。

2. 成熟期内外源融资结构的时间序列变化

表5.18和图5.4所示的是处于成熟期企业的内外源融资结构随时间变化的情况。

从成熟期企业内外源融资结构的时间序列数据可以明显地看出，内源融资尽管在整个研究周期内的占比也有上下波动的变化，但其上升趋势更加明显，内源融资占比由1995年的8.51%上升到2006年的70.43%，上升了8倍多；而外源融资占比却由最初的91.5%下降到29.57%。说明对于成熟期的企业来说，其对内源融资的依赖更重，也恰好吻合了上一章的假设。企业在成熟期有较高的利润和现金流入，主要依靠内部渠道筹集资金。

表5.18　　　　　　　　　成熟期内外源融资结构

年份	内源融资占比	外源融资占比
1995	0.085077432	0.914922568
1996	0.138799738	0.861200262
1997	0.151630886	0.848369114
1998	0.43418857	0.56581143
1999	0.530589537	0.469410463
2000	0.258371972	0.741628028
2001	0.404163195	0.595836805
2002	0.812904156	0.187095844
2003	0.508193316	0.491806684
2004	0.51044573	0.48955427
2005	0.814921027	0.185078973
2006	0.704346327	0.295653673

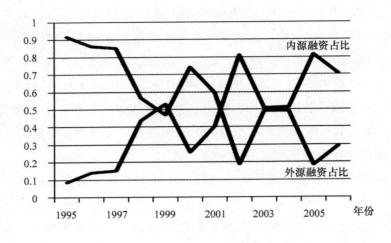

图 5.4　成熟期内外源融资结构

3. 衰退期内外源融资结构的时间序列变化

衰退期企业内外源融资结构的时间序列变化情况如表 5.19 和图 5.5 所示。

由表 5.19 和图 5.5 可以看出，衰退期融资构成的变化没有太强的规律性，尤其在 1999—2005 年间存在着此消彼长的情况。这可能是由于在衰退期企业的融资选择相对受限，企业只能根据能够融到资金的难易程度来选择筹资方式，并可能会忽略由此对最优资本结构的破坏，导致内外源融资比的变化较为复杂。

总之，通过企业不同生命周期阶段内外源融资比例的时序变化，可以发现，从长期来看，无论是成长期还是成熟期的企业，其内源融资的比重均呈上升趋势，与迈耶斯优序理论的分析相符，也与刘淑莲（2002）的研究结果相一致。

三　不同生命周期阶段企业的融资构成对比

通过对企业内外源融资结构、直间接融资结构、股债权融资结构和长短期融资结构的计算比较，发现企业在不同生命周期其对融资方式和融资渠道的

表 5. 19　　　　　　　　　　　衰退期内外源融资结构

年份	内源融资占比	外源融资占比
1993	0. 266974639	0. 733025361
1994	0. 047619475	0. 952380525
1995	− 0. 18495657	1. 184956568
1996	0. 023289968	0. 976710032
1997	− 1. 69303848	2. 693038482
1998	0. 477890595	0. 522109405
1999	0. 235860126	0. 764139874
2000	0. 820750018	0. 179249982
2001	0. 29423405	0. 70576595
2002	0. 344124442	0. 655875558
2003	0. 988667872	0. 011332128
2004	0. 534107385	0. 465892615
2005	0. 202171992	0. 797828008
2006	0. 393818129	0. 606181871

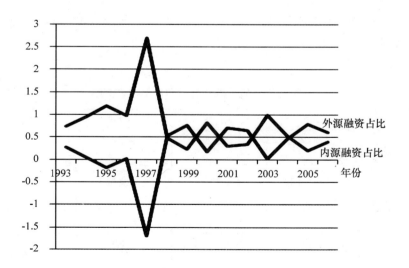

图 5.5　衰退期内外源融资结构

选择确实存在着较大的差异，以适应其不同阶段的现金流量特点和风险特征。现将本章以上的数据分析结果汇总，如表 5.20 所示。

表 5.20   生命周期各阶段融资方式比较

期间	项目	折旧占比	收益占比	信用占比	短期借款占比	长期借款占比	债券占比	股权占比
成长期	平均	0.162067	0.246854	0.256937	0.192555	0.043362	0.003647	0.094578
	中位数	0.134576	0.204892	0.197464	0.164946	0.009724	0	0.06921
	方差	0.09284	0.130608	0.080121	0.126665	0.06005	0.002491	0.454387
成熟期	平均	0.213676	0.290212	0.188161	0.164581	0.075311	-0.00435	0.072406
	中位数	0.177445	0.225374	0.125645	0.12394	0.003874	0	0.037696
	方差	0.276787	0.242471	0.080255	0.410817	0.05046	0.001625	0.172341
衰退期	平均	-0.19795	-0.546	0.016571	0.176246	0.625386	0.00537	0.920378
	中位数	-0.0557	0.367527	0.069371	0.158742	0	0	0.135415
	方差	51.40823	131.1891	2.023108	2.843787	36.2334	0.003251	75.87544

由表 5.20 可以发现，企业在成长期主要依赖商业信用、留存收益、短期借款和累计折旧进行融资，成熟期主要依赖留存收益、累计折旧、商业信用和短期借款，衰退期则依靠股权融资和长期借款。不同生命周期融资方式的选择和融资策略如表 5.21 所示。

表 5.21   生命周期各阶段融资规律和常用融资策略

方式			成长期	成熟期	衰退期
内源融资		1. 折旧摊销	主要来源4	主要来源2	
		2. 留存收益	主要来源2	主要来源1	
外源融资	直接融资	3. 商业信用	主要来源1	主要来源3	主要来源1
		4. 股权融资			
		5. 债券融资			
	间接融资	6. 短期借款	主要来源3	主要来源4	主要来源2
		7. 长期借款			
融资策略			3+2+6+1	2+1+3+6	4+7

第七节　优化企业融资结构的建议

通过本章以上几节的分析可以看出，尽管从时间序列的角度分析，不同生命周期企业的内源融资占比呈逐年上升趋势，直接融资在成熟期也占有较大比重，但是，与西方成熟的市场经济国家相比，我国制造类上市公司的融资结构还不尽合理，与较成熟的融资结构理论相差较大，需要上市公司从以下几个方面不断提高和完善。

一　合理进行融资选择，建立可持续发展的融资结构战略

可持续发展的融资结构，指既能让企业实现当前经营目标，又能保持其盈利持续增长和运行效率持续提高的融资结构。企业应该在其生命周期的每一个阶段，充分借鉴同行业其他企业的做法，根据对自身生命周期阶段的判断和对外界环境的预测，结合自身的竞争优势和特色制定有利于长远发展目标的融资结构，变融资结构对外界环境的"被动应对"为"主动适应"，使企业的再融资策略与股本扩张战略、资本结构更好地结合，提高融资效率。如在成长期尽量做到内外源融资的合理搭配，在以外源融资为主的基础上尽力提高内源融资的比重，提高其自身的积累能力和应对风险的能力；在成熟期不断加强内部成本管理，提高自身的盈利能力和内源融资的比重，并通过加强对营运资金的管理，减少管理者对投资者和债权人利益的侵占；衰退期则尽量减少对借款的占用，减少企业的利息负担和破产的可能性。

二　合理匹配内外源融资结构，提高内源融资占比

内源融资对企业的资本形成具有原始性、自主性、低成本性和抗风险性的特点，是企业生存与发展不可或缺的重要组成部分。企业自身的盈利能力是留存收益的来源，对留存收益的合理分配则是内源融资的根本保障。所以，无论在哪个生命周期阶段，企业都应该通过融资结构的合理规划、投资项目的科学选择和实施以及营运资金的快速周转和股利政策优化等措施，不断开源节流，在扩大销售收入的同时，努力降低财务管理各个环节的成本费用，增强企业获

取利润的能力；同时通过制定与企业长期发展相适应的激励约束机制，降低委托代理成本和由于信息不对称诱发的道德风险，减少管理者的短期行为，使管理者能够按照企业的长远发展策略进行利润再分配，更多的将经营收益用于企业发展和再投资的资金需求，不断提高内源融资在融资结构中的比重，降低财务风险，合理匹配内外源融资结构。

三　审慎选择折旧政策，使内源融资结构更加合理

企业应充分利用会计准则的相关规定，根据所处的生命周期阶段选用不同的折旧方法，使固定资产提取折旧的方式与资产的回收方式更好的结合。如对于成长期增加的固定资产易采用加速折旧法，使资产价值能够在销售收入快速增长的期间实现回收；成熟期增加的固定资产则应该采用平均法计提折旧，使得增长较缓的销售收入可以更好地弥补资产的折旧费用。合理的折旧政策可以使企业充分的发挥折旧的"税收挡板"作用，平滑各生命周期阶段的利润，增加更新改造固定资产的资金来源，平衡累计折旧在内源融资中所占的比重，使企业的内源融资结构更加合理。

四　不断提高直接融资占比，优化直间接融资结构

由于直接融资的流动性优于间接融资，而且还具有提供产权交易的功能，所以，企业应努力提高直接融资在融资结构中的比重，用直接融资和间接融资"两条腿走路"，实现现有融资结构的调整。尤其是成长期和衰退期，尽量提高股票和债券等直接融资的资金来源，以通过资本市场的监督功能，改善企业的运营机制，实现整个社会资源的优化配置，提高资源的使用效率。为此，需要上市公司不断提高经济效益，努力达到增资配股或发行债券的法律要求。在直接融资的构成中，应努力发挥债券融资的积极作用，通过扩大债券融资在直接融资中的比重，有助于改变企业所有者缺位下的"内部人控制"问题，加强债权人对大股东的制衡，抑制上市公司的股权融资偏好，使企业的直间接融资结构更加合理。

五　匹配资金来源和运用，确定科学的资金期限结构

资金期限结构是企业长短期资金的来源构成及其结构。企业的长短期资金

配置应与企业目标、企业发展阶段、企业不同生命周期的财务管理重点等结合起来，以资金运用效益、效率为导向，充分发挥企业的整体优势，将有限资金用在有利于提高企业经济效益上，并通过加强预算管理、资金流动性管理和资金投资方向管理等方式，使企业不同期限的资金做到合理配置。如企业选择的融资结构应更好地与其资产结构一致，一方面加快资金的循环和周转，另一方面可以减少偿债风险——在长期资产增长较快的成长期，更多地筹集长期资金，使用股权资本或长期债权资本融资，而在固定资产呈负增长的衰退期尽可能使用短期负债。

第八节　本章主要结论

在日益复杂的竞争和不确定的商业环境下，融资决策与资本结构管理实质上就是在同时满足企业投资需求和金融市场投资者的收益过程中，管理企业财务风险（朱武祥，1999）。因此，企业融资结构管理需要按照自身的业务战略和竞争战略，从可持续发展角度进行考虑。本章正是基于这样的考虑，从企业生命周期的角度对企业在不同生命周期的融资结构特征进行了探讨。

本章关于企业生命周期的划分以及上市公司融资结构的数据与上一章相同，均根据国泰安信息技术公司的 CSMAR 系列研究数据库资料整理而来，对数据的加工处理全部采用了 Excel2007 软件的功能。

为使文章的研究更加严谨，本章首先对相关的概念进行了一一界定，并按照美国经济学家格利和爱德华·S. 肖的观点，将企业的融资结构首先分为内源融资和外源融资，然后再根据资金进入企业的方式和层次不同，将外源融资分为直间接融资结构；再将直接融资细分为股债权融资结构，将间接融资细分为长短期融资结构。这样通过数据的层层分解，结合企业所处的生命周期阶段，对不同时期企业的融资结构进行了全面而细致的分析，得出以下结论：

按照传统意义的融资结构（类似于资本结构的概念）进行分析，发现：成长期及衰退期上市公司相比较于成熟期更多地依赖外源融资，与此相反，成熟期公司则更多地依赖内源融资。与上一章的分析结果一致，理由也同上一章的解释；而在考虑到折旧的融资功能之后，企业在成长期的融资演变为主要依靠内源融资；在将应付票据作为外源融资的方式之一进行考察后，发现企业在成长期使用了较多的票据融资，而在成熟期和衰退期随着应付票据的到期不得不用其他渠道筹集的资金进行偿还，导致成熟期和衰退期内源融资的占比上升；随着外源融资方式的进一步放宽，在将全部商业信用作为融资方式考虑之后，发现商业信用在不同生命周期阶段都有着非常重要的意义；最后，通过不同层次融资结构下、不同生命周期阶段内外源融资占比的比较发现，折旧在成长期融资来源中占有比较重要的地位，应付票据在成长期和成熟期都有着较为重要的作用，商业信用在所有生命周期阶段都是一种比较重要的资金来源，在衰退期的地位尤其重要，是衰退期企业最为重要的融资方式。

本章接着分别计算了内源融资和外源融资各自构成的变化，发现成长期和成熟期企业的内源融资主要依靠留存收益。外源融资中成熟期主要依靠直接融资，成长期和衰退期则主要依靠间接融资。

在直接融资的构成中，成长期的商业信用占比较高，其次为股权融资，债券融资占比为负值；成熟期的股权融资占比占绝对优势，债券融资依然为负；衰退期的股权融资在直接融资中仍占较大比例，其次为商业信用。在各个生命周期阶段债券融资占比均处于非常低的比例，成长期和成熟期均为负值，只有衰退期的债券融资占比大于0，也只有1.43%。说明在我国债券市场不发达的情况下，企业的直接融资方式受到了很大的限制，除了依靠企业在商品交易过程中的商业信用之外，只有通过股权融资的方式筹集资金。

在不同生命周期阶段间接融资的构成中，短期借款均占了绝对优势。这与商业银行贷款的软约束以及信贷机制和资本市场的不发达紧密相关。

最后本章还对不同生命周期企业融资结构的变化情况进行了时间序列分析，发现成长期和成熟期内源融资的比重基本呈上升趋势，这与企业经营状况的不断好转相吻合，也与西方发达国家上市公司的融资结构相一致；在内源融资构成中折旧摊销占比在三个阶段均呈上升趋势，说明在国家放开对企业折旧政策的管制后，企业对折旧政策的选用更加科学；在直间接融资结构的时间序列分析中，成长期和成熟期直接融资占比呈上升趋势，这得益于我国资本市场的不断完善。

由此，本文建议企业可以从建立可持续发展的融资结构战略、合理匹配内外源融资结构、审慎选择折旧政策、优化直间接融资结构、确定科学的资金期限结构等方面对融资结构进行优化管理。

第九节　研究不足与扩展

本章的研究尽管从不同角度和层次对制造类上市公司的融资结构进行了全面系统的分析，发现了其具有的基本特征，为上市公司优化融资结构提供了数据支持和参考，但是，本章关于上市公司融资结构的探讨仍然比较浅显，未对企业融资结构的其他影响因素、不同融资结构选择对企业业绩的影响等内容进行实证分析和更深层次的思考，也未对不同治理结构上市公司的融资结构的差异及其原因进行分析。

另外，由于数据获取的限制，以上市公司为样本进行研究，可能对结果的推广性有一定的影响。

参考文献

1. 袁国良、郑江淮、胡志乾：《我国上市公司融资偏好和融资能力的实证研究》，《管理世界》1999 年第 9 期。

2. 黄少安、张岗：《中国上市公司股权融资偏好分析》，《经济研究》2001 年第 11 期。

3. 刘星、魏锋、詹宇、Benjianmin Y. Tai：《我国上市公司融资顺序的实证研究》，《会计研究》2004 年第 6 期。

4. 原红旗：《股权再融资之"谜"及其理论解释》，《会计研究》2003 年 5 期。

5. 林伟：《中国上市公司融资结构及行为分析》，《中央财经大学学报》2006 年第 4 期。

6. 中国诚信证券评估有限公司：《1997—2000 年中国上市公司基本分析》，中国科学技术出版社 2000 年版。

7. 冯根福、吴林江、刘世彦：《中国上市公司资本结构形成的影响因素分析》，《经济学家》2000 年第 5 期。

8. 吕长江、韩慧博：《上市公司资本结构特点的实证分析》，《南开管理评论》2001 年第 5 期。

9. 李扬、王国刚：《中国资本市场的培育与发展》，经济管理出版社 1995 年版。

10. 方晓霞：《中国企业融资：制度变迁与行为分析》，北京大学出版社1999年版。

11. 谷秀娟、沈其云：《中国融资结构的演变分析》，经济管理出版社2006年版。

12. 汪辉：《上市公司债务融资、公司治理与市场价值》，《经济研究》2003年第8期，第28—35页。

13. 马建春等著：《融资方式、融资结构与企业风险管理》，经济科学出版社2007年版。

14. 王维安：《金融结构：理论与实证》，《浙江大学学报》（人文社会科学版）2000年第2期。

15. 陈晓红、曹裕：《基于外部环境视角下的我国中小企业生命周期研究——以深圳等五城市为样本的实证研究》，《系统工程理论与实践》2009年第29卷第1期，第64—72页。

16. 黄少安、张岗：《中国上市公司股权融资偏好分析》，《经济研究》2001年第11期，第12—27页。

17. 刘星、魏锋：《我国上市公司融资顺序的实证研究》，《会计研究》2004年第6期，第66—72页。

18. 曹裕、陈晓红、万光羽：《基于企业生命周期的上市公司融资结构研究》，《中国管理科学》2009年第6期，第150—158页。

19. 王艳茹：《2009：企业不同生命周期的融资结构研究》，《经济与管理研究》2009年第11期，第49—53页。

20. Stewart, C. M. , Nicholas, S. M. , Corporate financing and investment decisions when firms have information that investors do not have . Journal of Financial Economics, 1984, (13) : 187 – 221.

21. Lakshmi Shyam-sunder, Stewart, C. M. , Testing static t radeoff against pecking order models of capital st ructure. Journal of Financial Economics, 1999, (51) : 219 – 244.

22. Murray, Z. F. , Vidhan, K. G. , Testing the pecking order theory of capital st ructure . Journal of Financial Economics, 2003, (67) : 217 – 248.

23. Miller, D. , Friesen, P. H. A longitudinal study of the corporate life cycle . Management Science, 1984, 30 : 1161 – 1183.

24. Talebi, Kambeiz, How entrepreneurs should change their style in business life cycle . Journal of Asia Ent repreneurship and Sustainability, 2007.

第六章 企业生命周期与股利政策

　　股利政策作为企业核心的财务问题，一直受到各方面的密切关注。因为股利的发放既关系到公司股东和债权人的福利，又关系到公司的未来发展。支付较高的股利，可使股东获得可观的投资收益，正常情况下还会引起公司股价上涨，使投资者同时获得资本利得；但过高的股利，会减少公司的留存收益，可能会影响公司未来的发展，当公司有较好的投资机会时，只能通过借入外债或者增发新股筹集资金，使资金成本增加，从而影响公司的未来收益，降低原有股东的福利水平。而较低的股利，虽然会使公司获得较多的发展资金，但由于投资者当期的回报较少，可能会导致公司股价下跌，影响公司形象。所以，如何制定公司的股利政策，使公司股利的发放与未来发展相结合，不断提高公司价值，实现企业可持续发展，便成为企业管理层面临的重要问题之一。无论是股利政策理论（剩余股利政策）还是学者的研究，经常将股利政策作为融资决策的一部分来考虑，即企业在制定股利政策时，会优先考虑其未来的资金需求，这样就将股利政策和企业的现金流量状况和资金需求状况相结合。如同本书前几章的研究结果，企业在不同生命周期其现金流量状况和资金需求状况不同，与此相适应的股利政策也应该有所不同。本章拟运用制造类上市公司的数据，对企业生命周期和股利政策的关系进行研究，以期对企业股利政策的制定有所帮助，也可以对投资者对上市公司股利政策的解读提供指导。

第一节 股利政策的概念及研究范围界定

　　自 1956 年林特纳的开创性研究，揭开股利理论研究的序幕以及 1961 年米勒和莫迪格利尼提出股利无关论以来，国内外学者纷纷从其研究的角度出发，对股利政策给出了不同的定义。

詹姆斯·C. 范霍恩（James C. Van Horne）、约翰·M. 瓦霍维奇（John M. Wachowicz, Jr.）认为，"股利政策是企业融资决策不可分割的一部分。企业股利政策的一个主要方面就是决定企业利润在支付股利与增加留存收益之间的合理分配比例……"①

道格拉斯·R. 爱默瑞（Douglas R. Emery）、约翰·D. 芬尼特（John D. Finnerty）认为，"公司的股利政策是指公司在决定将净利润的多大份额分配给股东时所采用的分配政策。为简化起见，仅将股利政策定义为一个固定的支付比例。纯粹的股利政策决策仅包括在保留盈余和为取得现金股利支付之间进行选择。股利政策的关键问题在于是主动还是被动地进行股利决策。"②

斯蒂芬·A. 罗斯（SAR）、伦道夫·W. 韦斯特菲尔德（LWW）、杰弗利·F. 杰富（Jeffrey F. Jaffe）指出："股利一般是指从利润中分配给股东的现金……另外一种股利形式是以股票形式发放的股利，即股票股利。股票股利对企业来说，没有现金流出企业，因此，它不是真正意义上的股利。""……我们认为拥有大量现金流量的公司之所以发放股利，仅仅是因为它们的资金已经没有更好的用途。"③

理查德·A. 布雷利（LA. B）、斯图尔特·C. 迈尔斯（SC. M）指出："我们把红利政策定义为在未分配利润与发放现金股利与增发新股之间权衡的公司决策。"④

斯科特·贝里斯（Scott Besley）、尤金·F. 布里格姆（Eugene F. Brigham）指出："我们称从公司盈利中分发给股东的现金支出为股利。这部分盈利可以

---

① ［美］詹姆斯·范霍恩、约翰·瓦霍维奇：《现代企业财务管理》，郭浩、徐琳译，经济科学出版社1998年版，第541页。

② ［美］道格拉斯·R. 爱默瑞、约翰·D. 芬尼特：《公司财务管理》，荆新、王化成、李焰译，中国人民大学出版社1999年版，第527—529页。

③ ［美］斯蒂芬·A. 罗斯、伦道夫·W. 韦斯特菲尔德、杰弗利·F. 杰富：《公司理财》，吴世农、沈艺峰、王志强等译，机械工业出版社2003年版，第356、363页。

④ ［英］理查德·A. 布雷利、［美］斯图尔特·C. 迈尔斯：《公司财务原理》，方曙红、范龙振、陆宝群等译，机械工业出版社2004年版，第322页。

是当期收入，也可以是前期收入。相应的，公司的股利政策，即关于到底是将盈利作为股利支付给股东还是作为留存收益。最佳股利政策即是指在当前股利和未来增长之间达到平衡，从而使公司股票价格最大化的政策。"①

尤金·F. 布里格姆（Eugene F. Brigham）、米切尔·C. 埃霍哈德特（Michael C. Ehrhardt）认为，"成功的公司能赚钱。这些收入可以再投资于经营资产，用来买卖证券，偿还债务或分配给股东。如果决定分配给股东，那么有三个关键的问题需考虑：分配多少？是分配现金股利还是通过回购股东的股票使他们得到现金？这种分配应该有多么稳定。……企业的最优股利政策是要在当前的股利和未来增长间寻求平衡，以使股价最大化。"②

魏刚（2001）认为，在一个完美的市场中，企业制定股利政策的过程，就是决定盈利在支付股利与留存收益之间的一个权衡过程。股利政策是融资政策不可分割的一部分，也可以把它看做是关于盈利留存问题的融资决策。

杨淑娥、胡元木（2002）认为，股利政策是关于公司是否发放股利、发放多少股利以及何时发放股利等的方针和策略。股利政策主要是权衡公司与投资者之间、股东财富最大化与提供足够的资金以保证企业扩大再生产之间、公司股票在市场上的吸引力与公司财务负担之间的各种利弊，然后寻求股利与留存收益之间的比例关系。

王化成（2006）认为，股利政策是指公司在平衡企业内外部相关集团利益的基础上，对于提取了各种公积金后的净利润如何进行分配而采取的基本态度和方针政策。股利政策涉及企业资金的分配、筹集和资本结构问题，合理的股利政策将为公司提供廉价的"资金来源"；此外，股利政策会对公司股价产生影响，是争取潜在投资者和债权人的重要手段，也是公司树立良好形象的一项重要工作③。

孙茂竹、王艳茹、张祥风（2006）认为，从宏观角度讲，股利政策是以公

① ［美］斯科特·贝里斯、尤金·F. 布里格姆：《财务管理精要》，刘爱娟、张燕译，机械工业出版社2003年版，第337页。
② ［美］尤金·F. 布里格姆、米切尔·C. 埃霍哈德特：《财务管理理论与实践》，狄瑞鹏、胡谨颖、侯宇译，清华大学出版社2005年版，第678页。
③ 王化成：《财务管理研究》，中国金融出版社2006年版，第97页。

司发展为目标，以股价稳定为核心，在平衡企业内外部相关集团利益的基础上，对于净利润在剔去了各种公积金后如何分配采取的基本态度和方针政策；从微观角度看，股利政策主要反映的是公司、股东、债权人及公司管理者等利益主体之间的利益分配关系①。

中国注册会计师协会（2007）没有给出股利政策的定义，但认为，股利分配是指公司制企业向股东分派股利，是企业利润分配的一部分……其中最主要的是确定股利的支付比率，即用多少盈余发放股利，多少盈余为公司所留用（成为内部筹资），因为这可能会对公司股票的价格产生影响②。

杨汉明（2008）③ 认为，股利政策是企业以企业价值最大化为主要目标，在权衡未分配利润与股利支付的基础上，对股利分配活动所做的科学安排。……广义的股利政策研究应包括股利发放策略的选择、股利发放程序的策划，并且要结合企业的融资政策和投资政策进行研究。

通过以上学者关于股利政策的定义可以发现，很多学者认为股利政策是融资政策不可分割的一部分，是关于盈利留存问题的融资决策。企业生命周期和融资决策的研究也应当包括生命周期和股利政策的制定研究，股利政策作为内部融资决策的一部分会影响企业的融资方式，并进而影响其融资结构和资本结构。所以，本文认为，股利政策是指企业根据自身的融资需求，对于净利润如何在股利和留存收益之间进行分配的决策。

目前，中国上市公司的股利政策类型主要包括送红股、转增股和现金股利等形式。因此，本章对上市公司不同生命周期股利政策的研究，既包括企业在不同生命周期阶段对不同股利形式的运用情况，也包括不同生命周期阶段企业的现金股利支付率和每股现金股利的发放情况。

第二节　股利政策与融资决策

股利政策是指导企业将收益在股利支付和留存盈利之间进行最佳配置的方

---

① 孙茂竹、王艳茹、张祥风：《从博弈看上市公司股利政策的决定》，《会计研究》2006 年第 8 期，第 60—66 页。

② 中国注册会计师协会：《财务成本管理》，经济科学出版社 2007 年版，第 231 页。

③ 杨汉明：《股利政策与企业价值》，经济科学出版社 2008 年版，第 47—51 页。

针策略①。股利支付率的高低决定了留存盈利的多少，而后者是企业内源融资的重要来源，因此，股利政策理论是企业融资理论的重要组成部分。

一　有关股利政策与融资的理论

（一）股利政策无关论与融资决策

1956 年美国著名学者林特纳（Lintner）的开创新研究，揭开了股利理论研究的序幕。1961 年莫迪格利尼和米勒（Modigliani 和 Miller）在其著名的《股利政策、增长和股票价值》一文中，提出了著名的"股利无关论"：股利政策对企业的股票价格或资本成本没有影响，企业的价值只取决于企业的投资政策而不是收益在股利和留存盈利之间的分配情况。该理论建立在一系列的假设之上，包括：不存在个人或公司所得税，不存在股票发行费用和交易成本，公司的投资决策与股利政策彼此独立，公司投资者和管理者都可获得关于未来投资机会的信息，股利政策对企业的权益资本成本没有影响等。在以上的假定之下，他们认为投资者并不关心公司股利的分配，公司的价值完全由投资的获利能力决定。因为留存盈利增多，企业的投资会增多，从而导致股价上升，投资者资本利得增多；若股利支付较多，则投资者可用收到的股利购买股票或扩大投资，从而获得较多的收益。

按照股利政策无关论的解释，企业的股利政策与融资和投资决策各自独立，股利政策的制定与企业的内源融资决策不相关。

（二）股利政策相关论与融资决策

实际上，股利政策所涉及的主要是企业对其收益进行分配或留存以用于再投资的问题。在投资决策既定的情况下，这种选择就归结为企业应否用留存收益（内源融资）或以出售新股票（外源融资）来融通投资所需的股权资本。从财务学的角度讲，企业未来的财务活动主要是投资、融资和股利政策的决策与调整。如果企业存在较多的投资机会，其经营现金又不足以满足投资需要时，向股东分发的股利越多，需要筹措的外部资金（发行债券、股票）也越多。因此，在投资既定的情况下企业股利政策的选择实际上是企业融资政策的

---

① 刘红梅、王克强：《中国企业融资市场研究》，中国物价出版社 2002 年版，第 47—49 页。

选择，股利政策因此可以看做融资政策的一个组成部分。如果企业已经选定了投资方案和目标资本结构，则意味着企业的资金需要量和资产负债比例是确定的，这时企业可以通过改变股利政策或者增发新股、发行债券来维持既定资本结构并筹集项目投资所需资金；如果企业的目标资本结构和股利政策已定，那么在进行投资决策时，企业可以通过减少资本支出预算或者从外部筹集资金的方式满足投资需要。总之，企业的股利政策并非与其价值无关，而是有着很密切的关系。因此，MM 股利政策无关论提出之后，很多学者开始逐渐放松 MM 的假设，认为在存在代理成本、税收因素和不对称信息等情况下，股利政策和公司的投资、融资决策与公司价值紧密相关，形成股利政策相关论。其代表理论有信号传递理论、客户效应理论、代理成本理论、自由现金流量理论、行为学派理论等。

1. 信号传递理论

米勒和罗克（1985）[①] 从不对称信息出发，"假设经营者比投资者更多地了解企业当前收益的真实情况"。人们一般认为，市场对当前收益的估计影响对未来预期收益的估计，而对未来预期收益的估计决定了企业的市场价值。但在信息不对称的情况下，"这会诱导经营者通过支付高于市场预期的股利（或者进行少于市场预期的外部投资）提高股票价格，即使这种做法会减少投资"。投资者可以预测到经营者的这种行为，同样，经营者也会预期到市场对这种背离的考虑。因此，为消除不对称信息的负面影响，保持相对稳定的股利政策有助于树立企业良好的财务形象，推动企业为融资而进入资本市场。所以，企业经营者既不愿减少股利支付，以免向市场传递不正确的信息，同样也不愿提高股利支付率，以免在将来削减股利。

学者们关于信号模型的研究主要集中在两个方面：一方面，有的学者如哈若尼和斯维瑞（Aharony 和 Swary，1980）[②]、奥费和西格尔（Ofer 和 Siegel，

---

① ［美］J. 弗雷德·威斯能等：《兼并、重组与公司控制》，唐旭等译，经济科学出版社 1998 年版，第 107 页。

② Aharony, Joseph and I. Swary, quarterly dividend and earnings announcements and stockholders's returns: an empirical analysis, *Journal of Finance*, 35, 1980, pp. 1 – 11.

1987）① 进行了大量实证研究，证明股利公告确实向市场提供了信息；另一方面，有的学者主要从事信号模型的构建研究，建立了一系列有关股利信号的模型，如约翰和威廉斯（John 和 Willams，1985）② 利用股利的税负不利作为信号或成本，分析了股利传递企业投资现金流量信息的价值，其结论与企业平滑利润的现象之间存在着矛盾；米勒和罗克（Miller 和 Rock，1985）③ 将股利、投资与筹资三项决策结合在一起，发展了一个信号传递均衡模型，其中股利分配揭示了企业当前收益的信息。康斯坦丁迪斯和格兰迪（Constantinides 和 Grundy，1989）研究了信号均衡状态下投资决策与股票回购、筹资决策之间的相互关系④。哥瑞伦（Grullon，2002）提出了关于现金股利变动与风险变动的相关性假说，即"成熟假说"，他们认为，成熟期企业的投资机会减少，未来获利能力降低，同时风险也会降低。投资机会减少能够导致自由现金流量增加，从而使得现金股利增加，所以，现金股利增加向外界传递的信号是企业开始进入成熟期⑤。

　　股利政策的信号传递理论论证了股利政策向外界传递的信息，其中包括公司的现金流量信息和企业生命周期信息，企业在不同的生命周期阶段其现金流量特征不同，内源融资的占比也会有所不同，从而股利政策在一定程度上反应了企业的融资决策。

　　2. 客户效应理论

　　马苏里斯和特鲁曼（Masulis 和 Truman，1988）⑥ 研究了有关投资、股利和税收之间的关系，分析了不同税收等级的投资者对股利支付率的不同要求。他们认为在其他因素一定的情况下，较低纳税等级的股东所得到的股利税后收益

　　① Ofer, Aharon R. and Daniel R. Siegel, Corporate Financial Policy, Information, and Market Expectation: an Empirical Investigation of Dividends, *Journal of Finance*, 42, September, 1987, pp. 889 – 911.

　　② John, Kose and Joseph Willams, Dividends, Dilution and Taxes: a Signaling Equilibrium, *Journal of Finance*, 40, September, 1985, pp. 1053 – 1070.

　　③ Miller, Merton H. and Kevin Rock, Dividend Policy Under Asymmetric Information, *Journal of Finance*, 40, September, 1985, pp. 1021 – 1051.

　　④ 王化成：《财务管理研究》，中国金融出版社 2006 年版，第 110 页。

　　⑤ 同上书，第 111 页。

　　⑥ ［美］J. 弗雷德·威斯能等：《兼并、重组与公司控制》，唐旭等译，经济科学出版社 1998 年版，第 108 页。

高于高纳税等级的股东所能得到的收益率,对股利有较大的偏好;而高纳税等级的股东却愿意将税后利润留存于企业进行再投资。由于留存收益是股东对企业的追加投资,股东所要求的收益率就是企业使用这部分资金的代价或成本。对于股票由承担高税率的股东所持有的企业而言,如果留存收益的税前成本低于外源融资成本,企业将不会支付股利,而是将资金留存用于投资所需;相反,如果企业的股票由承担低税率的股东所持有,则企业会支付较多股利,然后再通过外源融资筹集项目投资所需资金。所以,税率的高低对企业股利支付率的高低具有一定的影响,并因此影响企业扩大投资所需资金的筹集方式。

客户效应理论通过不同客户对企业股利政策的要求,将企业的股利支付直接与投资和筹资决策相结合,认为企业股利政策的制定从一个侧面反映了企业不同筹资方式所对应的成本。

3. 代理成本理论

伊斯特布鲁克(Easterbrook,Frank H. ,1984)[1] 提出了股利代理成本的解释。他认为,股利之所以存在是因为它会诱致企业不断发行新债,从而使企业反复进入资本市场,这在一定意义上会遏制代理问题发生作用。一般来说,由于股东的有限责任,使得他们在向债权人支付了固定收益后,就可以从风险项目中获得剩余的全部收益,而一旦风险项目投资失败,风险将大部分转嫁给债权人,所以,股东是冒险型的投资者。但是债权人却属于风险规避型,他们总是试图通过企业契约和相关工具来控制自己所承担的风险。股利政策便是解决股东与债权人之间矛盾和冲突的有效工具之一。较低的股利支付率意味着企业留存更多的收益用于再投资,降低了企业的资产负债率,提高了债权人的贷款安全性;较高的股利支付率则减少了管理层对现金流量的支配权,约束了可用于谋取自身利益的资金来源,而且还使得通过留存收益实现内部融资的可能性减少,因此,为满足新投资的资金需求,有必要寻求外部负债或权益融资,从而创造敦促企业进入外部资本市场的机会。企业进入资本市场进行融资,则意味着公司将接受更多严格的监管,这就迫使管理者必须尽力经营企业,才能以优良的业绩在资本市场筹集资金,这不仅为外部投资者借股权结构的变化对内

---

① Two Agency-Cost Explanations of Dividends, *American Economic Review*, 74, 650 - 659.

部人进行控制提供可能，而且再次发行股票后，公司的每股税后利润被摊薄，公司要维持较高的股利支付率，就需要付出更大的努力，这些都有助于缓解代理问题，降低代理成本，提高公司价值。

代理成本理论从内、外源融资的不同成本角度论证了股利政策和企业融资的关系。

4. 自由现金流量理论

迈克尔·詹森（Michael C. Jensen，1986，1988）提出了自由现金流量假说（Free Cash Flow Hypothesis，FCFH）[①]，他将自由现金流量定义为超过所有投资项目资金需求量的现金流量，且这些项目在以适用的资本成本折现后要有正的净现值。企业在拥有大量的自由现金流量后，会倾向于将其花在对外扩充的投资项目上[②]。企业经营者对投资的偏好，不仅有其自利的一面，还因为投资行为所受的约束较小。特别是采用自由现金流量进行投资，可以避开对外融资时外部市场的监督。因此，FCFH认为资产规模较大的企业拥有的自由现金流量较充足，他们更会过度投资，而这些投资项目很可能是低利的或亏损的，尤其是多元化扩充投资。为保证这些项目的实施，经营者会采取低的现金股利或零现金股利政策，保持充足的现金流量。根据此理论，企业提高股利支付率会减少管理部门对自由现金流量的支配权，从而减少再投资风险，使资源做到有效配置。

自由现金流量理论则将企业的自由现金流量和投资决策，以及外部融资决策相互结合，说明股利政策会通过对自由现金流量的影响，影响企业的投资决策和融资决策。

5. 行为学派理论

进入20世纪80年代，以卡尼曼（Thaler and Kahneman，1981）[③]、谢弗林

---

① Michael C. Jensen："Agency Costs of Free Cash Flows, Corporate Finance and Takeovers", *American Economic Review*, p. 323. See Kevin Keasey, Serve Thompson & Mike Wright. Corporate Governance, Volume, Ⅳ Edward Elgar Publishing, Inc. 1999.

② 企业经营者出于以下考虑会使企业发展超过理想的规模：企业规模的扩大会使经营者可控制的资源增加，扩大经营者的权利；经营者的报酬往往与销售额的增长正相关，经营者可通过扩大企业规模使自己所得的报酬增加；企业规模的扩大，可以为经营者创造更多的管理职位，有利于经营者的晋升。参见刘淑莲《企业融资方式、结构与机制》，中国财政经济出版社2002年版，第30页。

③ Thaler, R., and Kahneman, d., 1981, The Framing of Decisions and the Psychology of Choice, *Sciences*, 211, 453 – 458.

和斯特曼（Shefrin 和 Statman，1984）①等为代表的学者将行为科学引入股利政策的研究中，着重从行为学的角度探讨股利政策。其中比较有代表性的观点是理性预期理论、自我控制理论、有限理性理论和后悔厌恶理论。

理性预期理论认为预料之外的股利政策包含公司盈利和其他方面的信息，如果公司宣告的股利政策与投资者预期的股利政策存在差异，股票价格可能会发生变化。

自我控制理论认为人类的行为不可能完全理性，有些事情即使会带来不利后果，人们还是不能自我控制，而股利政策为人们提供了一种外部约束机制，可以在一定程度上阻止原始资本的变现、限制当前消费所能动用的资金。

有限理性理论认为，完全市场的理性人假设并非总是成立，投资者对公司股利政策不能迅速做出反应，从而给管理层制造了使用各种手段控制股利政策的机会。

后悔厌恶理论认为在不确定条件下，投资者在做出决策时要把现实情况和他们过去遇见过的做出决策的情况进行对比，如果个体认识到在当时的情况下另一种选择会使他们处于更好的境地，他就会感到后悔；相反，如果从现实选择中得到了好的结果，他就会有一种欣喜的感觉。由于投资者都是后悔厌恶型的，股票股利会给投资者带来后悔，所以他们更偏好现金股利。

6. 股利的寿命周期理论

股利的寿命周期理论以葛瑞伦、米歇尔、史威米纳（Grullon，Roni Michaely 和 Swaminathan）、哈瑞·迪安吉罗、琳达·迪安吉罗和雷内·M. 斯塔尔泽为代表。该理论认为，企业所处的寿命周期不同，采用的股利政策也会不同②。企业在不同的生命周期阶段其成长性和面临的投资项目，以及保留盈余占总权益和总资产的比重不同，企业的股利政策也会有所不同。具体来说，成长期的企业，有非常多净现值大于零的项目，股利支付相对较少，当企业进入成熟期之后，投资机会开始缩水，资本支出开始下降，自由现金流量开始增加，从而有可能会增加股利分红。另外，保留盈余占总权益或总资产较高的公

---

① Shelfrin, Hersh and Meir Statman, 1984, Explaining Investor Preference for Cash Dividends, *Journal of Financial Economics*, 13, 253 – 282.

② 杨汉明：《股利政策与企业价值》，经济科学出版社 2008 年版，第 45 页。

司其股利支付率也相对较高，内部和外部资本的来源和比重可以较好地说明公司所处的生命周期阶段，并影响公司的股利政策。

（三）对股利理论的点评

现代股利理论以股利相关论为基础，集中研究讨论股利为什么会引起股票价值的变化，在放宽了 MM 股利无关论的假设条件下，从多种不同角度对股利政策提供了解释，丰富了股利政策的研究成果，认为股利政策与企业的融资和投资决策紧密相关。但是，无论是信号传递理论、客户效应理论、代理成本理论，还是自由现金流量理论、行为学派理论等，都未将股利政策单独作为融资决策的一部分进行实证研究，股利的寿命周期理论则将企业生命周期与股利政策相结合，但也主要基于不同生命周期股利政策和市场反应的角度，未将其和企业生命周期的融资决策相结合，"股利之谜"仍需要人们继续研究。因此，本章将股利政策作为融资决策的一部分，通过对企业生命周期和股利政策的关系研究，发现上市公司股利政策和生命周期之间的关系，以期对股利政策理论的发展有所贡献。

二 股利政策类型

股利政策是融资政策不可分割的一部分，是关于盈利留存问题的融资决策。长期以来，人们对股利政策进行了广泛而深入的研究，形成了不同的股利政策类型①。

（一）稳定的股利政策

稳定的股利政策是指在一段时间内公司保证每股股利金额的相对稳定。稳定的股利政策可以表达公司管理当局对企业未来的预期，向投资者传递他们拥有的信息优势，增强消费者的投资信心，满足人们取得稳定收入的愿望。当盈利下降而企业并未减少股利时，市场就对该股票充满信心；如果企业降低了股利，市场信心则也将随之减弱。但是，管理当局不能永远欺骗市场，如果公司的盈利呈下降趋势，稳定的股利也不能永远给投资者一种未来欣欣向荣的印象；另外，如果公司处于不稳定的行业，盈利变动很大，那么即使支付稳定的

---

① 魏刚：《中国上市公司股利分配问题研究》，东北财经大学出版社 2001 年版，第 29—32 页。

股利也无法给市场一种潜在稳定的幻觉。所以，成熟的、盈利较好的公司通常采用该政策。

（二）固定股利加额外股利政策

固定股利是指企业在正常情况下向股东支付的期望股利；额外股利是指在固定股利之外向股东支付的一种不经常有的股利，它只有在特殊的情况下才支付。额外股利的运用，既可以使企业保持固定股利的稳定记录，又可以使股东分享企业繁荣的好处。该股利政策适合于盈利经常波动的企业。

（三）剩余股利政策

剩余股利政策主张公司的盈余首先用于盈利性投资项目的需要，如果有剩余，公司才将剩余部分作为股利发放给股东。当公司采用该政策时，通常按下列步骤决定股利的支付水平：确定投资项目及其所需筹集的资金数额，尽可能地用留存利润为投资项目融资，只有当投资项目所需要的权益资金得到全部满足后，剩余的留存利润才能用来支付股利。剩余股利政策以股利无关论为前提，以投资项目的资金需求为核心，比较适合于新成立的或处于高速成长的企业。

（四）固定股利支付率政策

该政策的含义是企业每股股利的支付率保持不变，每股股利是每股盈利的函数，随每股盈利的增减而变动。采取该政策，使得企业股利的支付路径极不稳定，易造成公司的地位下降、股价下跌与股东信心动摇，所以，企业极少采用该股利政策[①]。

（五）股利政策的点评

由以上股利政策的类型可以看出，上市公司对股利政策不同类型的选择和企业的盈利能力、企业所处的生命周期、企业的投资机会以及融资决策紧密相关。在美国、英国、加拿大等比较成熟的市场经济国家，公司通常倾向于支付

---

① 但魏刚（2001）认为，对于中国上市公司而言，似乎实行固定股利支付率政策比较合适。因为在中国，有不少推行内部员工持股计划的公司，其中有些公司内部员工持股比例较高。在这些公司中，如果采用本政策，可将员工个人的利益与公司利益捆在一起，使员工意识到他们的切身利益与公司的兴旺发达息息相关，从而充分调动广大员工的积极性，增强公司活力，进一步提高公司经济业绩。魏刚：《中国上市公司股利分配问题研究》，东北财经大学出版社 2001 年版，第 31 页。

稳定而持续增长的股利，即使利润波动很大。但中国上市公司的股利政策却呈现波动性较大，缺乏连续性和稳定性等特点①。为什么中国上市公司的股利政策与其他国家有较大差异，也是一个尚待解决的问题。所以，本章用上市的制造业公司数据为基础进行探讨，分析中国上市公司企业生命周期和股利政策制定的关系，以期对中国上市公司制定股利政策时的影响因素的研究予以丰富和完善。

第三节　文献回顾与研究假设

一　股利政策与生命周期的文献回顾

（一）股利政策与融资决策

股利政策对融资决策的影响可以从上市公司的融资决策和融资顺序得以实证。

蓝发钦（2000）② 以上海证券交易所进入综合指数的上市公司和深圳证券交易所成分指数的上市公司作为分析样本，统计分析了连续三年的公司净利润中现金红利的支付情况，发现在中国公司的财务决策中，股利政策与融资决策密切相关，甚至可把股利政策作为公司达到一定融资结构的有效途径，而且股利政策总是尽其所能配合公司的筹资偏好。

杨家新（2002）认为，从契约关系看，融资结构反映了筹资活动的事先安排，股利政策则是一种事后承诺，两者共同构成了一个完整的筹资契约③。

李姚矿、杨善林（2006）认为股利政策直接决定了公司当期利润有多大比例可作为留存收益进行再投资，从而改变融资结构，影响融资成本；股利政策实施的正确与否会影响公司外部融资计划实施的顺利与否；股利政策可直接反映股票的每股现金流量，进而影响到公司前景的预测④。

---

① 王艳茹：《上市公司股利政策研究》，《中国青年政治学院学报》2005 年第 1 期，第 77—81 页。

② 蓝发钦：《公司股利政策研究》，华东师范大学博士论文，2000 年。

③ 杨家新：《公司股利政策研究》，中国财政经济出版社 2002 年版，第 79 页。

④ 李姚矿、杨善林：《企业生命周期的资本运营研究》，经济科学出版社 2006 年版，第 152—154 页。

哈佛大学的高登·唐纳森（Gordon Donaldson，1960）[①] 教授通过对企业在实务中是如何筹集资金这一问题的调查发现，在融资顺序中，企业首先考虑的是内源融资，即留存收益和折旧；其次，根据未来投资机会的预期现金流量确定股利支付率，在正常情况下，股利支付率是内部资金与未来资本支出相互权衡的结果。但由于股利在短期内具有"刚性"，企业一般不愿意改变股利政策，降低股利支付更是下策。因此，在某一特定年度里企业的内部资金不一定能满足其资本支出的需要；所以，如果企业没有足够的资金满足投资需要，则需要出售部分证券，或在资本市场进行外源融资。而如果企业内部资金充足，则在满足投资需要的同时，还可以投资有价证券、偿还债务或支付股利。

（二）股利政策与生命周期

迪安吉罗和斯塔尔泽（Deangelo 和 Stulz，2005）[②]认为当留存收益在整个权益中所占的比例很高时，公开上市的公司中有很大一部分会支付较高的股利，相应的，当留存收益较少时，企业几乎不分股利。作者发现，在将盈利能力、成长性、公司规模、杠杆、现金余额和分红历史作为控制变量后，分红的决策与留存收益/股东投入比（earned/contributed capital mix）呈现高度的正相关。回归结果显示，留存收益/股东投入比对股利的影响比盈利能力和成长机会影响更大。如果将留存收益/股东投入比变量控制住，在 20 世纪 70 年代中期至 2002 年间，留存收益为负的公司在分红倾向上几乎没有显示任何的变化，而那些赚取的权益足够分红的公司有减少股利分红的倾向。作者认为所有的证据都支持股利的生命周期理论，也就是说，内部资本和外部资本的来源和比重可以较好地说明公司所处的阶段。

2001 年，法码和弗仁奇（Fama 和 French）发现具有较高盈利能力和较低成长率的公司倾向于发放股利；而低盈利、高成长率的公司倾向于留存利润。

---

① 参见 Eugene F. Brigham & Louis C. Gapenski："Financial Management：Theory and Practice，" Seventh Edition, The Dryden Press, 1997, p. 566。

② Harry Deangelo, Linda Deangelo, René M. Stulz, Dividend policy and the earned/contributed capital mix: a test of the life-cycle theory. Journal of Financial Economics Volume 81, Issue 2, August 2006, pp. 227 – 254.

哥瑞伦、米歇尔和史威米纳（Grullon，Roni Michaely 和 Swanminathan，2002）[1] 解释了为什么企业宣告股利分红后，给投资者带来了预期利润下降，但是反映在股市上却是利好的信号。作者认为处在成长期的企业，有非常多净现值大于零的项目，可以赚取相当的利润回报，同时伴随较高的资本支出和较低的自由现金流量。而当企业继续向前发展，进入成熟期之后，投资机会开始缩水，资本支出开始下降，自由现金流量开始增加，从而有可能会增加股利分红。增加股利分红的企业，系统风险会有显著的降低，所以尽管盈利能力有所下降，市场上还是会做出积极反应。而且长期来看，在这些系统风险下降的公司中，下降幅度最大的公司在未来三年相应股价的上涨幅度也最大。认为股利增加和其他现金支付是公司从成长阶段到成熟阶段的整体特征。

哈瑞·迪安吉罗、琳达·迪安吉罗和雷内·M. 斯塔尔泽（Harry DeAnglo，Linda D eAnglo，René M. Stulz）2006 年在《财务经济学刊》上发表《股利政策和盈利—投入资本的混合：寿命周期理论的解释》（*Dividend Policy and the Earend/Contributed Capital Mix*：*A Test of the Life-cycle Theory*）一文，指出，与股利寿命周期理论相一致，当保留盈余在总权益（RE/TE）（或总资产，RE/TA）中占的比例较高时，公开交易的行业，公司中支付股利的比重较高；当大部分权益是投入资本而非保留盈余时，这个比重几乎为零。在控制了公司的规模、当前和最近的盈利能力、成长能力、总权益、现金盈余和过去的现金股利后，在广泛的 Logit 回归分析中，他们也观察到了与前面一样的结论，即支付股利的决策与 RE/TE（和 RE/TA）高度显著相关，在股利发放和停发中，这种关系也存在。保留盈余和投入资本的混合对支付股利公司的影响在数量上比现在盈利能力和成长机会指标的测量要大。他们也记录到了保留盈余为负的公司数量的大量增加（从 1972 年的 11.8% 增加到 2002 年的 50.2%），这种趋势也反映了股利支付的下降，与法码和弗仁奇 2001 年的结论一样。当他们控制保留盈余和投入资本的混合数时，发现从 1970 年中期到 2002 年保留盈余为负数的公司，其股利支付的倾向几乎没有变化，而那些保留盈余使他们成为股

① Gustavo Grullon, Roni Michaely, Bhaskaran Swanminathan, Are Dividend Changes a Sign of Firm Maturity?. Journal of Business, 2002, 75 (3): 387 – 424.

利支付合理候选人的公司，其股利支付呈现出减少的趋势，这种趋势是法码和弗仁奇预测总体量的两倍。他们的全部证据都支持股利寿命周期理论：公司所处的循环阶段能用内外资本的混合较好地解释，相对于投入资本来说，支付股利的公司有较高的保留盈余，不支付股利的公司正好相反①。

魏刚（2001）②认为，影响上市公司股利政策的因素还有国家宏观经济环境、通货膨胀、企业的融资环境、企业所在行业、管理当局的道德风险和逆向选择、企业生命周期等。魏刚（2001）和杨家新（2002）均认为，企业在成长阶段股利支付率相对较低，发展阶段公司开始以较大的股利支付比率把收益转移给股东，成熟阶段股利支付率将在公司未来的日子里几乎保持不变。朱武祥（1999）认为，企业的不同成长阶段和现金流量特征也会影响股利政策的制定。例如，IBM 公司在 20 世纪五六十年代处于快速成长期，股利支付率为 1%—2%，70 年代中期增长速度开始放慢，出现大量现金盈余，1976 年末现金盈余为 61 亿美元，1977 年末为 54 亿美元，由于缺乏有吸引力的投资机会，IBM 开始增加现金股利：1978 年股利支付率为 54%，1977—1978 年共斥资 14 亿美元回购股票。1986—1989 年，IBM 用 56.6 亿美元回购了 4700 万股股票，期间 IBM 的股利支付率为 56%。

表 6.1 是美国部分公司增长率、长期负债比率及股利支付率的情况：

表 6.1　　　　　美国部分公司增长率、长期负债比率及股利支付率③

公司名称	1982—1991 年增长率（%）				1991 年（%）	
	销售额	税后利润	每股收益	每股账面价值	长期债务比例	股利支付率
Computer Asso.	53.6	58	19.8	49.1	3.2	11.6
Dell	72.3	92.6	30.7	91.5	13.1	0
英特尔	20.4	44.4	37.9	20.4	10.8	0
微软	53.7	63.8	56.2	62.6	1.4	0
康柏	52.6	49.5	46.6	37.5	3.7	0

---

① 杨汉明：《股利政策与企业价值》，经济科学出版社 2008 年版，第 36—37 页。
② 魏刚：《中国上市公司股利分配问题研究》，东北财经大学出版社 2001 年版，第 23—29 页。
③ 朱武祥：《企业融资决策与资本结构管理》，《证券市场导报》1999 年 12 月。

续表

公司名称	1982—1991 年增长率（%）				1991 年（%）	
	销售额	税后利润	每股收益	每股账面价值	长期债务比例	股利支付率
太阳微系统	74.3	66.3	46.9	103	26.2	0
Silicon Graphics	67.3	101.2	715.8	0		
百事可乐	11.3	19.1	19.7	14.9	59.2	34.3
佛罗里达电力	6.7	5.1	(0.4)	0.5	50.6	103.5

注：Dell 销售额、税后利润以 1985 年为起点，股票价格以 1988 年为起点；微软销售额、税后利润以 1985 年为起点，股票价格以 1986 年为起点；康柏公司以 1983 年为起点；太阳微系统以 1985 年为起点；Silicon Graphics 以 1986 年为起点。

从表 6.1 可以看出，除 Computer Asso. 在增长较快时有较高的股利支付率外，其他处于成长阶段的企业（销售额增长率大于 20%）股利支付率均为零；而处于成熟阶段的百事可乐、佛罗里达电力等公司的股利支付率较高，佛罗里达电力甚至达到了 103.5%，相当于发放了部分清算股利。

刘正利、刘瑞（2004）认为，企业在生命周期的不同阶段均具有较为明显的企业现状与外部环境的差异性，这种差异造就了企业不同的发展战略，也要求不同的财务管理策略与之相适应[1]。

杨汉明（2008）[2] 认为，企业股利政策和生物一样，是具有生命周期的。他以 2000—2005 年在上海证券交易所和深圳证券交易所上市的所有 A 股公司作为样本，对上市公司的股利政策与企业生命周期进行了实证研究，发现成立时间长的、成熟的公司大量发放股利反映了企业的财务寿命周期。"年轻"的公司拥有有限的资源，面对相对较多的投资机会，因而保留盈余超过了分配数；而"成熟"的公司有较高的盈利能力、较少的具有吸引力的投资机会，分配股利是其明智的选择。成熟的公司使用股利作为其主要的信号手段，高速成长的公司并不强调股利传递信息的功能。

国内外众多学者已经基于企业生命周期和股利政策的关系进行了大量研

① 刘正利、刘瑞：《生命周期与财务管理策略》，《经济师》2004 年第 9 期，第 148 页。
② 杨汉明：《股利政策与企业价值》，经济科学出版社 2008 年版，第 144 页。

究。从理论和实证等不同方面发现企业生命周期和融资决策的关系，企业生命
周期和股利政策的关系。但以上研究要么对于生命周期的分类标准与本文不
同，要么未对企业所处的全部生命周期阶段的特征和股利政策进行全面分析，
要么仅限于定性描述。因此，本文认为，为进一步探索股利政策之谜，有必要
以我国上市公司的数据为基础，对企业生命周期和股利政策的关系进行全面的
分析。

二　研究假设

在初创期，由于新产品的需求量很小，企业面临的经营风险非常高，一般
不能获得与总投资相应的经济回报。该阶段是纯粹的现金净流出阶段，资金需
求量大而利润额较低，盈余不稳定，企业的经济增加值（以下用 EVA 代替）
常常小于零，现金流量短缺。此时，企业发展所需要的大量资金，很难从外部
获得，而且即使获得了外部融资，资金成本也很高；加上企业为控制总风险，
总是尽量降低财务杠杆水平，努力减少债务资金的使用，而尽可能采用权益融
资。所以，初创期的企业往往倾向于将利润尽可能多地留存在公司，少分甚至
不分股利。

假设 1：企业在初创期很少甚至基本不支付现金股利。

企业在成长期，公司的发展前景相对明朗，盈利较为稳定，EVA 可能等于
零或略大于零，比较容易进入公开市场筹集资金，但由于资产的流动性较差，
经营风险仍然很高；该阶段由于销售收入的快速增长和投资机会的大量增加，
要求公司迅速扩大生产能力，以达到规模优势，成长期企业的资金需求量大而
紧迫，投资活动现金流量表现为巨额的净流出。此时，基于完全合理的利润水
平之上的高销售额将产生比创业阶段更为充裕的现金流量，但由于企业必须在
总体市场开发和市场占有拓展两个方面同时投入大量资金，以保证与生产活动
中不断增长的规模水平相匹配，经营活动中产生的大量现金流量必须重新投入
到经营中去，因此，企业最好的股利政策就是将生产经营过程中产生的利润大
量留存，用自有资本尽可能满足不断扩张的资金需求；但是，由于公司已度过
了初创阶段的艰难，并已有了某种竞争优势，投资者往往有分配股利的要求，
公司为留住股东一般会发放部分现金股利；不过，却会发放尽可能少的现金股

利，一方面保持原有股东对企业的权益，避免由于大量股利导致的对外界筹资的巨额需求，另一方面，用留用利润筹集资金，还可以降低财务风险，将企业的总风险控制在可接受的范围之内。

假设2：成长期的公司倾向于支付非现金股利，支付现金股利的公司比率较低。

公司在成熟期，生产经营较为稳定，各期流动资金稳步增长，变现能力和偿债能力增强，企业资产的流动性较好，经营风险降低；账面利润很高并且相对稳定，EVA通常大于零，有较为宽裕的营运资金和足够的留存收益，低速增长还减少了企业需要追加投入的资金，企业的现金净流入量会相应地逐渐增加，现金溢余。由于企业的发展速度明显放慢，使企业产生现金的能力较强但资金需求偏弱，资金积累规模较大，公司的现金净流量表现为明显的正值，具备稳定支付现金股利的能力；加上投资者收益期望强烈，股东可能会因害怕承担风险而希望现时多发现金股利，少留存盈利，公司一般会采取高现金股利的分配政策，给股东较高的现金回报，使股东分享公司的经营成果。而且高额的现金股利支付，可以减少管理者能够控制的自由现金流量，减少对资金的可能浪费，降低代理成本。

假设3：成熟期企业每股股利的支付额会较高，支付现金股利的公司数量较成长期增多。

在衰退期，企业的销售收入开始下降，盈利和净现金流量不断减少，EVA可能小于零，企业会持有大量的现金流量，资产流动性较好，经营风险比成熟期有所提高。公司对资金的需求取决于其对发展前景和周围环境状况的预测，处于衰退期的公司往往采用以下发展策略：一是收缩型战略下的转变策略，二是收缩型战略下的清偿策略。在第一种策略下，如果公司不被解散或被其他公司重组与兼并，就要积极寻找新的投资机会，考虑多角化经营，选择新投资项目，立足于新的市场增长点，使市场对企业产生积极信号，从而推动企业增长，实现良性蜕变，这样公司对资金的需求可能依然较高，每股现金股利的支付可能比成熟期略低，或维持成熟期水平，以防止股东撤资，维护公司转型期的稳定；在第二种策略下，公司可能会在无进一步发展的情况下通过清算型股利实行资本返还，或干脆以股票回购的形式加大收缩幅度，这会导致公司对资金的需求量大为降低，从而倾向于较高的现金股利支付率。这种股利回报既作为对现有股东投资机会的补偿，也作为对其初创期与发展期高风险、低报酬的一种补偿，此时的现金股利最终呈现出逐步削减的趋势，但股利支付率却不断上升，达到甚至会超过100%。

假设4：衰退期现金股利的支付率最高。

不同生命周期阶段股利政策及其采用的原因和意义如表6.2所示。

表6.2 生命周期与现金股利政策

	经营风险	经营活动现金流量状况	融资策略	股利政策及意义
初创期	非常高	净流出	权益资金	低现金股利或非现金股利，以留存利润用于发展
成长期	高	净流入	负债融资	低现金股利，单独或合并采用送转的方式，原因同初创期
成熟期	中等	净流入	权益+负债	高现金股利，使股东分享企业经营成果
衰退期	高	净流出	不定	高/低现金股利支付率，使股东分享企业经营成果或返还投资/谋求新发展

不同阶段的现金股利和生命周期的关系如图6.1所示。

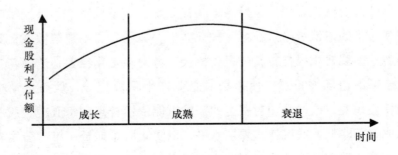

图6.1 企业不同生命周期股利政策

186

第四节　数据统计及描述性分析

本节从企业股利政策和生命周期阶段的关系出发，运用 1993—2006 年上海证券交易所和深圳证券交易所全部制造类 A 股上市公司的数据，对以上假设进行数据检验，以发现二者之间可能的内在联系①。但由于在我国的资本市场上，上市公司中不存在初创期的企业，因此，本章在进行数据分析时，对于处于初创期企业的股利政策特征未进行验证，只对处于成长期、成熟期和衰退期的企业进行分析。

一　相关概念及比例解释

本章数据分析部分涉及的相关概念及指标解释如表 6.3 所示。

表 6.3　　　　　　　　　　　相关概念及指标解释

指标名称	指标的内涵
样本数	不同生命周期阶段的上市公司数量
派息数	在该生命周期阶段内支付现金股利的上市公司数量
派息公司占比（%）	派息数/样本数
样本年度期间	不同生命周期阶段上市公司数量与位于该阶段年份数的乘积之和
派息年度期间	不同生命周期阶段的上市公司派息的年份数
派息期间占比（%）	派息年度期间/样本年度期间
送转年度期间	不同生命周期阶段的上市公司送红股或转增的年份数
送转年度占比（%）	送转年度期间/样本年度期间
年度平均股利	不同生命周期阶段上市公司平均每年支付的税前每股股利
年度平均派息额	不同生命周期阶段上市公司平均每年支付的税前现金股利金额
股利支付率	每股股利/每股收益

---

① 由于数据因素，无法对初创期企业的现金股利政策进行检验。

二 不同生命周期阶段的股利支付比例

企业的股利支付比例可以通过派息公司占全部样本数的比重、派息期间占样本年度期间的比重和送转年度期间占样本年度期间的比重等三个指标来衡量。运用第二章有关企业生命周期的划分标准，对所有制造类上市公司历年的非现金股利和现金股利支付情况进行整理，剔除数据不全的上市公司，共得到419家公司样本，样本数据的计算结果如表6.4所示。

表6.4　　　　　　　　　　**不同生命周期企业的股利政策**

	成长期	成熟期	衰退期
样本数	201	87	131
派息数	162	70	46
派息公司占比（%）	0.80597	0.804598	0.351145
样本年度期间	653	276	478
派息年度期间	418	154	73
派息期间占比（%）	0.640123	0.557971	0.15272
送转年度期间	121	47	33
送转年度占比（%）	18.53	17.6	6.9

资料来源：根据国泰安信息技术公司的 CSMAR 系列研究数据库资料整理。

通过表6.4可以看出，从送红股和转增的情况看，成长期采用送转方式进行股利支付的公司比例最高，占18.53%；衰退期最低，只有6.9%，符合假设2关于非现金股利政策的假设。从现金股利的支付情况看，简单按照样本数和派息公司的家数比较，成长期和成熟期现金股利的支付比例分别为80.6%和80.5%，比例几乎相当，衰退期支付现金股利的公司比例最低，仅为35.11%。进一步按照不同生命周期所处的年度期间（如某公司处于成长期的时间为1998—2000年，则其处于成长期的年度期间为3年）计算，发现三个阶段支付现金股利的比例均有所下降，而且不同生命周期阶段支付现金股利的年度百分比出现了较大的差异。成长期派息期间占比明显高于成熟期的8.21%，衰退期支付现金股利的比例则下降了一半还多，由原来的35.11%降至 15.18%。表 6.4 的资料说明，我国上市公司支付现金股利的比例较高，按派息公司占比来看，最低的衰退期也在 35.11%，远高于一些发达国家的现金股利支付比例①，也符合国内其他学者对于上市公司股利政策形式的研究结论。

由于 2000 年我国证券市场监管层在不同的场合向市场传递了将现金分红作为上市公司再融资的必要条件的信息，使 2000 年之后上市公司的现金股利政策与 2000 年以前出现了较大差别，于是进一步将上市公司股利政策以 2000 年为界进行计算整理，其结果如表 6.5 所示。

表 6.5   **2000 年前后现金股利支付情况比较**

	成长期		成熟期		衰退期	
	2000 年前	2000 年后	2000 年前	2000 年后	2000 年前	2000 年后
样本数	38	163	27	60	57	74
派息数	28	134	21	49	25	21
派息公司占比	0.736842	0.822086	0.777778	0.816667	0.438596	0.283784
样本年度期间	121	532	84	192	198	283
派息年度期间	59	359	39	115	33	40
派息期间占比	0.487603	0.674812	0.464286	0.598958	0.166667	0.141343

资料来源：根据国泰安信息技术公司的 CSMAR 系列研究数据库资料整理。

由表 6.5 可以看出，股息支出和保留盈余的比例对于成长期和成熟期的企业来说确实在 2000 年前后发生了较大的变动。2000 年之后，不同生命周期阶段企业的股息支出均大幅度上升、保留盈余则大幅度下降，尤其是从派息期间占比的角度看，成长期和成熟期上市公司派发现金股利的年度分别比 2000 年前增加了 18.72% 和 13.47%，说明上市公司在 2000 年以后为了能够继续使用配股增发的手段"圈钱"，不得不按照中国证监委的要求，提高股息的支出比

---

① 美国 1963—1999 年间的派现公司比例越来越小，从六七十年代的 70% 逐步下降到 20%。Fama 和 French（2001）认为，美国上市公司中派现公司比例下降的主要原因是由于上市公司性质的改变，上市公司开始向小型化、低盈利性以及高成长性发展，这些特性的公司都是不偏好发放现金股利的公司。另外一个原因是公司的支付意愿的下降。转引自朱云《国际视角下的中国股利支付率和收益率分析》，《中国软科学》2004 年第 11 期，第 69—74 页。

例，这从一个侧面对我国证券市场的"政策市"做了注解。衰退期的企业却未出现类似的现象，说明处于衰退期的上市公司很难满足在证券市场再融资的要求，所以，其筹资的相对困难，使得其更加珍惜经营中能够产生的现金流量，更加"惜派"，总是尽可能多的将利润留存在公司，另一方面也说明，处于衰退期的上市公司由于盈利能力的下降，缺少支付现金股利的资金。

2000 年前后支付现金股利公司的变化情况与杨汉明（2008）、朱云等（2004）的研究结论相符[①]。但不同生命周期支付现金股利的公司比例与本文假设 2 的分析不符，无论是 2000 年前后的数据还是整个样本期间的数据，无论是派息公司占比还是派息期间占比均显示成熟期小于成长期。其理由可解释如下：

第一，成长期上市公司的盈利能力较强。盈利能力是支付现金股利的根本要求。按照第二章对企业生命周期的分类和对不同生命周期企业财务特征的描述，成长期企业总资产净利率的均值为 1.55%，成熟期为 0.89%，成长期的盈利能力高于成熟期 0.66%。而按照第五章对于融资结构的数据分析结果可知，由于历史原因，上市公司对于在成长期增加的固定资产并没有采用加速折旧的政策，使企业的固定资产折旧额在各个期间较为均衡，并未和资产的回收周期相匹配，从而导致在销售收入快速增长的成长期，折旧费用能够得到超额弥补，而在销售增长趋缓的成熟期，折旧费用的金额却和成长期相同，在一定程度上使得成长期的获利能力高于成熟期。而按照劳伦斯、西恩等（Varouj，Laurence，Sean，1999）[②]的观点，发展中国家的公司当前支付的股利更依赖于当前收益，而不是过去的股利。体现了市场体制不健全时投资者更关注的是当前和未来的收益，而不是财务政策的一贯性。股利作为管理者传递其对未来预期的一种信号，向外界反映了公司当前和未来的盈利能力，因而效益好的公司将倾向于借助股利向公众进一步展示其良好的未来。所以，在盈利能力较高的

[①] 杨汉明（2008）以 2000—2005 年在上海证券交易所和深圳证券交易所上市的所有 A 股公司作为样本，对上市公司的股利支付形式进行了实证研究，发现在整个样本期间，在各种形式的股利中，支付现金股利公司所占的比例几乎每年都在 75% 以上（除 2003 年为 68.55% 外），成为主要的股利支付方式；但上市公司股利支付率尽管较高，行业之间支付率却存在显著差异。朱云等（2004）的研究结果也表明，我国上市公司的分配形式中派现占主要地位，尤其是 2000 年以后，单纯送转的公司数非常小。

[②] Varouj, Laurence, Sean: Signaling, Dividends and Financial Structure: Implications from CrossCountry Comparisions, Rotman School of Management University of Toronto, WorkingPaper, 1999.

成长期，企业倾向于较多地向股东发放现金股利。

第二，企业在成长期资金需求更为迫切。股利政策是企业融资决策的组成部分，企业的融资需求会对现金股利政策的制定产生直接影响。在成长期由于企业资产规模的快速扩张，形成了对外筹集资金的迫切需求，为了能够通过增发配股的形式筹集新的股权资金，上市公司不得不按照证监会的有关规定发放现金股利；而且现金股利作为股票股利的替代，可在一定程度上限制企业股本当年的扩张，使每股收益相对提高，更好地满足法律关于增资配股的要求。发放一定的现金股利，帮助筹集更多的股权资金可能是很多成长期上市公司支付现金股利的理由之一。

第三，上市公司股利政策随意性大。按照股利政策理论，企业现金股利政策的制定应与企业的长远发展战略相适应，应根据企业投资项目对资金的需求，与企业对筹资渠道和筹资成本的预测等相适应；股利政策的生命周期理论则发现，企业现金股利政策的制定与留存收益占全部权益或资产的比例呈正相关关系。可是根据本章的数据分析结果，发现上市公司在制定现金股利政策时，既未充分考虑企业发展对资金的需求，也未考虑内源融资的构成情况，而是如劳伦斯、西恩等（Varouj, Laurence, Sean, 1999）的研究结论，主要考虑了当前的收益，存在着比较随意的现象；另外，成长期分派现金股利较多的现象也可能恰好反映了我国资本市场的特性——上市公司受控股大股东的影响较大，在一定程度上是集团公司"圈钱"的工具，控股大股东会根据集团公司对现金的需求，而不是上市公司自身发展的需要来制定现金股利政策，以通过现金股利的形式从上市公司转移现金。

第四，我国上市公司平均上市时间较短。我国资本市场的发展截至2006年才只有15年的时间，而且资本市场的稳定发展时期是在1997年之后[1]，也就是大部分上市公司的上市时间在研究期间内只有9年的时间。根据杨汉明（2008）的研究结论，支付股利公司的比例与上市年数呈负相关关系，上市公司在上市当年为了公司"形象"，发放股利的公司较多，本章的研究结果基本支持这一结论。

---

[1]　谭克：《中国上市公司资本结构影响因素研究》，经济科学出版社2005年版，第46—50页。

三 不同生命周期阶段每股现金股利的支付情况

支付现金股利的公司数量之比，只能从一个方面说明上市公司支付现金股利的意愿，而每股现金股利则可进一步说明上市公司对投资者的回报程度。不同生命周期阶段上市公司支付的平均每股现金股利情况如表 6.6 所示。

表 6.6 　　　　　　　　　平均每股现金股利的支付情况

项目	成长期	成熟期	衰退期
平均	0.11443222	0.0814977	0.019551994
中位数	0.0875	0.05	0
方差	0.01322327	0.0095018	0.00218433
观测数	201	87	131

资料来源：根据国泰安信息技术公司的 CSMAR 系列研究数据库资料整理。

由表 6.6 可以看出，成长期支付的每股现金股利均值为 0.11 元[①]，成熟期低于成长期，为 0.08 元，衰退期依然最低为 0.02 元。统计结果与表 6.4 基本相符，与理论的分析和本章的假设 3 依然相违背。

为进一步对不同生命周期企业每股现金股利支付情况的差异性进行分析，文章接着运用 Excel 的数据分析工具对不同生命周期每股现金股利支付差异的显著性做了检验分析，方差分析的结果如表 6.7 所示。

表 6.7 　　　　　　　　　每股现金股利支付情况的方差分析

差异源	SS	df	MS	F	P-value	F crit
组间	0.715369	2	0.357685	39.72389	1.63E−16	3.017409
组内	3.745775	416	0.009004			
总计	4.461144	418				

---

① 由于按照税后每股现金股利统计，很多上市公司支付的股利在数据库中就不复存在，另外，数据库税前每股现金股利的资料比税后齐全，所以本章选取了每股税前现金股利的资料。

由表6.7可以看出，在显著性水平为0.05的情况下，F的取值远大于其临界值3，可见，不同生命周期企业的每股现金股利支付情况存在着明显的差异。

成长期支付现金股利较高的情况，可能是因为以下几个方面的原因。

第一，成长期企业的净现金流量高于成熟期。现金流量是支付现金股利的资金保障。按照本文第三章对不同生命周期现金流量的研究结果，成长期每股现金净流量为0.51元，成熟期为0.39元，成长期每股现金净流量比成熟期高0.12元。每股现金净流量的差异对企业现金股利的支付有直接的影响。其理由与第三章的说明相同：一方面因为在成熟期，企业仍可能需要依靠产品的价格战来维持其市场占有率，使成熟期企业经营活动的现金流量并未有一个相对的上升；另一方面，企业即使在成熟期，仍在不断扩张企业规模，而没有按照市场需求和企业的发展阶段，选择合理的企业边界；再加上成熟期企业较多地采用股权融资，使得总股数较成长期有较大增加，致使每股的净现金流量比成长期还有所下降。按照李姚矿、杨善林（2006）的研究，股利政策可直接反映股票的每股现金流量，所以，当企业在成熟期每股现金流量较低时，其支付的每股现金股利较低就属正常。

第二，国家经济的快速发展和较高的委托代理成本使企业在成熟期仍有不断扩充资源的动机。首先，国家经济的快速发展使企业在成熟期仍有较强的规模扩张冲动。作为新兴的市场经济国家，我国的经济发展在近些年一直呈现较快的增长态势。上市公司为保证其在市场竞争中的地位，不至于在行业竞争中被淘汰，最起码要保持和国民经济同步的增长速度。所以，即便是处于成熟期的企业，其扩大投资的要求依然强烈，投资活动的现金流出量依然较高，从而导致了成熟期每股现金净流量的降低；而为了满足成熟期继续扩大规模的需求，企业在成熟期也倾向于支付较少的股利，将较多的盈余留存用于投资，使成熟期每股现金股利的支付额较低。其次，较高的委托代理成本，使管理层有扩大公司规模的动机，却没有为股东服务的动机和制约机制，为了能够在较大规模的基础上享有更多的在职消费和扩大自身的控制权利，在所有者缺位的情况下，内部控制人会自然的选择规模扩张。由此导致管理层在股利决策时不是以企业价值最大化为出发点，根据未来投资的实际需要和市场对产品的需求以及企业所处的生命周期阶段决定留利，而是尽量少支付现金股利，增加自己可以控制的现金流量。加上在市场不成熟的情况下，即便保留盈余的经营效率低下，市场也会对上市公司的转增行为作出正面反应，客观上助长了企业使用留利扩大规模的行为。所以，上市公司的股利政策是企业代理问题没有很好解决的产物（原红旗，2001）。

第三，缺少对成熟企业的管理经验和心理准备。由于我国市场经济发展的时间较短，加上大部分上市公司由原国有企业改制而来，上市公司的管理层缺少市场经济条件下管理企业的经验，很多还存有计划经济条件下的部分管理心态，而对于成熟市场经济国家的一些成熟的管理经验和市场规则缺少学习和领悟，因此，在进行现金股利决策时，一些是出于对控股公司自身套现的考虑，一些可能只是基于企业当前的现状，缺乏对企业现金股利政策的整体规划。加上处于成熟期的上市公司较少，成熟期时间较短，企业管理层未能很好地调整心态去适应企业的生命周期，组织机制未能及时转换。

四 不同生命周期阶段股利支付率情况

股利支付率即股利分派率，指每股股利除以每股收益的比值。它反映了企业将多大比例的盈余用于支付现金股利，是股东获利能力的主要衡量指标之一。

不同生命周期企业现金股利支付率的计算结果如表 6.8 所示。

表 6.8 　　　　　　　　　　　　现金股利支付率情况

项目	成长期	成熟期	衰退期
平均	0.342054	0.392674	0.219216
中位数	0.29818	0.32761	0
标准差	0.313374	0.460625	0.413983
观测数	201	87	131

资料来源：根据国泰安信息技术公司的 CSMAR 系列研究数据库资料整理。

由表 6.8 可以看出，就现金股利支付率来说，成熟期企业最高，平均为 39.27%，其次为成长期，为 34.21%，衰退期依然最低，仅有 21.92%。现金股利支付率方差分析的结果（见表 6.9）表明不同生命周期现金股利的支付率确实具有显著差异。成熟期的现金股利支付率高于成长期可以理解，与前面的分析吻合，但衰退期现金股利支付率最低却与假设 4 不符。

表 6.9　　　　　　　　　　现金股利支付率的方差分析

差异源	SS	df	MS	F	P-value	F crit
组间	1.873576	2	0.936788	6.47699	0.001698	3.017409
组内	60.16744	416	0.144633			
总计	62.04101	418				

　　为解释衰退期现金股利支付率过低的问题，作者继续对上市公司的数据资料进行分析，发现在衰退期的样本中属于 ST[①] 的公司有 54 家，占衰退期公司总数的 41.54%，接近半数。按照吕长江（2004）[②] 的观点，由于上市公司的上市动机存在问题、公司上市后的经营战略普遍存在问题、上市公司退市政策不健全，以及我国的破产法规存在着"负面效应"致使应该破产的上市公司不破产等原因，上市公司普遍存在财务状况不佳的现象，大量的隐性高财务风险的公司数目远大于现有的 ST 和 PT 公司的数量。所以，本文认为衰退期公司现金股利支付率过低的主要原因是我国上市公司经营状况恶化和证券市场的不完善所致。由于证券市场发展时间较短，上市公司的"壳资源"价值非常高（贾渠平、王庆仁，1999；罗仲伟，2000；陈永忠，2004），致使企业一旦被 ST 则重组题材会非常明显，由于企业很难退出证券市场，因此管理者就不会像正常处于衰退期时要支付高额股利甚至清算股利，将企业的收益返还给投资者，而是要借助重组题材，牢牢把握自己的控制权；同时很高的隐性财务风险又迫使管理者尽量少分现金股利，而是将生产经营中产生的现金流量留存下来，努力降低财务风险。

---

　　① 按照我国证券市场的有关规定，对于财务状况或其他状况出现异常的上市公司的股票交易进行特别处理，称为 ST 公司。

　　② 吕长江、赵岩：《上市公司财务状况分类研究》，《会计研究》2004 年第 11 期，第 53—62 页。

五　不同生命周期企业现金股利政策的综合分析

从表 6.4、表 6.6 和表 6.8 可以发现，尽管在成长期和成熟期支付现金股利上市公司的比例较高，派息公司占比和派息年度占比在成长期和成熟期均高于 50%，但是，无论处于哪个生命周期阶段的企业，其支付的每股现金股利均较低（最高的成长期也仅为 0.11 元），现金股利支付率也较低（尤其是衰退期公司的股利支付率仅为 21.92%，中位数为 0，远低于主要国际市场的股利支付率）[①]。其原因可解释如下：

第一，上市公司出于融资成本的考虑倾向于使用股权融资

按照黄少安和张岗（2001）的测算，上市公司股权融资的单位成本仅为 2.42%，而同期银行贷款利率一年期为 5.85%、三年期为 5.94%、五年期为 6.03%。因此，上市公司的股权融资成本要比债务融资成本低得多，有所谓的"免费资本幻觉"[②]，从而使上市公司偏好股权融资。

第二，证券市场不完善

我国是新兴市场经济国家，证券市场发展不够完善，上市公司未形成支付股利的制度机制，随意性很大；加上中国股票市场发展时间短，股利支付缺乏长时间的连续性；另外，投资者更看重投资的资本利得而非每股现金股利，其回报往往寄希望于资本利得得到改善，使现金股利在市场上遭到忽视。

第三，上市公司盈利能力普遍较低

按照吕长江、王克敏（2002）[③]的观点，公司的盈利能力和股本规模是影响公司股利政策的共同因素，只有当公司盈利能力强且股本规模扩大时，公司才愿意支付较高的现金股利。由于大部分上市公司为原国有企业改制而来，而且其最初改制的根本目的是解决企业的资金问题，所以，很多上市公司上市之后，其公司治理和管理体制并未得到根本性改变，"一年盈两年亏三年 ST"的

---

① 主要国际市场的股利支付率和收益率见本章补充资料。

② 黄少安、张岗：《中国上市公司股权融资偏好》，《经济研究》2001 年第 11 期，第 12—20、27 页。

③ 吕长江、王克敏：《上市公司资本结构、股利分配及管理权比例相互作用机制研究》，《会计研究》2002 年第 3 期，第 39—48 页。

公司有很多，企业整体盈利能力较低，甚至有的公司自上市以来，长期游走于戴帽和脱帽之间。产生这些现象的原因，除了公司自身经营不力之外，制度因素不容忽视，如现行退市制度失灵、没有形成市场流通的转板机制等。

第五节　优化上市公司股利政策的建议

不同生命周期企业股利政策实际情况和理论分析的差异，说明我国上市公司尚未将股利政策和企业的长远发展战略相结合，未将其充分地与企业的融资决策相结合。很多上市公司在制定股利政策时有很大的随意性，既未对股利政策的信息传递功能予以足够重视，也未考虑客户对现金股利的实际需求，以及企业所处的生命周期阶段，从而无法通过股利政策降低高昂的委托代理成本。

优化上市公司股利政策需要企业和政府监管部门的共同努力，多管齐下，从不同角度进行改进和完善。

一　根据企业生命周期选择股利支付方式

企业应通过建立可持续发展的股利政策，根据其所处的生命周期阶段选择合理的股利支付方式。可持续发展的股利政策，是指可以和上市公司未来的投资决策、筹资决策、财务结构以及企业的生命周期阶段等相协调，使上市公司的经营业绩能可持续增长，从而实现公司股东价值最大化的股利政策。可持续发展股利政策的实质即是解决好股东当前收益和企业可持续发展资金需求之间的关系，企业应根据其所处的生命周期阶段，根据其未来的投资和筹资需求，以及不同生命周期的最优资本结构，来选择能够使企业价值最大化的股利政策，从上市公司的长期发展战略去考虑，而不是从控股股东的利益出发。这就要求上市公司的管理层首先能够对其所处的生命周期有明确的认识，然后根据所处生命周期阶段的投、融资特点，从企业发展需要的角度出发，来制定适合企业自身的股利政策。如在成长期，企业资金需求旺盛的时候，尽量少发现金股利，而用企业高速增长的预期在未来可能的资本利得上给予投资者回报；在增长速度放慢的成熟期，如果没有非常好的投资项目，则多发现金股利给股东，让投资者分享企业经营的收益；在衰退期，如果预期不能实现良性蜕变，则应该将现金流量的大部分返还给投资者。

二　科学规划不同生命周期现金股利的支付水平

企业在不同生命周期的现金流量水平、盈利能力有所不同，从而其现金股利的支付水平会有所不同。按照可持续发展股利政策的要求和本章对上市公司不同生命周期股利政策的数据计算及原因分析，企业应重视股利政策的信号传递效应，在不同生命周期采取不同的股利支付政策，选择合理的股利支付水平。如降低成长期的现金股利支付比例、提高成熟期的现金股利支付水平（每股现金股利）。我国上市公司支付现金股利的公司比例远远高于美国等发达国家的水平，成长期尤其高，不符合生命周期和股利政策的理论分析，所以，应通过完善上市公司治理结构等措施，使管理者能够真正站在企业的立场考虑问题，对股利政策有长期规划，而不是按照控股股东的要求去掏空上市公司；另外，应尽量提高每股现金股利的支付额，尤其是在企业发展较慢的成熟期，应通过不断提高企业的盈利能力和盈利质量，使上市公司的每股收益和每股现金流量均有所提高，为企业支付现金股利提供物质和资金保障。尤其是通过提高成熟期的每股股利支付额，可以减少管理层对企业留用资金的浪费（原红旗，2001），降低委托代理成本。

三　均衡各生命周期阶段股利支付率的分布

按照诸多学者的研究，企业的股利支付率应和其生命周期相适应，衰退期最高，成熟期次之，初创期最低。由此，我国的上市公司应该通过制定可持续发展的股利政策等措施来优化各生命周期阶段股利支付率的分布，适当降低成长期和成熟期的股利支付率，提高衰退期的股利支付率。鉴于我国制造类上市公司成长期和成熟期的股利支付率已高于主要国际市场的股利支付率均值，所以改进股利支付率的关键便是努力提高衰退期企业的股利支付率。通过完善上市公司的上市和退市机制，使大量有发展前景的公司能够进入资本市场，使那些经营效益不好的公司得以顺利退出资本市场，可以净化我国资本市场的整体环境。由于目前退市机制和转板机制的无效或低效，大部分业绩极差的处于衰退期的上市公司没有感觉到退市压力，所以也不会真正站在衰退期的角度考虑问题，不是想着在衰退期缺乏好的发展前景时，通过现金股利的形式将利润返还给股东，而是总想着有朝一日通过兼并或重组题材继续获得新机，由此便导致衰退期的管理者非常"惜派"。因此，完善资本市场，使退市机制充分发挥作用是提高衰退期上市公司股利支付率的关键，也是使上市公司优化股利支付的关键。

四　优化上市公司股权结构，规范股利支付形式

按照杨淑娥（2000）、原红旗（2001）等的研究，股东意愿在我国上市公司的股利政策制定中起着重要作用。由于中国上市公司有一个典型的特点是分拆上市，向上市公司注入优质资产的第一大股东往往是控股股东，而且在公司的控制权中占有绝对优势。截至 2004 年 5 月，上深两市上市公司总股本 6586.87 亿元，流通股本仅 2330.77 亿元，占总股本的 35.4%，而国家股、法人股等非流通股本占 64.6%[①]。对于许多控股股东来说，其最重要的资金来源实际上是上市公司的股利，即使现金留于上市公司效益更高，控股公司也需要以现金股利形式满足自身的开支，而不是考虑上市公司的长远发展。所以，优化上市公司的股权结构，加快国有股和法人股的流通，加快股权分置改革的步伐，使中小投资者能够行使监督权，是上市公司股利政策得以规范的基础。可喜的是 2006 年底中国的股权分置改革基本完成，这必将对上市公司股利政策的优化起到极大的推动作用。

五　放松对股票回购股利政策的限制，丰富股利支付类型

股票回购作为一种股利分配形式，具有现金股利不可替代的作用。在西方发达国家允许股票回购，它可以使需要分红的股东获得现金股利，并能享有税收上的好处。对于上市公司而言，股票回购可以改善公司的股本结构，加大财务杠杆，增加每股收益，提高股票的内在价值。虽然我国现行《公司法》允许上市公司在特定条件下进行股票回购，但由于使用情景少而且明确规定了回购

---

① 王艳茹：《论上市公司的股利分配政策》，《中国青年政治学院学报》2005 年第 1 期，第 77—81 页。

股票的用途，不利于股票回购这种股利支付手段作用的发挥，所以，为规范上市公司的股利分配，需要将股票回购这种现金股利的替代股利政策尽快予以完善和推广，既丰富现金股利支付的品种，也为企业优化股利政策提供更多选择。

第六节　本章结论

本章通过对不同生命周期上市公司股利政策类型、股利支付比例、股利支付额以及股利支付率的研究，发现我国上市公司的股利支付水平在不同生命周期确实存在一定差异。

从送红股和转增的情况看，成长期采用送转方式进行股利支付的公司比例最高，成熟期次之，衰退期最低，符合不同生命周期股利政策类型选择的典型特征。

从股利支付比例的情况来看，简单按照样本数和派息公司的家数比较，成长期和成熟期现金股利的支付比例均在 80% 以上，比例几乎相当，衰退期支付现金股利的公司比例最低；进一步按照不同生命周期所处的年度期间计算，发现三个阶段支付现金股利的比例均有所下降，而且不同生命周期阶段支付现金股利的年度百分比出现了较大的差异。成长期派息期间占比明显高于成熟期，衰退期支付现金股利的比例则呈大比例下降。成长期股利支付比例高于成熟期与文章的假设不符，可以由成长期上市公司的盈利能力较强、成长期资金需求更为迫切、上市公司股利政策随意性大以及企业上市时间较短等来解释。

从每股股利支付额的角度来看，成长期的每股股利最高，衰退期依然最低。成长期每股股利支付额高于成熟期与理论的分析相违背，具体原因可以解释为：成长期企业的净现金流量高于成熟期，国家经济的快速发展和较高的委托代理成本使企业在成熟期仍有不断扩充规模的动机，从而对资金的需求非常旺盛，以及上市公司缺少对成熟企业的管理经验和心理准备等。

从股利支付率的分布可以发现，企业在成熟期的股利支付率最高，衰退期依然最低。衰退期股利支付率最低与理论分析不符，可能是因为衰退期的公司处于 ST 或 PT 状态的比例较高，企业财务状况本身恶化，以及证券市场退市或

附：主要国际市场的股利支付率和收益率①

市场	股利支付率(%)	股利收益率(%)	市场	股利支付率(%)	股利收益率(%)	市场	股利支付率(%)	股利收益率(%)
丹麦	17.27	2	印尼	25.11	2.2	葡萄牙	38.01	3.5
瑞典	18.33	2.9	瑞士	25.3	1.7	比利时	39.38	3.9
韩国	18.49	1.8	爱尔兰	27.28	3	新加坡	41.04	2.4
加拿大	19.78	2	阿根廷	27.36	3.4	澳大利亚	42.82	3.7
芬兰	21.27	3.5	荷兰	30.02	3.8	德国	42.86	2.3
意大利	21.83	3.9	西班牙	30.45	2.3	中国香港	45.93	3.1
美国	22.11	1.4	新西兰	35.6	3.2	墨西哥	46.44	1.8
土耳其	22.64	1.5	南非	35.62	3.7	印度	49.34	1.9
法国	23.55	3.6	英国	36.91	3.3	泰国	52.56	2.2
挪威	23.91	3.7	马来西亚	37.93	2.4	中国台湾	68.89	1.7

	股利支付率(%)			股利收益率(%)	
所有市场的均值	32.93			2.73	
所有市场的中位数	30.24			2.65	

注：由于查找国际市场数据的困难，表中的股利支付率的数据来自于 La Porta, R.，Lopez-De-Silanes, P.，Shleifer, A. and Vishny, R.（2000），其计算方法为一个市场在1994年的所有上市公司股利支付率的中位数水平。股利收益率的数据来自于 Wren Research（2002），其计算方法为这个市场的所有上市公司在2002年8月的股利收益率。

① 朱云、吴文锋、吴冲锋：《国际视角下的中国股利支付率和收益率分析》，《中国软科学》2004年第11期，第69—74页。

"转板机制"不完善所致。

由此，本文认为应通过制定可持续发展的股利政策、科学规划不同生命周期现金股利的支付水平、优化各生命周期阶段股利支付率的分布和优化上市公司股权结构等措施来优化上市公司的股利政策。

本章在对企业生命周期和股利政策进行研究的时候，也存在着一些不足：本章对于股利政策的研究仅根据年度股利分配的数据展开分析，但不少上市公司进行了中期分配，中期分配是否和年度分配具有相同的含义，以及中期分配是否可能对年度分配产生影响等问题还有待深入研究；另外，本章对于上市公司股利分配和生命周期关系的研究只持续到 2006 年，2006—2009 年间股利政策的新的特点未予涉及，如果后续研究的时间可以延长至 2012 年，则能够将股权分置改革前后不同生命周期股利政策的变化情况予以充分展示和比较，也许会使研究结果更有意义。

参考文献

1. 李姚矿、杨善林：《企业生命周期的资本运营研究》，经济科学出版社 2006 年版。

2. 原红旗：《中国上市公司股利政策分析》，《财经研究》2001 年第 3 期，第 33—41 页。

3. 朱云、吴文锋、吴冲锋：《国际视角下的中国股利支付率和收益率分析》，《中国软科学》2004 年第 11 期。

4. 杨淑娥、王勇、白革萍：《我国股利分配政策影响因素的实证分析》，《会计研究》2000 年第 2 期，第 31—34 页。

5. 陈永忠：《上市公司壳资源利用理论与实务》，人民出版社 2004 年版。

6. 罗仲伟：《壳资源利用与上市公司质量的改善》，《中国工业经济》2000 年第 2 期，第 74—78 页。

7. 贾渠平、王庆仁：《上市公司"壳"资源的经济学分析》，《证券市场导报》1999 年8 月，第 54—58 页。

8. 王艳茹：《企业不同生命周期的股利政策研究》，《中国青年政治学院学报》2010 年第 5 期，第 113—117 页。

9. Brav, A., Graham, J. R., and Harvey, C. R., Michaely, R., Payout Policy in the 21st Century. Journal of Financial Economics. 77. 2005.

第七章 可持续发展的企业融资决策

当前我国社会主义市场经济发展正处于攻坚阶段，制约社会经济发展的深层次矛盾和问题不断涌现，国企改革、地区差异、城乡差距、再就业等问题在此次经济危机面前更显严重，解决这些问题的核心自然落在千千万万个企业身上。但中国企业"有增长无持续"的现象却引起了人们的广泛担忧，企业可持续发展的问题也日益引起理论和实业界人士的高度关注。只有企业实现了可持续发展，才能够保证社会经济的可持续发展，才能够不断缩小地区和城乡之间的差距，并最终解决再就业问题。

第一节 企业生命周期与可持续发展

一 可持续发展的提出

可持续发展（sustainable development）一词是在 1980 年发表的《世界自然保护大纲》中首次作为术语提出的。虽然《世界自然保护大纲》以可持续发展为目标，围绕保护与发展做了大量的研究和讨论，且反复用到可持续发展这个概念，但只能说它初步给出了可持续发展的轮廓概念，还不能说它明确给出了可持续发展的定义。尽管如此，人们一般认为可持续发展概念的发端源于此报告。1983 年 3 月 5 日，联合国向全世界发出呼吁："必须研究自然的、社会的、生态的、经济的以及利用自然过程中的基本关系，确保全球持续发展。"首先对可持续发展概念给予科学诠释的是联合国世界环境与发展委员会（WECD）在 1987 年发表的《我们共同的未来》的报告。该报告将可持续发展定义为："能满足当代的需要，同时不损及未来世代满足其需

要之发展。"① 1992 年联合国环境与发展大会制定了《21 世纪议程》，提出
"可持续发展"是 21 世纪，无论是发达国家，还是发展中国家正确协调人口、
资源、环境与经济间相互关系的共同发展战略，是人类求得生存与发展的唯一
途径。英国经济学家皮尔斯（Pearce）和沃福德（Warford）在 1993 年所著的
《世界无末日》一书中提出了以经济学语言表达的可持续发展的定义："当发
展能够保证当代人的福利增加时，也不应使后代人的福利减少。"

二 企业可持续发展的内涵

近几十年来，国内外学者在可持续发展观的基础上，从各个角度和侧面对
企业可持续发展的内涵展开探讨，大致形成了以下五种观点。

（一）企业自身发展观

这类观点认为，企业可持续发展是指既能实现当前的经营目标又能保持持
续的盈利增长和运行效率持续提高的发展。黄小军（2002）、郭东海（2002）、
朱开悉（2002）、陈曜等（2002）等学者支持上述观点。

（二）企业与其经营环境和谐发展观

这类观点认为，企业可持续发展是指企业一方面保持自身生命力的持续
性；另一方面与外界环境和谐发展。刘易勇（2002）、李占祥（1999）、余琛
（2001）等学者支持本观点。

（三）企业与环境、社会、生态协调发展观

该观点认为，企业可持续发展是指企业在追求自身利益和生存的同时，充
分考虑与环境、社会、资源协调发展。赵伟（2002）、李本林等（2001）、朗
诵真等（2000）、刘帮成等（2000）、曾珍香等（2001）、陈昆玉等（2002）、
唐勇（2002）、Schmidheiney. S.（1992）、J. Hill（2001）等学者持此观点。

（四）企业与消费者、社会、权益所有者共赢观

该观点认为，企业可持续发展是指企业在实现可持续增长的同时，能够持
续满足消费者、社会及权益所有者的需要。芮明杰（1998）、王志平（2000）
等学者支持上述观点。

---

① 世界环境与发展委员会：《我们共同的未来》，吉林人民出版社 1997 年版，第 1 页。

（五）企业生存状态观

该观点认为，企业可持续发展是一种超越企业增长不足或增长过度，超越资源和环保约束，超越产品生命周期的企业生存状态。钟陆文（2002）等学者支持此观点。

以上五种观点分别从不同角度对企业可持续发展的内涵做了界定，大致可分为两类：前两种观点强调企业自身的持续盈利和经济效益的稳步提升，主要从经济学的角度对企业可持续发展模式进行了描述；后三种观点则强调企业与社会、生态及相关者的协调发展，所论述的内容较为宽泛。

管理学家彼得·德鲁克曾指出："一个企业不一定变得更大，但它必须经常变得更好。"[1] 企业经常变好就是指企业必须不断持续发展。从一般意义上讲，企业可持续发展就是既要把企业"做大、做强"，又要"做长"。在现代市场经济中，企业"做大"最容易，"做强"较难，做到"大、强、长"的统一最难，而这却是企业追求的目标[2]。

本文对企业可持续发展的论述主要基于经济学视角，基本采纳第一类观点，认为企业可持续发展是指企业通过不断调整经营决策以适应外部环境，既能够实现当前的经营目标又能够获得持续盈利和经济效益稳步提升的过程，是一个动态的发展过程。

三　企业生命周期与可持续发展的关系

尽管企业的生命特性决定其会存在一定的发展周期，但作为生命有机体的企业却并不必然一定会走向消亡。即使处于衰退期的企业也不必然走向解体，因为企业从衰退到死亡一般要经历盲目、呆滞、错误行动、危机和消亡五个阶段，如果能在衰退期的前四个阶段中及时采取有效措施，仍可获得生机而重新繁荣[3]。

许多百年老店、长寿公司的存在就是企业可以实现可持续发展的有力支

---

① ［美］彼得·德鲁克：《九十年代的管理》，东方编译所译，上海译文出版社 1999 年版，第 2页。

② 李桂兰、程淮中：《基于企业生命周期的财务战略研究》，湖南人民出版社 2006 年版，第 3 页。

③ 韩福荣、徐艳梅：《企业仿生学》，企业管理出版社 2002 年版，第 173—174 页。

持，上市公司从衰退期走向成长或成熟期的案例又是企业能够做到可持续发展的充分例证。所以，只要企业管理者能够对生命周期理论有一定了解，尽早意识到并能够科学判定其所处的生命周期阶段，根据不同生命周期企业的大样本特征和本企业自身的状况，采取有力措施规避对于成长来说不利的情况的出现，延长有利于企业发展的内外部环境的存续期间，在企业各个生命周期阶段持续过程中，那些相应的常规问题或困难出现之前，能够及时预见并采取较为可行的纠正或规避措施，则可以使企业按照设想的方式健康地进入下一个生命周期，或将该生命周期阶段不断延续；而且，既是在衰退期到来之际，仍可以根据生命周期与企业融资决策之间的关系，通过合理的财务安排，在企业走向消失之前，适时采取相应的对策措施，使企业避免走向衰亡的命运，以尽可能延长对企业可持续发展有利的生命周期阶段，使其实现可持续发展，以便持续地为股东创造价值，满足利益相关者的利益诉求。

企业生命周期和可持续发展的关系如图 7.1 所示。

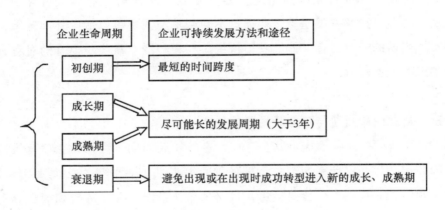

图 7.1 企业生命周期与可持续发展

本章无意述及企业可持续发展的经济学原理或者与本研究无关的企业组织理论等相关内容，只就企业生命周期和融资决策的关系做初步探讨，以期对企业根据生命周期理论进行融资决策提供参考，为企业的可持续发展尽一己之力。

第二节　企业可持续发展的意义

一　企业可持续发展是社会可持续发展的基础

社会可持续发展的前提是经济的可持续发展。企业作为国民经济的细胞，其可持续发展的整体状况不仅决定社会经济发展的规模和速度，而且决定其质量和能力（余琛，2001）。企业是物质财富的直接创造者，是社会经济可持续发展的推动力和微观主体，只有企业实现了可持续发展，整个社会经济才能得到可持续发展。随着社会经济可持续发展的呼声日益强烈，对企业可持续发展的要求也日益迫切。正如美国著名学者布朗新在《生态经济革命》一书中指出："在当今世界以坚定的步伐迈向可持续发展之际，不管是大企业还是中小企业，皆有其应尽的职责和课题。"而同时"能否构建可持续发展的经济，也攸关企业的命运"。

二　可持续发展是实现企业财务管理目标的前提

企业要实现可持续发展就要满足各利益相关者的需求。企业的利益相关者[①]是指影响企业经营活动或受企业经营活动影响的个人或团体。包括：股东、债权人、经营者、职工、供应商、客户、竞争对手以及社会和环境等。企业在日常经营过程中，除了履行经济责任（实现盈利）和法规责任外（遵守各项法律法规），还要对其各方面的利益相关者负责，要满足利益相关者的需求。

股东和债权人是企业资金的主要提供者和供应方，作为企业的投资者和债权人，股东追求企业资本的保值增值，追求更多的利润分配或更高的现金股利和资本利得；债权人则希望能够按时收回本金及利息。不论是较高股利的支付还是利息的及时足额偿还，都需要企业制定合理的资本结构战略，通过选择科学的融资渠道和方式，做到持续发展；经营者和员工是企业运营所需人力资本的主要来源，作为获得较固定收入的企业工作人员，追求较高的薪酬回报及在

---

　　①　1984 年著名管理学者 Freeman 在他的著作《战略管理：利益相关者分析方法》里，第一次把利益相关者分析引入管理学中。

职福利，需要企业提供良好的工作环境和激励机制，以及完备的员工培训计划、安全的工作环境和民主管理，只有企业的规模不断扩大，只有企业实现可持续增长，二者的要求才会得到满足，其报酬和工作及提升的机会才能稳定增长；供应商和客户作为企业上下游资源和产品的供给和需求者，是企业价值链上不可或缺的重要链条，是企业实现可持续发展的支持者和需求者，企业的采购和销售策略的制定本身就是信用政策的基本内容，是企业融资选择的主要内容之一，企业和供应商之间良好的资金融通关系有利于帮助企业节约采购成本，减少资金占用，并且加快产品的研发进度，推进企业可持续发展；而要履行对消费者在产品质量或服务质量方面的承诺，保证提供优质产品和满意的服务，同样需要企业做到可持续发展。企业只有实现可持续发展，才能做到与竞争对手之间的合作共赢，积极参加社区活动，合理利用自然和社会资源，才能满足各利益相关者的要求，实现企业的财务管理目标。

三 可持续发展是加强企业经营管理的迫切要求

中国的改革开放造就了一大批优秀企业，也涌现了不少的"黑马"。但总体来看，昙花一现的多，经久不衰的少，"有增长无持续"的现象严重，造成了社会资源的巨大浪费。如何保持企业的可持续发展，不仅是政府优先考虑的问题，也是企业经营者、管理者及理论研讨者探讨的热点。

尽管可持续发展的思想已在世界范围内得到认同，可持续发展的理论研究也在不断深化，但从国内外有关可持续发展的研究成果来看，目前国内外学术界对可持续发展的研究多侧重于从宏观和中观两个层次进行，从微观层次研究现代企业的可持续发展较为薄弱（刘帮成、姜太平，2000；刘思华，2001）。所以，本章立足于企业的财务管理实践，探讨实现企业可持续发展的融资战略选择。

第三节　企业可持续发展的理论性与逻辑

企业是开放的人工系统，具有目的性和权变性、开放性和适存性以及"自我辨识"等特性，使其可以得以持续发展①。

一 目的性和权变性

企业是一个人工系统，所以其行为不是自然化的而是目的性的，这就导致两种结果：第一，战略决定结构（德鲁克，1974）。人工物的内部结构不是固有的，而是与目的联系并由目的决定；第二，这种主观目的性与外界环境紧密相连，当环境变迁时，人为了保持其目的实现，必然会改造其所控制的人工系统，使其适应环境而生存。"人的目标改变了，其创造物也随之而改变。"（西蒙，1976）第一点为第二点提供了前提，第二点为第一点提供了动机。企业是人工物，具有明确的目的性特征。人工物的目的性特征从根本上决定它具有以目的为转移的可改造性，具有依据控制人的目的加以改造的"权变性"外观。

二 开放性与适存性

人工系统的权变性特征要求它必须是一个相对开放的系统。企业是一个开放系统，企业的开放性决定于人的目的和思想设计，不是固有的或不变的。只要企业控制人愿意，它可以使企业保持任何水平的开放性，依据目的使信息和能量与环境充分交换。企业具有了目的性、权变性和开放性，就具有了适存性，或其结构与运行环境相容性。人工系统不存在决定其寿命的、固有的内部结构，它的生命取决于系统结构对外部的适应性。只要系统能够依据环境变化，权变地改变系统结构，人工系统就可以避免消亡。反过来，人工系统若不能依据环境变化，权变地改变系统结构特征适应环境，就无法避免消亡。所以，一个企业可能死亡，但不是必然死亡。

适存性从反面说明了另一个问题，对于企业具体管理机构进行权变改造之前，企业适存性是有限度的，它对企业约定了一个适存性的边界。但是这种限度不是自然的而是人工的，其限度的依据是企业制度与文化以及企业控制人的知识储备、认知能力、创新能力和技术手段。当企业通过权变性措施改造企业管理结构，松弛管理机构的限度边界时，企业就延续了它的适存性，否则，企

---

① 李政：《企业成长的机理分析》，经济科学出版社 2005 年版，第 108—110 页。

业将死亡。

三 "自我辨识"性

人工系统的适存性有赖于一个基本条件，即"自我辨识"能力。自然物是非自我辨识或低能的自我辨识系统。一个系统越是有机化就越是增进它的自我辨识机能，这种能力的突出表现就是学习能力，即先期过程的结果可以为继发过程提供进化（改良和完善）的依据。由于企业具有自我辨识的能力，从而可以表现为自我完善的机能，并提供了对企业组织进行全面的系统更换和修复的可能性，使企业具有生命永续的可能性。企业甚至可以再生，可以"脱胎换骨"。一个企业是否死亡不能以它原有的"躯壳"是否存在为标准，企业可以通过一个"经营形态"的死亡，使其财产从业已衰亡的、特定的"经营躯壳"中"脱生"出来，获得新的、具有生命力的新的"经营形态"。

第四节　企业实现可持续发展的途径[①]

要了解企业可持续发展的途径，首先应该对影响企业可持续发展的因素进行了解，才能够做到对症下药，较好地实现可持续发展的目标。

一　影响企业可持续发展的因素

（一）影响企业可持续发展因素的文献综述

成长是现代企业的终极目标。企业只有保持成长才能延长寿命。所以，从20世纪开始众多学者对影响企业成长的因素进行了广泛探讨。本文认为，影响企业成长的因素同样也是影响企业可持续发展的因素。

国外学者对影响企业成长的因素进行了探讨，得到了一些结论。

艾伦和米歇尔（Allan Gibb 和 Micheal Scott，1986）曾对前人的有关研究成果做过一番统计汇总，发现影响企业发展的因素大致可分为内外两部分，如表7.1所示。

---

① 于庆东、王庆金、王晓灵等:《企业可持续发展研究》，经济科学出版社2006年版，第18—23页。

表 7.1　　　　　　　　　　　**影响企业发展的因素（研究综述）**

关键的外部因素	关键的内部因素
企业现有产品范围及其市场地位	企业经营管理者的个人特点和领导风格
产品（生命周期）和市场（竞争）上已经出现的变革压力	是否具备高水平参谋人员以及职能专业化承担
企业产品线的宽度及介入的市场范围	控制系统的规范化程度
企业主要产品的年龄及开发状态	人力资源的管理能力及其灵活性与技巧
环境意识，包括对感知的环境和客观环境	企业的财务状况，尤其是负债状况
市场不确定性、复杂性及其与组织的关联	企业实物资产的使用年限与质量
经济整体的变化率	用于处理管理变化的管理时间有多少
现有阻碍企业进步的制度和管理的障碍 较为宽泛的环境因素，如影响企业与环境关系的社会、法律和政治条件	在企业内部做出特定改善尤其是确定不同任务之先后方面的管理激励水平与员工认同水平

资料来源：Allan Gibb & Micheal Scott, "Understanding Small Firms Growth", Small Firms Growth and Development, ed. By Micheal Scott & Allan Gibb, England：Gower Publishing, 1986, pp. 86 - 87, 91 - 101. 转引自李政《企业成长机理研究》，经济科学出版社 2005 年版，第 216—217 页。

米歇尔和凯米娅（Michael Hay 和 Kimya Kamshad, 1994）通过对英国仪器、印刷、软件业中一些小企业的调查，总结出经理人员所认为的限制企业成长的因素，如表 7.2 所示。

表 7.2　　　　　　　　　　**限制企业成长的因素（问卷调查）**

外部因素	内部因素
债务融资力不足	管理队伍太小或人手紧张
获得风险资本或合伙投资者能力不足	情愿保持较小规模便于驾驭
得不到足够合格的劳动力	不愿稀释所有权
购买新的资本设备时交货延迟	不愿借新债
激烈竞争	缺乏成功的革新
其他外部因素	其他内部因素

资料来源：Michael Hay & Kimya Kamshad, "Small Firm Growth：Intentions, Implementation and Impediments", Business Strategy Review, Autumn, 1994, Vol. 5, No. 3, pp. 49 - 68. 转引自李政《企业成长机理研究》，经济科学出版社 2005 年版，第 218 页。

加文格利德（Gavin Greid，1993）① 采用计量经济学的方法研究了影响企业成长的因素。他通过对特定模型中成长公式因子进行回归分析，确定了对企业成长最重要的影响因素，分别为：企业盈利性、负债状况、产品差异程度、市场份额、市场范围以及竞争对手的价格政策等。

如上所述，影响企业成长的因素，同时也是影响企业可持续发展的主要因素。因此，从以上学者的研究不难发现，企业的负债状况和负债能力都是影响企业发展的重要因素。所以，企业要取得可持续发展需要合理地安排好其资本结构，保持一定的负债融资能力。

周文仓（1995）指出，战略资产是企业可持续发展的影响因素，其中资产包括有形资产、无形资产、管理资产和智力资产。赵伟（2002）提出了影响工业企业可持续发展的九类因素，主要包括：市场需求、资源、人力资源、物质技术、经济实力、创新能力、环境保护、经营管理、社会环境等。黄小军（2002）指出，企业要获得可持续发展必须具备持久的竞争优势、拥有核心竞争力。郭东海（2002）指出，企业生命活力永存即实现了企业可持续发展，并阐释了企业活力的若干观点：企业活力"组合说"，企业活力"要素说"，企业活力"功能说"，企业活力"机体说"。芮明杰（1998）等指出，企业可持续发展的支撑要素为：节约费用、盯住需求、人力资本的持续性。朗诵真（2000）等指出，影响企业可持续发展的因素有内外部因素。外部因素有：市场、宏观环境、微观环境（行业内的竞争对手、顾客、供应商等）；内部因素有：决策水平、技术、人才、资本、信息、知识管理及企业文化等。余琛（2001）指出带来企业可持续发展的因素为：战略人力资源管理，企业核心竞争力。张怡（2001）指出企业可持续发展战略的支撑点为交易费用、企业产品、管理创新、人力资源。刘帮成（2000）等人指出企业可持续发展的影响因素有企业经营观念、经营制度、文化及企业客观条件。王志平（2000）指出企业可持续经营与发展的支持系统，包括产品技术梯队、人力资源梯队、管理机

---

① Gavin Greid, Small Business Enterprise: An Economic Analysis, New York: Rontledge, 1993, p. 204. 转引自李政《企业成长机理研究》，经济科学出版社 2005 年版，第 218—219 页。

制梯队和领导能力梯队。

从上面的观点可以看出，学者考虑问题的出发点不同，对企业可持续发展内涵的理解不同，导致了对影响企业可持续发展影响因素的关注点不同。但他们共同的关注点或认为影响企业可持续发展的共性因素大约有以下几点：

持续的人力资本。21世纪是知识经济占主导地位的经济发展时期，人才的竞争是企业间竞争的关键。只有使本企业人员素质能够持续提高、员工所掌握的技术和技能得到持续改善的企业，其所拥有的人力资本存量才会持续增加，企业才能够得到可持续发展。

核心竞争力。是对手难以模仿的、具有高价值性及延展性的企业能力，可以提高顾客满意度，使企业保持持续的竞争优势。

与市场需求保持一致。持续满足消费者多样化的消费需求，不断与市场需求保持一致，才能够使企业拥有稳定的市场份额，保障企业持续收益能力的增强。

创新能力。创新是企业的生命，产品、技术、经营策略、管理、企业制度以及组织的持续创新是保证企业可持续发展的根本。

企业的经营理念、经营制度和企业文化等。企业的经营理念、经营制度和企业文化是管理者追求企业绩效的根据，是企业形象塑造的核心部分，是企业的立业之本，及实现可持续发展的软力量和制度保证。

（二）文献评述及本文观点

国内学者对影响企业可持续发展因素的关注点较宏观，大部分是从企业整体管理的角度入手，而且是从理论上进行论证，没有实证的观点，如通过建立模型，或者通过上市公司的数据来进行支持。但是，企业的可持续发展，需通过一个个具体的战略选择予以落实，所以，本文认为企业可持续发展的关键是要有明确的可持续发展战略，及其支持战略实施的一系列措施。

因为不管是企业持续人力资本的投资、核心竞争力的培养、对市场需求的满足还是创新能力、经营制度、企业文化的建设等均离不开资金的支持，因此，本文非常赞同国外学者根据理论研究、调查问卷以及模型分析所得出的结论，认为企业的负债状况和负债能力是企业实现可持续发展的资金支持和物质保障，合理的融资决策是企业保持健康的负债状况和持续负债能力的基本要求，是企业得以可持续发展的经济基础。

二 企业实现可持续发展的途径

国内外学者从可持续发展内涵及其影响因素的角度出发，提出了若干实现企业可持续发展的途径。主要有以下七个方面：

（一）培育和发展企业的核心竞争力

曾珍香和吴继志（2001）把培育和发展核心竞争力作为企业实现可持续发展的重要途径，认为企业的核心竞争力是其他企业难以复制和模仿的能力，是企业长期利润的源泉。

（二）普及绿色观念，实行绿色管理

刘易勇（2002）强调绿色营销；孙文祥、王武魁（2002）、刘帮成和姜太平（2000）则着重关注绿色管理；陈昆玉和覃正等（2002）倡导在整个战略要素组合中引入"绿色"的可持续发展观念，即绿色愿景、符合环保要求的环境、符合绿色标准的资源、生态化的企业组织及遵循绿化准则的管理手段和方法。William 和 Michael（2002）、Maxwell 和 Vander Vorst（2003）、Ulhoi，Modsen 和 Hildebrandt（1996）从企业产品整个寿命周期的角度出发，分别提出 TTL 理念（triple top line）、SPSD 思想和扩展的 TQM 方法（total quality management），TTL 理念从单个产品的设计、选料等到产品生成的整个生命周期都考虑环境、社会及经济三个方面，以提供安全和高质量的产品；SPSD 思想将产品或服务的整个生命周期（从产品最初产生到最终消亡）以一个更具可持续性的方式体现，在战略上融入可持续发展思想，使用非能源密集型生产，尽量选用服务型产品替代传统产品等；扩展的 TQM 延伸了传统 TQM 中"quality"的内涵，要求企业的产品质量既要满足传统的顾客需要（耐用性、使用及保存的友好性、高效用等），又要满足雇员因产品的高品质而产生的忠诚度提高，以及产品在整个寿命周期过程中（加工、消费直至最终废弃）对环境没有负面影响的要求。

（三）完善知识管理、建立学习型组织

黄小军（2002）、张寿荣（2002）以及 Yadong Luo（2000）、朗诵真（2000）都认为持续学习和动态学习能力的提高以及学习型组织的建立是企业可持续发展的精神基础和必然选择；朱旭（2002）指出，实现企业可持续发展

的途径既包括完善知识管理，还包括适应度变革、相互信任与培训的投资，以及"放手式管理"和建立企业联盟等。

（四）提高创新能力

李本林（2001）、黄小军（2002）、Yadong Luo（2000）等都认为持续的价值创新和对特殊资源的拥有能力对企业可持续发展极为重要，是企业实现可持续发展的主要途径之一，创新是企业的生命力，只有不断创新，企业才能在市场竞争中处于主动地位，确立竞争优势，并最终赢得竞争。

（五）发展新的主导业务

曾珍香等人认为（2001），在企业可持续发展过程中往往受到经营领域的有限性制约，因此，在企业发展到一定规模，市场达到饱和之后，必然要进行市场扩张，并不断寻求新的主导业务领域，以避免原有主导业务的衰落。

（六）增强与企业利益相关者对话

Jeppe Glahn（2001）认为，与利益相关者进行沟通是实现企业可持续发展的关键因素；Neil Rotheroe（2003）等提出了可持续企业工程，该工程中包含跨区域的多个利益相关者的对话；WBCSD（2002）也指出与利益相关者对话有利于企业可持续发展。

（七）协调财务成长和财务资源

朱开悉（2002）指出，通过协调财务成长与财务资源完善企业财务成长管理，可实现企业可持续发展；陈政立（2002）指出，企业要实现可持续发展，必须胸怀远大的事业理想、创造长期的股东价值并构造和谐的企业生态及采取稳健的财政政策。

以上学者的观点从不同角度对企业实现可持续发展的途径进行了探讨，可以说都有一定的道理，而且大部分学者是从宏观和中观的角度进行的研究。将以上观点进行总结，可以发现实现企业可持续发展的途径包括：培育和发展企业的核心竞争力，通过建立学习型组织倡导绿色管理，并不断提高企业的创新能力，从而发展新的主导业务领域，同时加强与利益相关者的对话，并协调财务成长与财务资源。鉴于前六种途径的实现均需要以企业的资金作为支撑，所以，本文认为企业的核心竞争力、学习和创新能力，以及新的主导业务是企业可持续发展的基础，与利益相关者对话是企业实现可持续发展的环境支持，而协调财务成长与财务资源是企业实现可持续发展的根本保障。

第五节　企业可持续发展的融资战略

实现可持续发展除了要求企业密切关注宏观经济环境和行业竞争状况外，还要求企业时刻关注自身的发展阶段，了解目前所处的生命周期阶段，以便合理安排融资决策，为企业发展筹集所需资金。科学合理的融资选择是协调企业财务成长和财务资源，保持企业良好负债状况和持续负债能力的根本，是使企业实现可持续发展的资金支持和物质保障。

可持续发展的融资战略既能让企业实现当前经营目标，又能保持其盈利持续增长和运行效率持续提高的融资战略。包括股利政策的正确选择，融资渠道和融资方式的优化，最优资本结构的确定以及不同活动现金流量的合理匹配等内容。

一　初创期企业的融资战略

企业在初创期，由于刚刚进入市场，缺乏既定的销售渠道，市场份额较低，为了扩大市场占有率必须进行大量的市场开发，同时配合企业发展进行必要的固定资产等长期资产购置，产品需求的不确定和较高的固定资产比例使该阶段企业的经营风险很高；而此时由于企业财务管理制度和内部控制机制缺乏，财务环境生疏，企业的成本管理可能不力，利润和经营活动现金流入均较低；此时企业又处于业务飞速发展的时期，生产经营环节和投资环节均需要投入大量资金，现金需求量大且不稳定，急需筹集大量资金。

初创期企业的这些特点，决定其不得不较多地使用权益资本，采取低股利政策和非现金股利政策将企业经营过程中产生的利润留存下来；并通过投资者的追加投入、新投资者加入、合理使用风险资本等途径增加可供使用的资金；选择极低的资产负债率，降低企业的财务风险。

二　成长期企业的融资战略

在成长期，企业的市场占有率有较大增加，销售收入大幅增长往往带动存货和应收款项占用的资金数量大增，企业的资产结构发生变化，固定资产所占比例比初创期有所降低，加上市场需求的相对稳定，企业的经营风险有所下降；此时为扩大市场占有率企业可能不惜降低售价，同时为平衡各个会计期间的利润，对新增固定资产一般会采取加速折旧的方法，较低的售价和大量折旧使得成长期的盈利水平较低；尽管随着销售规模的扩大，经营活动中的现金流量开始增加，但为了进一步增强竞争能力，达到规模经济效益，投资活动的现金流量依然表现为较大的负数，需要筹集大量资金来满足生产和投资的需要。

企业在成长期无论是资产规模还是盈利能力都较初创期有较大的变化，此时投资者一般会有分配股利的要求，因此，企业应该支付少量的现金股利，将一部分经营利润分配给投资者，但最好采用送红股或转增的方式，既让投资者分享经营业绩，又不减少企业的现金流量。即便如此，留存下来的经营利润可能仍无法满足企业快速发展所需的大量资金，所以，成长期的企业应选择主要依靠外源融资的方式筹集资金，一方面通过商业信用筹集经营活动所需的资金，另一方面通过增加长期借款满足规模扩张的资金需求。在资本结构上选择适当的资产负债率，使财务风险和经营风险很好匹配。

三　成熟期企业的融资战略

成熟企业已形成稳定的销售网络，市场销路趋于稳定，市场占有率和利润率较高，存货和应收账款等流动资产所占比例进一步上升，固定资产占比继续下降，使得成熟期企业的经营风险很低；市场开发、折旧摊销等费用的减少和稳定的销售收入决定成熟期企业一般有较高的盈利能力；同时与稳定的销售收入相对应的经营活动现金流量较为充裕，投资活动所需现金比成长期有大幅下降，通过内部积累的资金基本可以满足企业发展之需，对外筹集资金的压力较小。

成熟企业应采取较高的现金股利政策，一方面让股东分享企业的经营成果，另一方面减少可由管理者控制的自由现金流量，降低代理成本；在融资方式的选择上，应选择采用资本运作的方式，通过并购等措施谋求企业发展，如果需要银行借款，则应使用短期借款与企业的资产结构相匹配。成熟期企业可选择较高的资产负债率，充分利用财务杠杆为投资者谋求利润增长。

四　衰退期企业的融资战略

衰退企业的销售增长逐步下降，原有产品的市场逐渐萎缩，市场占有率逐渐降低，经营风险较成熟期有所上升；衰退企业的产品往往供大于求，有实力的企业会选择价格下调或更为宽松的信用政策，导致企业盈利能力下降，财务状况趋于恶化；衰退期企业经营活动的现金流量一般会随销售增长的下降而大幅下降，投资活动的现金流量一般也呈下降趋势，如果企业没有新业务的开发或企业转型，则筹资活动的现金流量也表现为负值，企业净现金流量日趋下降；衰退企业通过业务收缩、资产重组，或被接管、兼并等形式可以延缓衰退，或蜕变为另外一个产业的企业。

在衰退期，如果没有好的投资项目使企业实行良性蜕变，则宜采用高现金股利政策，把利润更多地分配给投资者，增加对投资者的回报。衰退期所需的资金最好选择盘活现金存量，或转让、变卖不需用生产设备等方式进行筹集，采用较低的资产负债率，防止可能的破产风险。

可持续发展融资战略可归纳为表7.3所示的内容。

表7.3　　　　　　　　　　企业可持续发展的融资战略

项目	股利政策	融资结构	资产负债率
初创期	低现金股利，股票股利	股权融资	低
成长期	低现金股利，送红股或转增	长期借款＋债券＋内源融资	高
成熟期	高现金股利	股权＋内源融资＋商业信用＋短期借款	低
衰退期	高股利支付率	内源融资＋商业信用＋短期借款	较高

第六节　实施可持续发展融资战略的措施

为实现可持续发展的目标，企业应该根据其所处的生命周期阶段选择合理的融资战略，股利政策的制定、融资结构优化和最优资本结构的选择等均应符合可持续发展融资战略的要求。但是，从前几章的研究结果可以看出，我国的上市公司无论是在股利政策的选择上，还是在融资结构和资本结构的合理性方面，均存在一些不足，还有许多可以完善和改进的地方。当然，科学合理的融资战略，既需要企业自身的努力，也有赖于证券市场的不断完善。

一　上市公司实现可持续发展融资战略的措施

（一）加强对销售收入的管理力度，提高经营活动的现金流量和企业的盈利水平

销售收入的多少和企业的生命周期阶段、经营活动的现金流量、企业的融资需求以及股利政策的制定均有着重要的联系。企业可通过对产品或产品族的研发规划以及对市场开拓力度的把握，加强对企业不同发展时期的销售管理，使企业的销售收入在同行业中处于较高的位置，增强其在市场上的竞争能力，从而使其在不同生命周期阶段均占有明显优势，为其实现可持续发展打下坚实的基础。

（二）增强对现金流量管理的重视程度，使各生命周期的现金流量分布更加合理

高效的现金流量意味着企业现金流量稳定、现金运转速度快，企业具有较好的资金利用率和较高的资金回报率（收入流和支出流差额较大的正向现金流量），可以放大资金的杠杆效应；合理的现金储备可以保障企业在发展中抵御风险和因不确定因素造成的影响，防范可能出现的信用危机，不断增强企业的可持续发展能力。所以，企业管理者应从战略层面上重视对现金流量的管理。针对其在不同生命周期阶段的现金流量特点和不同周期各种现金流量之间的逻辑关系，建立切合实际的现金流量管理整体架构和完善的现金流量全面控制体系，明确不同周期现金流量管理的重点、理念、方法和对策，使不同生命周期的现金流量能够做到合理匹配，以实现企业价值最大化的财务管理目标。

（三）提高上市公司的盈利能力和盈利质量，增加直接融资和内源融资的比重

上市公司的盈利能力是企业内源融资的基础，也是企业能否取得外源融资的决定因素，更是企业实现可持续发展的根本。通过提高盈利能力，可以使上市公司满足发行股票或债券的条件，从而扩大直接融资在融资结构中的比重，使企业的直间接融资结构更加合理，形成可持续发展的融资结构，使企业更好地实现可持续发展的目标。首先，上市公司应通过不断扩大销售收入，选择合

理的折旧政策，加强成本费用管理等措施，提高经营环节的盈利能力，使企业各期的经营利润在较高的水平上保持稳定的增长，以提高内源融资在企业融资结构中的比重，并使内源融资的结构更加合理；其次，可以通过推动上市公司不良资产的资产重组，提升上市公司的资产质量，提高资产的运作效率和盈利能力；再次，通过加强对企业现金流量的管理，提高利润的现金适配度，使企业的净利润尽量接近经营活动现金流量，从而提升企业的盈利质量。

（四）制定可持续发展的股利政策，使企业的内外源融资结构更加合理

可持续发展的股利政策是企业得以持续发展的关键，也是企业对投资者的最优回报方式，还是企业内源融资比重是否合理的决定因素。按照企业不同生命周期阶段制定的科学的股利政策，既可以让股东分享到企业发展和成功带来的投资收益，同时又能够为企业的持续发展筹集到必要的资金，使企业的内源融资不断增加，内源融资的构成更加合理。这就要求企业的投资者和管理者均要有使企业实现可持续发展的意识，使上市公司的管理层消除重筹资轻回报的观念，树立起对社会和股东的责任感，形成把投资者的支持与信任视为公司兴旺发达基础的经营理念；并通过改善公司的治理结构，理顺上市公司和控股股东的关系，严禁控股股东对上市公司资产的随意占用。使企业管理者能够意识到不同生命周期采用不同股利政策对企业的重要意义，使股利政策的信号传递功能充分发挥作用，使股利政策作为融资决策的一部分对企业融资结构的优化更加有效。

（五）制定动态的资本结构战略，提高企业可持续发展能力

大量研究均证明企业存在最优的资本结构，本文的研究也发现企业在不同生命周期资本结构确实存在显著差异，加上中国上市公司的资本结构调整成本并不高（谭克，2005），所以上市公司完全可以制定一个动态的资本结构优化战略，以根据其所处的生命周期阶段进行调整优化，将企业的财务风险控制在合理的范围之内，减少企业可持续发展过程中的财务拮据成本，降低企业的破产风险。

二 完善可持续发展融资战略金融环境的措施

（一）加快企业融资市场的可持续发展，培育企业良好的内外部融资环境

企业融资市场的可持续发展，是指企业融资市场能完全按照自身发展规律

运作，企业融资体制健全，机制完善，市场效率提高，金融资源得到有效配置，融资的量性扩张和质性扩张呈良性发展，从而达到金融和社会经济的可持续发展①。

企业融资市场的可持续发展能力可通过其自身的稳态能力、生产能力和发展能力来衡量。企业融资市场的生产能力可用某一时点该市场的有效性（或效率）来衡量，其主要是满足现实的需要；发展能力可用足够长时期内该市场效率的损失或社会福利积累来度量；稳态能力可用风险防范能力来衡量。提高企业融资市场可持续发展能力，不仅要使这三个能力在某一时点上满足社会需要，而且要能使这三个能力满足人类持续生存与发展的需要。企业融资市场的可持续发展与"三个能力"的关系如图7.2所示。

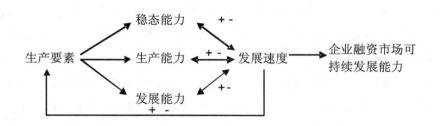

图7.2　企业融资市场可持续发展能力与"三能力"之间的关系

企业融资市场的可持续发展可以使企业的融资行为更加理性，为企业可持续发展融资战略的实现提供良好的外部金融环境。

（二）培育企业优先选择内源融资的环境，提高内源融资占比

首先，建立现代企业制度。加快现代企业制度的建立，实现企业产权制度的创新，是发展内源融资的内在制度保证。只有彻底改变企业产权利益无明确边界的局面，才能使企业经营者和职工真正关心积累，从根本上提高企业的自我积累与内源融资能力；而且科学的激励约束机制可以减少公司经理的机会主义行为，降低企业管理层的道德风险对融资决策的影响，加大企业利润中用于

___

① 刘红梅、王克强：《中国企业融资市场研究》，中国物价出版社2007年版，第211、214—215页。

内部留存的比例，提高自身的筹资能力。如通过推行股票期权制度，扩大股票期权在公司高管薪酬中所占的比例，可以使管理者将自身利益和公司利益更好的结合，使管理层在决策时充分考虑公司的长远利益，在自觉规范经营管理行为的基础上，实现与公司的长期协同发展，并使企业的规模扩张与其所处的生命周期阶段相吻合，避免投资过度和滥用资金的现象，使其各阶段的融资需求更加合理。

其次，重塑银企关系。重塑银企关系，实现企业融资机制创新，是发展内源融资的外部金融环境。通过建立两者作为独立法人实体的信用契约关系，硬化银行对企业的信贷约束，使债权人对公司财务的相机治理功能真正发挥作用，使企业对信贷资金的使用更加谨慎；另外，通过银企关系的重塑，还可以为引入外部债权人对企业股利分配的停止请求权和股利返还请求权提供法律支持，赋予债权人利益救济的保护权利，通过外部债权人对股利分配的监控与牵制，使上市公司的股利分配趋于理性，使企业的内源融资能力有所提高。

再次，培育企业内源融资的政策环境。在宏观政策上引导和鼓励企业进行内源性资本扩张。通过增强企业自身营运效率，提高企业收益水平、降低成本负担，增强企业的自我发展能力和内源性融资的自我补充能力；另外，通过税收政策的改善，使企业利用留存收益的成本降低。如降低企业的所得税率，统一现金股利和资本利得所得税率等；促使企业建立强化内源融资的机制，从完善企业内控制度、折旧制度、留存盈利增补企业资本金制度等方面着手，增加企业内源融资的资金来源。

（三）大力发展和完善资本市场，增加直接融资占比

李扬、王国刚等人（1999）认为，我国企业的资金短缺是一种体制现象，它们"短缺"的不是债务资金，而是资本性资金。所以，缓解企业资金压力的基本出路应是大力发展资本市场，充分利用资本市场机制促进社会闲置资金转向资本性资金，加大企业直接融资的比重，使企业的直接融资机制更加便捷和完善。所以，应继续扩充股市的容量，降低上市这种"准金融"资源的稀缺性，增加股民的选择余地，通过上市公司之间的竞争促使其对股东加以回报，形成理性投资和理性经营。

另外，应加速发展企业债券市场。成熟高效的企业债券市场有助于整个社会投融资体系的顺利运行，从而可以加快金融发展，加速经济增长。发行债券是企业融资的重要渠道，特别是20世纪80年代中期以来，债券融资日益取代了股票融资，成为企业融资的主渠道。美国21世纪初的债券发行金额是股票发行金额的5.8倍。而我国债券市场的发展一直是"跛足"，债券市场规模小、市场化程度低、发行和交易市场割裂。大力发展债券市场除提高企业自身债券融资能力外，主要应完善企业债券发行的外部环境，使债券发行尽快由核准制向注册制、备案制过渡，尽快改变发行量与利率水平由政府决定的情况，引入信用定价机制，按照效率原则确定企业发行债券的资格，以便使各发行主体的信用差别得以显示，提高企业债券的供给弹性和价格需求弹性。政府在证券市场中只起监督者与管理者的作用，负责维持正常市场秩序，保证市场运行机制得以通络。除此之外，还应建立品种多样、功能齐全、利率灵活的企业债券品种系列；实现利率市场化；完善信用评级制度，降低企业的融资成本。

完善主板市场上市公司的退出标准和"转板机制"。要有效发挥证券市场的融资功能，最重要的是要真正做到让一些效益差的企业摘牌退市，同时让一些优秀的公司入市，真正培养股市里的蓝筹股，发挥股市的优化资源配置、扶优汰劣的作用，改善上市公司的总体质量。可以通过制定具有操作性的退市标准、将上市公司退市权归位于证券交易所等措施，完善我国的主板市场的退市制度；同时不断完善中小企业板和创业板、改进三板市场，使各市场间的"转板机制"充分发挥作用，使不同层次的市场形成有机的内在联系，构成多层次的证券市场体系。

（四）降低股权融资隐性成本，使股债权融资结构更加合理

我国上市公司股权融资隐性成本较高，不利于上市公司的可持续发展。隐性成本掩盖了上市公司进行股权融资所付出的真实代价，使股权融资的市场价格信号扭曲，不能真实反映融资双方的供求关系，在一定程度上助长了上市公司利用股市"圈钱"的欲望，扭曲了上市公司的股权融资行为，损耗了股权融资效率，使资本市场配置资源的功能难以发挥有效作用。因此，政府需通过不断完善证券市场的监管机制，来降低股权融资的隐性成本。如可以通过完善对管理者的激励约束机制和具有竞争力的经理市场以及高层管理人员的持股或期

权制度，提高社会公众股东对经营者行为监督的积极性，发挥其"用手投票"和"用脚投票"的监督机制；并通过实施股票发行的注册制或备案制等措施减少政府干预，提高股权融资效率，降低制度性寻租成本；完善上市公司信息披露制度，加强对信息披露的监管力度及处罚力度等，降低信息不对称成本。

（五）调整对企业再融资的监管，规范股利政策对内源融资的影响

监管部门调整对企业再融资的监管可以从修改再融资条件和调整监管重点两个方面进行。

1. 修改企业再融资条件

目前，证监会关于上市公司再融资的监管主要侧重在企业的盈利能力或前期股利支付水平上，如最近3个会计年度连续盈利，最近3年加权平均的净资产收益率平均不低于6%，最近3年以现金或股票方式累计分配的利润不少于最近3年实现的年均可分配利润的30%，最近3年财务会计文件无虚假记载等。本文认为尽管上市公司现金分红是实现投资者投资回报的重要形式，但是按照会计利润和利润分配的结果对企业的再融资进行限制却有着明显的不合理之处：首先，净资产收益率、年均可分配利润等均是会计指标，而会计数据是按照权责发生制原则核算的，存在着上市公司为实现再融资进行盈余管理的可能性；其次，会计利润高不意味着企业有足够的可供支配的现金流量，但是现金股利的支付却需要企业用现金来支付。所以，对上市公司再融资的限制条件应由利润表信息向现金流量表信息调整，将净资产收益率以及累计分配的利润不少于最近3年实现的年均可分配利润的百分比调整为净资产现金流量和累计分配的利润不少于最近3年经营活动现金流量的百分比。

另外，监管部门在制定再融资政策的有关规定时，不应采用一刀切的方法，对所有的上市公司制定统一的限制条款，而是应根据企业所处的生命周期阶段予以区别对待，使企业更好地根据其现金流量特征和自身经营状况制定适合公司可持续发展的股利政策，优化融资结构。

2. 调整对企业再融资的监管重点

从监管部门规定的再融资条件看，主要侧重于对公司过去会计信息的监控，而没有重视对上市公司未来盈利能力的监督。但根据本文第六章的研究结果，我国上市公司现金股利的支付水平已远高于一些发达国家的现金股利

支付比例，所以，对企业再融资的监管重点不应再仅仅是过去的利润水平或利润分配水平，而应侧重于对公司筹集资金用途的监督，使对上市公司再融资的监管重点从会计信息向财务信息过渡。首先，证监会在批准公司的再融资计划之前，应对上市公司再融资的资金用途进行重点审核，对资金使用的可能效率进行评估，只有资金使用效率高于同行业平均水平并高于社会平均资金利润率的筹资项目才能获准实施；其次，证监会应在事后充分履行尽职调查的职责，对上市公司再融资筹集资金的使用状况进行密切监督，对资金的使用效率及投资项目的效益加强监督管理，甚至可以公开披露上市公司再融资资金的使用效率，为广大投资者提供不同上市公司资金使用效率的信息，引导社会资金的合理流动，使社会资源得到优化配置；再次，对于上次筹集资金使用效率低于招股说明书核定比率的上市公司取消其再融资申请资格，直至企业整体的资金获利率高于证监会关于再融资资金获利能力的要求。上市公司再融资条件由会计信息向财务信息的过渡，实际上是监管重点由过去盈利能力向未来盈利能力的过渡，只有对上市公司未来的盈利能力予以充分关注，才能提高上市公司的质量，使上市公司的价值得到提升。

（六）促进经理人市场和契约经济的发展完善，使企业融资决策更加科学规范

我国是新兴的市场经济国家，市场经济发展刚刚起步，以契约经济为特征的市场经济还不够完善，即使公司治理较为完善的上市公司也存在着明显的投机倾向，从融资决策的角度看，最典型的表现就是企业利用上市这种"准金融"资源大肆"圈钱"。上市公司不是按照自身发展和对资金的需求安排融资行为，而是在可能的情况下尽可能多的筹集资金。如上所述，监管部门的监管重点是企业过去的会计信息，对企业资金的用途及效益不够重视，致使大量上市公司改变资金用途，失信于监管机构和广大的投资者，信用缺失现象较为普遍。由于契约经济的根基是诚信，所以完善市场经济的根本措施便是建立全社会的商业诚信机制，减少企业的失信行为。监管机构可以从增加企业失信成本、减少企业失信收益两个方面改善全社会的商业诚信状况，如通过建立高效的信息传递机制、加强法律的监督和惩处力度等增加企业的失信成本，完善市场经济。

经理人是决定企业组织生命周期的关键因素，是决定其他一切资源配置效率的基础性资源，建立并完善经理人市场，是发展社会主义市场经济的迫切需要，也是规范上市公司融资行为的基础。以董事会聘任、解聘与职业经理人应聘、辞职双向选择为特征的经理人市场可以在一定程度上减少委托代理成本，经理人市场竞争与声誉机制的存在又在客观上减少了职业经理人的"逆向选择"，使企业高管在进行融资决策时更多地考虑企业利益和企业发展的需求，而不是基于规模扩大所带来的非货币收益，从而提高企业资金的使用效率，使企业的融资决策更加科学规范。

参考文献

1. 余琛：《企业可持续发展问题探讨》，《商业研究》2001 年第 12 期。

2. 刘帮成、姜太平：《影响企业可持续发展的因素分析》，《决策借鉴》2000 年第 13 卷第 4 期。

3. 刘思华：《可持续发展经济学企业范式》，《当代财经》2001 年第 3 期。

4. 芮明杰：《企业可持续发展的理论分析》，《上海经济研究》1998 年第 4 期。

5. 黄小军：《论企业核心能力的培育与企业可持续发展》，《广州大学学报》（社会科学版）2002 年第 1 卷第 4 期。

6. 郭东海：《论企业可持续发展》，《山东经济》2002 年第 5 期。

7. 朱开悉：《企业可持续成长分析与财务成长管理》，《科技进步与对策》2002 年第 6 期。

8. 陈曜、马岚：《企业可持续发展评价研究》，《上海统计》2002 年第 4 期。

9. 刘易勇：《绿色营销——企业可持续发展的新战略》，《长安大学学报》（社会科学版）2002 年第 4 卷第 2 期。

10. 赵伟：《工业企业可持续发展影响因素分析》，《工业技术经济》2002 年第 2 期。

11. 李本林、黎志成：《可持续发展的企业战略特征探讨》，《计划与市场》2001 年第 9 期。

12. 朗诵真、周晓明：《企业可持续发展的知识竞争战略思考》，《情报理论与实践》2000 年第 23 卷第 2 期。

13. 曾珍香、吴继志：《企业可持续发展及实现途径》，《经济管理》2001 年第 23 期。

14. 陈昆玉、覃正：《企业可持续发展的战略选择——基于绿化观点》，《科学研究》

2002 年第 4 期。

15. 李占祥：《论矛盾管理学》，《企业经营与管理》1999 年第 9 期。

16. 唐勇：《工业企业可持续发展指标体系初探》，《绍兴文理学院学报》2002 年第 22 卷第 3 期。

17. 王志平：《构筑支持企业可持续发展的四大梯队》，《南开管理评论》2000 年第 1 期。

18. 钟陆文：《战略与企业可持续发展》，《贵州财经学院学报》2002 年第 3 期。

19. 周文仓：《企业可持续发展的资源基础论》，《技术经济与管理研究》1995 年第 5 期。

20. 张怡：《企业可持续发展战略初探》，《现代企业》2001 年第 1 期。

21. 孙文祥、王武魁：《绿色管理——企业可持续发展的必然选择》，《北京林业大学学报》（社会科学版）2002 年第 1 卷第 1 期。

22. 张寿荣：《企业竞争力与创建学习型组织》，《武汉理工大学学报》2002 年第 24 卷第 6 期。

23. 朱旭：《企业可持续发展的要素分析》，《科技进步与对策》2002 年第 1 期。

24. 陈政立：《如何实现企业资源增值》，经济管理出版社 2002 年版。

25. 孙茂竹、王艳茹：《不同生命周期企业财务战略探讨》，《财会通讯》（综合版）2008 年第 1 期，第 44—46 页。

26. Schmidheiney, S. Changing Course: A Global Business Perspective on Development and the Environment. MIT Press, Cambridge, MA, 1992.

27. J. Hill. Thinking about a More Sustainable Business-an Indicators Approach. *Corporate Environmental Strategy*, 2001, Vol. 8, Iss. 1.

28. Viltorio, C., Raffaella, M., Giuliano, N. Towards a Sustainable View of the Competitive System. *Long Range Planning*, 1999, Vol. 32, Oct.

29. Jon-Arild, J., Bjorn, O. Knowledge Management and Sustainable Competitive Advantages: The Impacts of Dynamic Contextual Training. *International Journal of Information Management*, 2003 (23).

30. J. P. Ulhoi, H. Madsen, S. Hildebrandt. Green New World: A Corporate Environmental Business Perspective, Scand. J. Mgmt, 1996, 12 (3).

31. William, M., Michael, B., Design for the Tripe Top Line: New Tools for Sustainable Commerce. Corporate Environmental Strategy, 2002, 9 (3).

227

32. D. Maxwell, R. Vander Vorst. Developing Sustainable Products and Services. Journal of Cleaner Production. 2003 (11).

33. WBCSD. The Business Cases for Sustainable Development: Making a Difference towards the Earth Summit 2002 and Beyond. Corporate Environment Strategy, 2002, 9 (3).

34. Yadong Luo. Dynamic Capabilities in International Expansion, Journal of World Business. 2000, 35 (4).

第八章 结论与展望

以上市公司销售收入的年度环比增长率为标准，将企业的生命周期划分为成长期、成熟期和衰退期三个生命周期阶段，并对不同生命周期企业所具有的现金流量特征、资本结构、融资结构和股利政策进行了研究，本文得出一些重要结论，在融资结构理论和生命周期理论的拓展和完善上做出了一定贡献，为企业可持续发展的融资选择及监管部门完善资本市场提供了有益的参考。同时，文章还存在一些不足，可以在日后的研究中进行丰富和发展。

第一节 主要结论

本文通过企业生命周期理论和融资结构理论的结合研究得出了一些有益的结论，无论在理论上还是实践中均有一定的贡献。

一 研究成果的主要内容

本文在对制造类上市公司生命周期进行分类的基础上，对不同生命周期企业的现金流量特征、资本结构特征、融资结构特征以及股利政策状况进行了理论分析和数据检验，得出了如下的研究结论。

（一）企业生命具有周期性

本文根据国泰安信息技术公司的 CSMAR 系列研究数据库提供的年度财务报表数据资料和财务指标分析数据库资料，选取 2004 年以前（包括 2004 年）在沪深两地上市的所有 A 股制造行业公司（其他制造业公司除外），以 1993—2006 年为研究期间，采用大部分学者的观点，按照上市公司年度销售收入的环比增长率，对企业所处的生命周期阶段进行了划分，发现我国上市公司在其生命的发展过程中，其经营活动能力的某些特征确实存在着多次重复出现的现象，企业的生命周期具有多波峰形，存在着从成长期进入成熟期，或从成熟期和衰退期重新进入成长期的现象，企业在其生命过程中会多次经历不同的生命周期，而且不同生命周期阶段其总资产增长率、固定资产增长率、固定资产占总资产的比重以及市盈率均呈现不同的特征。

（二）企业在不同生命周期现金流量特征不同

企业在不同生命周期由于经营状况、投资状况等的不同，其现金流量特征有所不同。处在成长期企业的现金流量特征主要表现为经营活动和筹资活动的现金流量为正值，投资活动的现金流量为负值，净现金流量为正值；成熟期企业的现金流量特征大多表现为经营活动和筹资活动的现金流量为正，投资活动的现金流量为负，成熟期现金净增加额为正；衰退期经营活动和筹资活动的现金流量为较小的正数，投资活动现金流量为不大的负数。这可能是因为具有不同特征和发展前景的衰退期企业的各种现金流量相互抵消的结果。

（三）不同生命周期企业的资本结构不同

在以企业全部负债和全部资产的账面价值比例（广义的资产负债率）作为资本结构指标，对企业不同生命周期阶段的资本结构进行实证分析后发现，企业在不同生命周期确实具有不同的资本结构且存在着显著的差异，成长期和衰退期的资产负债率较高，成熟期较低，而且各个生命周期阶段的资产负债率均超过了40%，处于较高水平。模型回归的结果也说明周期阶段对于不同企业的负债水平确实具有增量解释力。企业在产品市场竞争和行业特征的共同影响下，确实根据其所处的生命周期阶段选择了不同的负债水平。

（四）不同生命周期企业的融资结构不同

文章从内外源融资结构、直间接融资结构、股债权融资结构和长短期融资结构四个层次逐步深化，对不同生命周期企业的融资结构进行了全面而细致的分析。发现就内外源融资结构而言，企业在成长期更依赖于外源融资，在成熟期内源融资的比重有所上升，但在所有的生命周期阶段，内源融资的比例都处于较低水平，而且各个期间的内源融资均严重依赖于留存收益，折旧摊销等占比较小；就直间接融资结构来说，在成长期和衰退期间接融资占比超过全部融资额的半数，在成熟期直接融资占全部外源融资额的比例较高；在股债权融资结构的构成中，成长期商业信用是主要的直接融资来源，成熟期股权融资占绝对优势，在各个生命周期阶段债券融资均处于非常低的比例；从长短期融资结构的角度来看，在不同生命周期阶段间接融资的构成中，短期借款均占了绝对优势。最后对不同生命周期企业的内外源融资构成的变化进行了时间序列分析，发现成长期和成熟期内源融资的比重在样本期间基本呈上升趋势，但衰退期企业的内外源融资占比的变化却没有明显的规律性。

（五）企业在不同生命周期阶段的股利政策不同

对不同生命周期股利政策的研究分别从股利政策类型的应用比例、现金股利支付比例、每股现金股利和股利支付率三个角度展开，发现从送红股和转增的情况看，成长期采用送转方式进行股利支付的公司比例最高，衰退期最低；从现金股利支付比例的情况来看，简单按照样本数和派息公司的家数比较，成长期和成熟期现金股利的支付比例相当，衰退期现金股利支付的公司比例最低；进一步按照不同生命周期所处的年度期间计算，发现成长期派息期间占比明显高于成熟期，衰退期支付现金股利的比例则呈大比例下降；从每股股利支付额的角度看，成长期的每股股利最高，衰退期依然最低；股利支付率却是成熟期最高，衰退期最低。

（六）企业可以根据其所处的生命周期阶段选择适合的融资结构战略

由于企业在不同生命周期的现金流量特征不同，应该选择不同的融资结构，以合理规避风险并充分利用财务杠杆效应，实现自身的可持续发展。为方便企业进行科学的融资决策，文章最后根据实证分析中发现的我国制造类上市公司在融资过程中存在的问题，构建了可使企业实现可持续发展的融资战略，并从上市公司和金融环境两个方面提出了促使企业可持续发展融资战略得以实施的建议措施。上市公司方面的对策包括加大对销售收入和现金流量的管理力度、提高企业的盈利能力和盈利质量、制定可持续发展的股利政策和动态的资本结构优化战略等；金融环境建设方面的建议包括加快企业融资市场的可持续发展、培育企业优先选择内源融资的环境、大力发展和完善资本市场、降低股权融资的隐性成本、调整对企业再融资的监管、促进经理人市场和契约经济尽快发展完善等。

科学规划其不同发展阶段的股利政策、融资结构和资本结构，建立可持续发展的融资战略。文章关于可持续发展融资战略的研究，不仅为企业提供了一套可资借鉴的融资战略方案，还为企业如何实施该融资战略贡献了许多建议和措施，可以帮助企业更好的成长，实现可持续发展的目标。

第四，有利于上市公司监管部门进一步完善资本市场，促进中国资本市场快速、健康发展。证券市场的快速健康发展是上市公司科学进行融资决策的外部环境和金融基础，文章在对我国上市公司不同生命周期阶段的资本结构、融资结构和股利政策进行实证分析之后，都从理论层次分析了企业存在的不足，并提出了许多改进的建议，为我国证券市场监管部门出台相关的法律法规，不断完善证券市场提供了理论和数据支持。

第二节　研究展望

本书通过将企业生命周期理论和融资结构理论的结合研究，取得了一定的创新成果。但鉴于篇幅和研究时间的限制，本书还存在着一些不足之处，可以在日后的研究中予以丰富和完善。

一　研究不足

文章从企业自身的微观层面对不同生命周期的现金流量特征、资本结构特征、融资结构特征和股利政策特征进行了较全面的分析。因为这种研究方法可供借鉴的资料较少，加上笔者水平有限，文章肯定还存在一些不足。

（一）对企业生命周期的划分相对简单

企业生命周期阶段的划分主要采用销售收入为标准进行，尽管简单适用，但由于忽略了其他可能反应企业生命周期的财务指标乃至一些非财务指标，划分标准可能显得过于简单；另外，生命周期的划分只是基于企业自身销售状况的变动，未考虑整个行业的成长周期或行业平均的销售收入增长率，可能使得生命周期阶段的界定不够准确。

（二）未考虑主营业务变更对企业生命周期阶段的影响

限于数据处理数量和时间的考虑，文章在对企业生命周期进行划分的时候，仅根据国泰安数据库提供的年度财务报表数据中企业年度销售收入计算的环比增长率为基础，未考虑企业主营业务收入的构成及变化情况，致使同一个企业的不同发展周期阶段可能已经是通过买壳或借壳上市的另一个公司的情况。

（三）未考虑政策环境和公司治理对企业融资决策的影响

我国证券市场是典型的"政策市"，政府政策的变动对企业融资方式选择有极为重要的影响，但由于无法准确设计一个足以代表政策变动的变量，文章在对企业资本结构进行研究时未将其考虑在内；公司治理结构的不同同样会对企业的融资结构产生影响，但限于篇幅限制以及本文研究核心的考虑，本文也未将公司治理因素对企业资本结构影响的讨论纳入研究范畴。

（四）未控制行业因素对企业生命周期的影响

企业所处的生命周期阶段尽管与其自身的销售增长紧密相关，但是企业所处的行业竞争程度及行业生命周期也会在一定程度上影响其融资战略的选择，制造类上市公司不同的子行业之间处于相同生命周期的企业的融资选择可能也会有所不同，本书未对其按照子行业进行进一步的区分，未将行业变量作为控制变量进行研究，可能会使样本特征不够明显。

二　研究展望

企业生命周期理论是一个应用性很强的理论，如何将企业生命周期的研究和资本结构的研究充分结合，为企业可持续发展提供可资借鉴的融资决策；如何构建一个综合性的生命周期指标，建立更加规范的生命周期模型，使生命周期的划分在可具操作性的情况下更加科学；以及如何将政府政策因素和公司治理等因素考虑在内，使企业生命周期的研究更加丰富和完善是笔者以后的研究方向和需要继续深入研究的课题。

参考文献

中文参考文献

1. ［美］J. 弗雷德·威斯能等：《兼并、重组与公司控制》，唐旭等译，经济科学出版社 1998 年版。

2. ［美］巴克特、卡格：《企业在长期融资工具间的选择》，《经济学和统计学评论》1970 年第 52 卷第 3 期。

3. ［美］本特·霍姆斯特罗姆、保罗·米尔格罗姆：《多任务委托代理分析：激励合同、资产所有权和工作设计》，载路易斯·普特曼、兰德尔·克罗茨纳编《企业的经济性质》（中译本），上海财经大学出版社 2000 年版。

4. ［美］彼得·德鲁克著：《九十年代的管理》，东方编译所译，上海译文出版社 1999 年版。

5. 蔡岩松、方淑芬：《企业经营活动现金流量预测的灰色拓扑模型》，《哈尔滨理工大学学报》2007 年第 3 期。

6. 曹裕、陈晓红、万光羽：《基于企业生命周期的上市公司融资结构研究》，《中国管理科学》2009 年第 6 期，第 150—158 页。

7. 陈放：《企业病诊断》，中国经济出版社 1999 年版。

8. 陈佳贵、黄速建：《企业经济学》，经济科学出版社 1998 年版。

9. 陈小悦、李晨：《上海股市的收益与资本结构实证研究》，《北京大学学报》（社会科学版），1995 年第 1 期，第 8—19 页。

10. 陈志斌、韩飞畴：《基于价值创造的现金流管理》，《会计研究》2002 年第 12 期，第 45—50 页。

11. 陈志斌：《基于企业生命周期的现金流管理研究》，《生产力研究》2006 年第 4 期，第 259—260 页。

12. 陈昆玉、覃正：《企业可持续发展的战略选择——基于绿化观点》，《科学研究》2002 年第 4 期。

13. 陈晓红、曹裕：《基于外部环境视角下的我国中小企业生命周期研究——以深圳等五城市为样本的实证研究》，《系统工程理论与实践》2009 年第 29 卷第 1 期，第 64—72 页。

14. 陈曜、马岚：《企业可持续发展评价研究》，《上海统计》2002 年第 4 期。

15. 陈永忠：《上市公司壳资源利用理论与实务》，人民出版社 2004 年版。

16. 陈政立：《如何实现企业资源增值》，经济管理出版社 2002 年版。

17. 范从来、袁静：《成长性、成熟性、衰退性产业上市公司并购绩效的实证分析》，《中国工业经济》2002 年第 8 期，第 65—72 页。

18. 方晓霞：《中国企业融资：制度变迁与行为分析》，北京大学出版社 1999 年版，第 129—132 页。

19. 冯根福、吴林江：《我国上市公司资本结构形成的影响因素分析》，《经济学家》

2000 年第 5 期。

20. 冯昕：《生命周期、预期利润与中小企业融资困境》，《经济论坛》2003 年第 16 期，第 24—26 页。

21. ［美］富兰克林·艾伦、道格拉斯·盖尔：《比较金融系统》，中国人民大学出版社 2002 年版，第 39 页。

22. 谷秀娟、沈其云：《中国融资结构的演变分析》，经济管理出版社 2006 年版。

23. 郭东海：《论企业可持续发展》，《山东经济》2002 年第 5 期。

24. 郭树华：《企业融资结构与管理激励》，《中国人民大学学报》1997 年第 5 期，第 13—18 页。

25. 韩福荣、徐艳梅：《企业仿生学》，企业管理出版社 2002 年版，第 173—174 页。

26. 洪锡熙、沈艺峰：《我国上市公司资本结构影响因素的实证分析》，《厦门大学学报》（哲学社会科学版）2000 年第 3 期。

27. 胡锦华：《现代企业的融资安排与公司绩效的改善》，《上海大学学报》（社会科学版）2001 年 2 月第 8 卷第 1 期，第 84—89 页。

28. 黄少安、张岗：《中国上市公司股权融资偏好》，《经济研究》2001 年第 11 期。

29. 黄小军：《论企业核心能力的培育与企业可持续发展》，《广州大学学报》（社会科学版）2002 年第 1 卷第 4 期。

30. 贾渠平、王庆仁：《上市公司"壳"资源的经济学分析》，《证券市场导报》1999 年 8 月，第 54—58 页。

31. 姜付秀、刘志彪：《行业特征、资本结构与产品市场竞争》，《管理世界》2005 年第 10 期，第 74—81 页。

32. 康铁祥：《对企业生命周期阶段的测度》，《统计与决策》2007 年 9 月理论版。

33. 朗诵真、周晓明：《企业可持续发展的知识竞争战略思考》，《情报理论与实践》2000 年第 23 卷第 2 期。

34. 蓝发钦：《公司股利政策研究》，华东师范大学 2000 年博士论文。

35. 李本林、黎志成：《可持续发展的企业战略特征探讨》，《计划与市场》2001 年第 9 期。

36. 李桂兰、程淮中：《基于企业生命周期的财务战略研究》，湖南人民出版社 2006 年版，第 3 页。

37. 李艳荣：《上市公司内源融资的实证研究》，《商业经济与管理》2002 年第 8 期，第 47—51 页。

38. 李扬、王国刚、何德旭主编：《中国金融理论前沿 I》，社会科学文献出版社 2000 年版。

39. 李姚矿、杨善林：《企业生命周期的资本运营研究》，经济科学出版社 2006 年版，第 152—154 页。

40. 李业：《企业生命周期的修正模型及思考》，《南方经济》2000 年第 2 期，第 47—50 页。

41. 李义超：《中国上市公司资本结构研究》，中国社会科学出版社 2003 年版，第 7—8 页。

42. 李永峰、张明慧：《论企业生命周期》，《太原理工大学学报》（社会科学版）2004 年第 9 期。

43. 李占祥：《论矛盾管理学》，《企业经营与管理》1999 年第 9 期。

44. 李政：《企业成长的机理分析》，经济科学出版社 2005 年版，第 108—110 页。

45. 梁琦、于津平、吴崇：《民营企业生命周期融资规律探析》，《南京社会科学》2005 年第 5 期。

46. 林伟：《中国上市公司融资结构及行为分析》，《中央财经大学学报》2006 年第 4 期。

47. 刘红梅、王克强：《中国企业融资市场研究》，中国物价出版社 2002 年版。

48. 刘帮成、姜太平：《影响企业可持续发展的因素分析》，《决策借鉴》2000 年第 13 卷第 4 期。

49. 刘锦辉、罗福凯：《企业发展中的财务学问题》，《经济问题》2007 年第 7 期，第 115—117 页。

50. 刘淑莲：《企业融资方式、结构与机制》，中国财政经济出版社 2002 年版，第 4 页。

51. 刘思华：《可持续发展经济学企业范式》，《当代财经》2001 年第 3 期。

52. 刘星、魏锋、詹宇、Benjianmin Y. Tai：《我国上市公司融资顺序的实证研究》，《会计研究》2004 年第 6 期。

53. 刘易勇：《绿色营销——企业可持续发展的新战略》，《长安大学学报》（社会科学版）2002 年第 4 卷第 2 期。

54. 刘正利、刘瑞：《企业生命周期与财务管理策略》，《经济师》2004 年第 9 期，第 148 页。

55. 刘志彪、姜付秀、卢二坡：《资本结构与产品市场竞争强度》，《经济研究》2003 年第 7 期，第 60—67 页。

56. 陆正飞、辛宇：《上市公司资本结构主要影响因素之实证研究》，《会计研究》1998年第8期，第34—37页。

57. 陆正飞、高强：《中国上市公司融资行为研究》，《会计研究》2003年第10期，第16—24页。

58. 吕长江、王克敏：《上市公司资本结构、股利分配及管理权比例相互作用机制研究》，《会计研究》2002年第3期，第39—48页。

59. 吕长江、韩慧博：《上市公司资本结构特点的实证分析》，《南开管理评论》2001年第5期。

60. 吕长江、赵岩：《上市公司财务状况分类研究》，《会计研究》2004年第11期，第53—62页。

61. 吕长江、赵宇恒：《公司生命轨迹的实证分析》，《经济管理》2006年2月第4期，第44—51页。

62. 罗仲伟：《壳资源利用与上市公司质量的改善》，《中国工业经济》2000年第2期，第74—78页。

63. 马建春等：《融资方式、融资结构与企业风险管理》，经济科学出版社2007年版，第59—61页。

64. 马丽波：《家族企业的生命周期》，东北财经大学2007年度博士论文，第17页。

65. ［英］马歇尔：《经济学原理》，商务印书馆1981年版。

66. ［美］梅耶斯：《资本结构之谜》，《财务学刊》1984年第34卷第3期，第575页。

67. 孟焰、李连清：《企业战略性现金流管理的探讨》，《财会通讯》（综合版）2006年第10期，第10—12页。

68. ［美］纳尔逊、温特：《经济变迁的演化理论》，商务印书馆1997年版。

69. 宁凌：《企业现金流转系统动态仿真研究》，《当代经济科学》2002年第3期，第85—86页。

70. 钱源达：《基于现金流框架的企业生命周期透析》，《财会通讯·理财》2008年第4期。

71. 任佩瑜、余伟萍、杨安华：《基于管理熵的中国上市公司生命周期与能力策略研究》，《中国工业经济》2004年第10期，第76—82页。

72. 任曙明、刘菁：《基于产业组织学的公司资本结构影响因素研究动态》，《江西财经大学学报》2006年第2期，第57—60页。

73. 芮明杰：《企业可持续发展的理论分析》，《上海经济研究》1998年第4期。

74. 沈艺峰：《资本结构理论史》，经济科学出版社1999年版，第6页。

75. 史玉光：《ST公司非经常性损益与退市制度分析》，《国际商务财会》2009年第5期，第12—16页。

76. 世界环境与发展委员会：《我们共同的未来》，吉林人民出版社1997年版，第1页。

77. ［美］舒尔茨：《资本结构理论》，《财务学刊》1963年第18卷第2期。

78. ［美］斯蒂格利茨：《经济学》（上册），中国人民大学出版社1997年版，第464页。

79. ［美］斯科特·贝里斯、尤金·F.布里格姆：《财务管理精要》，刘爱娟、张燕译，机械工业出版社2003年版，第337页。

80. 孙茂竹、王艳茹：《不同生命周期企业财务战略探讨》，《财会通讯》（综合版）2008年第1期，第44—46页。

81. 孙茂竹、王艳茹、黄羽佳：《企业生命周期与资本结构》，《会计之友》2008年第8期。

82. 孙文祥、王武魁：《绿色管理——企业可持续发展的必然选择》，《北京林业大学学报》（社会科学版）2002年第1卷第1期。

83. 谭克：《中国上市公司资本结构影响因素研究》，经济科学出版社2005年版，第46—50页。

84. 唐勇：《工业企业可持续发展指标体系初探》，《绍兴文理学院学报》2002年第22卷第3期。

85. 汪辉：《上市公司债务融资、公司治理与市场价值》，《经济研究》2003年第8期，第28—35页。

86. 王红强：《基于企业生命周期的现金流分析》，《商场现代化》2009年3月上旬刊。

87. 王化成：《财务管理研究》，中国金融出版社2006年版，第111页。

88. 王维安：《金融结构：理论与实证》，《浙江大学学报》（人文社会科学版）2000年第2期。

89. 王艳茹、赵玉杰：《现代资本结构理论的演进及评析》，《商业研究》2005年第15期，第54—57页。

90. 王艳茹：《上市公司股利政策研究》，《中国青年政治学院学报》2005年第1期，第77—81页。

91. 王艳茹：《企业不同生命周期的融资结构研究》，《经济与管理研究》2009年第11期，第49—53页。

92. 王艳茹：《企业不同生命周期的现金流特征研究》，《会计之友》2010 年第 6 期（下），第 19—21 页。

93. 王艳茹：《企业生命周期与融资结构》，《财会通讯》（综合版）2010 年第 7 期（下），第 130—133 页。

94. 王艳茹：《企业不同生命周期的股利政策研究》，《中国青年政治学院学报》2010 年第 5 期，第 113—117 页。

95. 魏刚：《中国上市公司股利分配问题研究》，东北财经大学出版社 2001 年版。

96. 吴树畅：《相机财务论——不确定性条件下的财务行为选择研究》，中国经济出版社 2005 年版，第 131—132 页。

97. 吴晓求：《中国资本市场研究报告》，中国人民大学出版社 2003 年版，第 26—46 页。

98. 肖海林：《企业生命周期理论的硬伤》，《企业管理》2003 年第 2 期，第 34—36 页。

99. 肖海林：《企业可持续竞争优势四面体结构模型及成长管理》，《中国工业经济》2003 年第 7 期。

100. 肖海林：《企业生命周期理论辨析》，《学术论坛》2003 年第 1 期。

101. 肖作平、吴世农：《中国上市公司资本结构影响因素实证研究》，《证券市场导报》2002 年第 8 期，第 39—44 页。

102. 熊义杰：《企业生命周期分析方法研究》，《数理统计与管理》2002 年第 2 期，第 36—39 页。

103. 薛求知、徐忠伟：《企业生命周期理论：一个系统的解析》，《浙江社会科学》2005 年第 5 期。

104. 杨汉明：《股利政策与企业价值》，经济科学出版社 2008 年版，第 55 页。

105. 杨家新：《公司股利政策研究》，中国财政经济出版社 2002 年版，第 79 页。

106. 杨兴全：《上市公司融资效率问题研究》，中国财政经济出版社 2005 年版，第 155—158 页。

107. 杨雄胜主编：《高级财务管理》，东北财经大学出版社 2009 年版，第 179 页。

108. 杨淑娥、王勇、白革萍：《我国股利分配政策影响因素的实证分析》，《会计研究》2000 年第 2 期，第 31—34 页。

109. ［美］伊查克·爱迪思：《企业生命周期》，赵睿译，华夏出版社 2004 年版。

110. 于庆东、王庆金、王晓灵等：《企业可持续发展研究》，经济科学出版社 2006 年版，第 18—23 页。

111. 余琛：《企业可持续发展问题探讨》，《商业研究》2001 年第 12 期。

112. 原红旗：《中国上市公司股利政策分析》，《财经研究》2001 年第 3 期，第 33—41 页。

113. 原红旗：《股权再融资之"谜"及其理论解释》，《会计研究》2003 年第 5 期。

114. 袁国良、郑江淮、胡志乾：《我国上市公司融资偏好和融资能力的实证研究》，《管理世界》1999 年第 9 期。

115. 袁晓峰：《现金流量在企业生命周期各阶段的特征分析》，《长江大学学报》（社会科学版）2006 年第 12 期。

116. 曾珍香、吴继志：《企业可持续发展及实现途径》，《经济管理》2001 年第 23 期。

117. 张寿荣：《企业竞争力与创建学习型组织》，《武汉理工大学学报》2002 年第 24 卷第 6 期。

118. 张人冀：《上市公司资本结构与企业增长：实证分析》，《中国会计教授会年会论文集——1995/1996》，中国财政经济出版社 1997 年版，第 75 页。

119. 张维迎：《企业理论与中国企业改革》，北京大学出版社 1999 年版。

120. 伍中信：《现代财务经济导论——产权，信息与社会资本分析》，立信会计出版社 1999 年版。

121. 傅元略：《企业资本结构优化理论研究》，东北财经大学出版社 1999 年版。

122. 赵冬青、朱武祥：《上市公司资本结构影响因素经验研究》，《南开管理评论》2006 年第 9 期，第 11—18 页。

123. 赵伟：《工业企业可持续发展影响因素分析》，《工业技术经济》2002 年第 2 期。

124. 中国诚信证券评估有限公司：《1997—2000 年中国上市公司基本分析》，中国科学技术出版社 2000 年版。

125. 赵蒲、孙爱英：《资本结构与产业生命周期：基于中国上市公司的实证研究》，《管理工程学报》2005 年第 3 期，第 42—46 页。

126. 中国社会科学院语言研究所词典编辑室编：《现代汉语词典》，商务印书馆 2002 年版，第 1165、1129 页。

127. "中国企业寿命测算方法及实证研究"课题组：《企业寿命测度的理论与实践》，《统计研究》2008 年第 4 期，第 20—32 页。

128. 钟陆文：《战略与企业可持续发展》，《贵州财经学院学报》2002 年第 3 期。

129. 周文仓：《企业可持续发展的资源基础论》，《技术经济与管理研究》1995 年第 5 期。

130. 朱开悉：《企业可持续成长分析与财务成长管理》，《科技进步与对策》2002 年第 6 期。

131. 周德孚、殷建平、蔡桂其：《学习型组织》，上海财经大学出版社 1998 年版。

132. 周敏、王春峰、房振明：《现金流波动性、盈余波动性与企业价值》，《商业经济与管理》2009 年第 4 期，第 88—89 页。

133. 朱武祥、陈寒梅、吴迅：《产品市场竞争与财务保守行为》，《经济研究》2002 年第 8 期，第 28—36 页。

134. 朱武祥：《企业融资决策与资本结构管理》，《证券市场导报》1999 年 12 月。

135. 朱云、吴文锋、吴冲锋：《国际视角下的中国股利支付率和收益率分析》，《中国软科学》2004 年第 11 期。

136. 苗莉：《创业视角的企业持续成长问题研究》，东北财经大学出版社 2007 年版。

137. 周辉：《企业持续竞争优势源泉》，知识产权出版社 2008 年版。

英文参考文献

1. John R. Graham & Campbell R. Harvery, 2001, "The Theory and Practice of Coporate Finance: Evidence from the Field", *Journal of Finance Economics* 60, 187 – 243.

2. Aharony, J. H. and I. Swary., 1980, "Quarterly Dividend and Earnings Announcements and Stockholders's Returns: An Empirical Analysis", *Journal of Finance* 35, 1 – 11.

3. Anthony J. H. and K. Ramesh, 1992, "Association between Accounting Performance-Measures and Sotck-Prices-a Test of the Life Cycle Hypothesis", *Journal of Accounting and Economics*, 15 (2 – 3), 203 – 227.

4. Berger A. N. and Gregory F. U., 1998, "The Economics of Small Business Finance: The Role Of Private Equity and Debt Market in the Financial Growth Cycle", *Journal Of Banking and Finance*, 22, 613 – 673.

5. Black E. L., 1998, "Life-Cycle Impacts on the Incremental Value-Relevance of Earnings and Cash Flow Measure", *Journal of Financial Statement Analysis*, 4 (1), 40 – 56.

6. Brav, A., Graham, J. R., and Harvey, C. R., Michaely, R., 2005, "Payout Policy in the 21st Century", *Journal of Financial Economics*, 77.

7. Brander J. A. and T. R. Lewis, 1987, "Oligopoly and Financial Structure: The Limited Liability Effect", *American Economic Review*, 76, 956 – 970.

8. Campello, M., 2003, "Capital structure and product markets interactions: evidence from business cycles", *Journal of Financial Economics*. 68, 353 – 378.

9. Chandle A. D. , 1962, *Strategy and Structure*, MIT Press: Cambridge, MA.

10. D. Maxwell, R. Vander Vorst, 2003, "Developing Sustainable Products and Services", *Journal of Cleaner Production*, 11.

11. Danny M. and Peter H. Friesen, 1982, "A Longitudinal Analysis of Organizations: A Methodological Perspective", *Management Science*, Vol. 28, (9): 1013 – 1034.

12. Dickinson V. , 2006, "Future Profitability and the Role of Firm Life Cycle [EB/OL]", Fisher school of Accounting, University of Florida, Available at http: //ssrn. com/abstract = 755804, 2006.

13. Easterbrook, F. H. , 1984, Two Agency-Cost Explanations of Dividends, *American Economic Review*, 74, 650—659.

14. Eugene F. Brigham & Louis c. Gapenski, 1981, "*Financial Management: Theory and Practice*, " 7th ed. , The Dryden Press, 566.

15. Gavin C. Reid, 1993, "Small Business Enterprise: An Economic Analysis", New York: Rontledge, 204.

16. Graham C. Hall, Patrick J. Hutchinson and Nicos Michaelas, 2004, "Determinants of the Capital Structures of European SMEs", *Journal of Business Finance & Accounting*, Vol. 31, No. 5 – 6, 711 – 728.

17. Grullon, G. , and Michaely, R. , 2002, "Dividends, Share Repurchases and the Substitution Hypothesis", *Journal of Finance* 62, 1649 – 1684.

18. Grossman, S. , O. Hart, 1982, "Corporate Financial Structure and Managerial Incentives", In J. J. McCall, ed. , The Economics of Information and Uncertainty. Chicago: University of Chicago Press, 107 – 140.

19. Grullon G. Michaely, R. Swaminathan B. , 2002, "Are Dividend Changes a Sign of Firm Maturity?", *Journal of Business*, 75 (3): 387 – 424.

20. Harris M. & A. Raviv, 1991, "The Theory of Capital Structure", *Journal of Finance*, Vol. XLVI, No. 1.

21. DeAngelo H. DeAngelo L. and Stulz R M. , 2006, "Dividend Policy and the Earned/Contributed Capital Mix: A Test of the Life-Cycle Theory", *Journal of Financial Economics* Volume 81, Issue 2, August, 227 – 254.

22. Adizes, I. , 1979, "Organizational Passages: Diagnosing and Treating Life Cycle Problems of Organizations", *Organizational Dynamics*, Summer, 2 – 25.

23. J. Hill. , 2001, "Thinking about a More Sustainable Business-an Indicators Approach", *Corporate Environmental Strategy*, Vol. 8, Iss. 1.

24. J. P. Ulhoi, H. Madsen, S. Hildebrandt, 1996, "Green New World: A Corporate Environmental Business Perspective", Scand. J. Mgmt, 12 (3) .

25. Jon-Arild, J. , Bjorn, O. , 2003, "Knowledge Management and Sustainable Competitive Advantages: The Impacts of Dynamic Contextual Training", *International Journal of Information Management*, 23.

26. J. W. Gardner, 1965, " How to Prevent Organizational Dry Rot", Harper's, October.

27. John G. Gurley and Edward S. Shaw, 1967, "Financial Development and Economic Development", *Economic Development and Cultural Change*, Vol. 15, No. 3, April.

28. John, K. and Willams J. , 1985, "Dividends, Dilution and Taxes: A Signaling Equilibrium", *Journal of Finance*, 40, September, 1053—1070.

29. Jordan, J. Lowe, J. and Taylor, P. , 1999, "Strategy and Financial Policy in UK Small Firms", *Journal of Business*.

30. Lakshmi Shyam-sunder, Stewart, C. M. , 1999, "Testing Statict Radeoff Against Pecking Order Models of Capital St Ructure", *Journal of Financial Economics*, 51, 219 - 2441.

31. Liu, M. M. , 2006, "Accruals and Managerial Operating Decisions Over the Firm Life Cycle" [EB/OL] . Smeal College of Business, Pennsylvania State University, Available at http: // ssrn. com/abstract = 931523.

32. Maksimovic, V. , 1988, "Capital Structure in Repeated Oligopolies", *Rand Journal of Economics* 19, 389 - 407.

33. Michael C. Jensen, 1999, "Agency Costs of Free Cash Flows, Corporate Finance and Takeovers", *American Economic Review*, 323. See Kevin Keasey, Serve Thompson & Mike Wright. Corporate Governance, Volume, Ⅳ Edward Elgar Publishing, Inc.

34. Miller, M. and K. Rock, 1985, "Dividend Policy Under Asymmetric Information", *Journal of Finance*, 40, September, 1021—1051.

35. Miller, M. , and Modigliani, F. , 1958, "The Cost of Capital, Corporation Finance, and the Theory of Investment", *American Economic Review*, 261 - 297.

36. Jensen, M. , and Meckling, W. , 1976, "Theory of the Firm: Managerial Behavior, Agency Costs and Ownership Structure", *Journal of Financial Economics*, 305 - 360.

37. Murray Z. Frank and Vidhan K. Goyal. , 2004, "Capital Structure Decisions", AFA 2004

San Diego Meetings, Working Paper Series.

38. Myers S. C., 1977, "Determinants of Corporate Borrowing", *Journal of Financial Economics*, 5 (2), 147 – 175.

39. Ofer, Aharon R. and Daniel R. Siegel., 1987, "Corporate Financial Policy, Information, and Market Expectation: an Empirical Investigation of Dividends", *Journal of Finance*, 42, September, 889 – 911.

40. Peter, M. and M. Phillips, 2005, "How Does Industry Affect Firm Financial Structure"? *The Review of Financial Studies*, Vol. 18, Issue 4, 1433 – 1466.

41. Penrose. E., 1959, "*The Theory of the Growth of the Firm*", New York, Free Press.

42. Rajan, R. G. and Zingales, L., 1995, "What do we know about capital structure? Some evidence from international data", *The Journal of Finance*, 12 Vol. 5, 1203 – 1235.

43. Sahlman, W. A., 1990, "The Structure and Governance of Venture-capital Organizations", *Journal of Financial Economics*, 27, 473 – 521.

44. Schmidheiney, S., 1992, "Changing Course: A Global Business Perspective on Development and the Environment", MIT Press, Cambridge, MA.

45. Stewart, C. M., Nicholas, S. M., 1984, "Corporate Financing and Investment Decisions When Firms Have Information that Investors do not Have", *Journal of Financial Economics*, 13, 187 – 221.

46. Stickney C. P. and P. Brown, 1999, "*Financial Reporting and Statement Analysis: A strategic perspective*", Dryden Press.

47. Shefrin, H. and M. Statman, 1984, "Explaining Investor Preference for Cash Dividends", *Journal of Financial Economics*, 13, 253 – 282.

48. Singh, A. and Ham id, J., 1992, "Corporate Financial Structures in Developing Countries", International Finance Corporation Technical Paper No. 1, IFC, Washington, DC.

49. Talebi, K., 2007, "How Entrepreneurs Should Change Their Style in Business Life Cycle", *Journal of Asia Entrepreneurship and Sustainability*.

50. Thaler, R., and Kahneman, d., 1981, "The Framing of Decisions and the Psychology of Choice", *Sciences*, 211, 453 – 458.

51. Titman, S. and Wessels, R., 1988. "The Determinants of Capital Structure Choice", *Journal of Finance*, 43 (1), 1 – 19.

52. Victoria, D., 2007, "Cash Flow Patterns as a Proxy for Firm Life Cycle", University of

Florida-Fisher School of Accounting, September.

53. Viltorio, C. , Raffaella, M. , Giuliano, N. , 1999, "Towards a Sustainable View of the Competitive System", *Long Range Planning*, Vol. 32, Oct.

54. Varouj, L. , 1999, "Sean: Signaling, Dividends and Financial Structure: Implications from CrossCountry Comparisions", Rotman School of Management University of Toronto, Working Paper.

55. WBCSD. , 2002, "The Business Cases for Sustainable Development: Making a Difference towards the Earth Summit 2002 and Beyond", *Corporate Environment Strategy*, 9 (3).

56. William, M. , Michael, B. , 2002, "Design for the Tripe Top Line: New Tools for Sustainable Commerce", *Corporate Environmental Strategy*, 9 (3).

57. Wald, J. K. , 1999, "How Firm Characteristics Affect Capital Structure: An International Comparison", *Journal of Financial Research* 22 (2), 161 – 187.

58. Nelson, R. and Winter, S. G. , 1982, "An evolution theory of economic change", Cambridge, MA: Harvard University Press.

59. Wokukwu, K. C. , 2000, "Life Cycle Capital Structure: Some Empirical Evidence", DBA dissertation, Nova Southeastern University.

60. Yadong Luo. , 2000, "Dynamic Capabilities in International Expansion", *Journal of World Business* 35 (4).

61. Zhipeng Yan. , "A New Methodology of Measuring Corporate Life-cycle Stages", Brandeis University, Working Paper.

后 记

本书是在我博士论文的基础上，吸收论文评阅及答辩的各位专家学者的宝贵意见修改而成的。三年多的博士生涯，遨游在知识的海洋中，生活在学习和工作的双重压力下，奔波于学校、家庭及单位三点之间，有时真的感到身心疲惫。所以，曾经很多次地徜徉和憧憬过博士论文付梓时的轻松和闲在，曾经多次提及过毕业之后可能的惬意和舒适。可是，当我完成此书，即将交付出版之际，心中却没有丝毫如释重负的感觉，众多企业"有成长无持续"的现象依然紧紧压在我的心头，如何帮助众多的中国企业在其生命周期的关键环节，通过合理安排融资决策实现可持续发展；如何完善生命周期的划分标准使其更加科学实用，助力企业成长仍是我肩上承载的一副科研重担，也是我能够为中国企业发展所尽的一点绵薄之力。

值此文稿付梓之际，回首博士学习的人大岁月，涌入心头的只有两个字：感谢。首先，我要感谢我的导师孙茂竹教授，感谢孙老师给予我走进人民大学课堂并跟随他学习研究的机会，感谢他在博士论文选题、构思、写作及完善过程中给予的悉心指导，感谢他在百忙之中能够为本书作序，可以说，没有孙茂竹老师的关心和指导就不会有此书的问世。在三年多求知学习和书稿写作完善的过程中，孙老师教给我的不仅仅是如何做文章、做学问，更重要的是如何做人。他严谨求实的治学风范、严肃宽容的治学态度、诙谐幽默的治学风格对我影响颇深；他对于企业发展的独特观点和深刻思考、对于合格管理者应熟知的经济学知识架构的建议、对于中国资本市场发展完善的前瞻性思维给了我非常多的启发，由此在很大程度上增强了本文研究的实践意义和现实性。

　　另外，博士论文的顺利完成还得益于中国人民大学宽松的学术氛围和严谨的治学之风。人大鼓励创新、鼓励探索的学术氛围成就了我的选题，人大教授们严谨的治学态度升华了我的论文，老师们的悉心指导和谆谆教诲促使了论文的完善和提高。在此对帮助和指导过我的导师和教授们致以深深的谢意！感谢王化成教授、李焰教授、宋常教授、姜付秀教授、况伟大副教授、王建英副教授等在开题答辩和预答辩过程中对文章结构和内容等提出的大量中肯建议，他们的指导经常能使我产生新的思路和视角，使我对所研究问题的方法和意义有更深刻的认识和了解；感谢首都经贸大学吴少平教授、北方工业大学刘永祥教授、对外经济贸易大学汤谷良教授等对于本人博士论文修改所提出的建设性的修改建议，这些建议对于论文和本书的完善和提高有着重要的帮助和指导；同时感谢各位匿名评审们对于论文完善给出的颇具学术水平的观点。

　　感谢刘洪生、黄磊、黄羽佳、李华、张敏等同学和师兄弟（姐妹）的激励与帮助，他们为论文的写作提供了大量的资料来源，并为论文中的数据处理做了一定的工作，对于论文中许多观点的讨论常常使我茅塞顿开、受益颇深。

　　感谢中国青年政治学院各位领导对我的理解、支持与鼓励，感谢杨娟、王薇薇、郑艳霞、袁霓、张丽丽、赵坚毅、蒋楠等同事在文章写作过程中给予的无私帮助，他们的帮助与支持使我能够及时完成书稿的写作；感谢中国青年政治学院对本书的出版给予资金上的帮助，感谢中国社会科学出版社李炳青编辑在书稿审校过程中付出的大量心血。

　　本书在写作的过程中参考了国内外学者大量的科研论文和专著，在此一并表示感谢。

　　最后，感谢家人对我的关心与支持。他们给了我心灵上的支持，他们的不断激励和鞭策伴我走过了艰难的求学之路，他们以实际行动为我创造和提供了更多用于学习和研究的时间。我的丈夫姜振水先生主动承担了辅导和教育孩子的义务，我的儿子学习之余也身体力行地承担了部分家务，并以较好的成绩升入理想的中学，没有他们的鼎力支持我可能难以顺利完成学业和书稿的修改、润色工作。

　　尽管本书凝聚了笔者的努力和师友的智慧，但由于可资借鉴的资料较少，